Tim K.

Nach wahren Begebenheiten

VERGELTUNG

-RACHE VERJÄHRT NICHT-

"Vergeltung" wirft einen kritischen Blick hinter die Kulissen des Polizeiapparates.
Gleichzeitig ist es ein objektiver Bericht aus der Rockerszene mit all ihren aktuellen Problemen und Veränderungen, inklusive der Verhaftung von Frank Hanebuth auf Mallorca, welche in einem gesonderten Kapitel beschrieben wird.
Durch meine eigenen Erfahrungen eröffne ich dem Leser in diesem Buch ebenfalls einen schonungslosen Blick in das Rotlichtmilieu.
Die Hauptintention des Buches ist es jedoch, einen möglicherweise wegen Mordes unschuldig Verurteilten aus dem Gefängnis zu holen und diesen unglaublichen Skandal aufzudecken.
"Vergeltung" liefert durchgehend Quellenverweise, Daten und Fakten aus erster Hand und hält jeder Gegenargumentation mühelos stand.

Tim K.

Erschienen im Amazon Create Verlag
Juni 2015

Amazon Create Verlag, 2015
Druck und Bindung: Amazon Create
Printed in Germany

Tim K.

Nach wahren Begebenheiten

VERGELTUNG
-RACHE VERJÄHRT NICHT-

Inhaltsverzeichnis

Tim K. - 41 Jahre

1. Ein Vor-Vorwort

Wenn es mir gelingt, das mit meinem Buch zu erreichen, was meine Intention ist, dann werde ich möglicherweise einen der größten Polizeiskandale aufdecken, den dieses Land jemals erlebt hat. Danach werde ich eine noch unbequemere Person für sie sein, als ich es ohnehin schon war. Ich werde ihnen nämlich einen empfindlichen Schlag versetzen, der sie noch lange beschäftigen wird. Ich habe sie bereits mit meinem ersten Buch geärgert, aber was durch "Treibjagd" in Gang gesetzt wurde, ist nahezu unvorstellbar.

Sie werden wahrscheinlich wieder alles daran setzen, mir mein Leben so beschwerlich und unangenehm wie möglich zu gestalten. Jede Behörde oder Institution, die dafür geeignet erscheint, wird dann erneut ihren Beitrag dazu leisten. Sie müssen wissen, dass ich schon seit langem gar kein anderes Leben mehr kenne.

Sie werden wahrscheinlich erneut oder weiterhin mein Telefon abhören und mich observieren. Dass Streifenwagen und Polizeifahrzeuge in Zivil ständig meine Wohnorte durchkreuzen, ist schon lange nichts Neues mehr für mich. Aber erst einmal wird alles wieder schlimmer werden und der Druck auf mich erhöht.

Wer etwas finden möchte und sich richtig anstrengt, der stößt früher oder später auf etwas, das zumindest im Anfangsstadium noch verdächtig erschien. Auch wenn am Ende, wie so oft, rein gar nichts übrig bleibt, so wurde erst einmal Verwirrung, Sorge und Druck erschaffen.
Es wird schlichtweg ein Politikum sein.
Wie ich auf all das komme? Weil ich genau das in derartiger Form bereits hinter mir und selbst erlebt habe. Dieses Mal wird

der von mir gesetzte Anlass für sie aber noch viel schwerwiegender sein.

Warum ich trotz der möglicherweise mir bevorstehenden Einschränkungen und Schikanen dennoch dieses Buch veröffentliche? Weil ich meinem Gewissen folge und ich nicht anders kann. Ich bin die letzte Chance für einen Mann, der unschuldig wegen Mordes im Gefängnis sitzt.
Ich bin vorbereitet und gewappnet. Und genau aus diesem Grund wird vielleicht all das gar nicht erst passieren. So oder so, ich werde eines ganz bestimmt für sie sein:
Ein Staatsfeind und ein Gegner, den sie maßlos unterschätzt hatten.

„In Zeiten globalen Betrugs gilt es als revolutionäre Tat, wenn man die Wahrheit sagt.“
George Orwell

2. Tim K. - Treibjagd

Mein Name ist Tim K. Ich bin 41 Jahre alt und lebe im schönen Nordrhein Westfalen. Ich bin mittlerweile ein Ex-Polizist, den damals eine enge Freundschaft zu einem Hells Angel verband. Aufgrund dieser Freundschaft fing alles an und die Geschichte nahm ihren Lauf.
Ich war des Weiteren wohl weltweit der erste Polizist, der einen V-Mann bei den Hells Angels aufgedeckt hat. Und ich habe es gern getan.
Ich saß in U-Haft und bin in einem spektakulärem Prozess quasi freigesprochen worden.
Aber zu Ihrem Verständnis führe ich noch einmal im Schnelldurchgang aus, was ausführlich in meinem ersten Buch "Treibjagd - Vom Cop zum Outlaw" zu lesen ist.

Ich war zehn Jahre lang Polizist, als ich meine Leidenschaft für das Motorradfahren entdeckte. Es musste natürlich eine Harley Davidson sein. Diese kaufte ich mir bei einem Harley-Händler in der unmittelbaren Nähe meines Wohnortes. Im Laufe der Zeit freundete ich mich mit ihm an. Das Problem für meine heutigen Ex-Kollegen war nur, dass es sich bei diesem Händler um einen Hells Angel handelte. Ich wurde daraufhin fast ein Jahr lang gemobbt, war dann über einen langen Zeitraum krankgeschrieben und schied letztendlich aus gesundheitlich Gründen aus dem Polizeidienst aus.

Während dieser Zeit wurde mein ehemaliger Freund Toni von seinem damaligen Präsidenten "Nasenbär" aus dem Club geworfen. Die Nähe zu mir, dem Bullen, wurde ihm zu gefährlich. Wie ich nämlich herausfand und immer mehr aufdeckte, war er ein V-Mann der Polizei. Dies ließ die Polizei einen Rachefeldzug gegen mich initiieren. Würde ich nämlich noch mehr zu Tage bringen, würde die Bombe platzen und ihr wohl kostbarster Informant in den Reihen der Angels wäre aufgeflogen. Ein nicht einzukalkulierendes Risiko für die Staatsgewalt.

Während meiner Krankheitsphase half ich dann noch einer Prostituierten, sich von ihrem albanischen Zuhälter loszusagen. Dieser Zuhälter erlitt bei ihrem Abschied ein paar Schürfwunden im Gesicht, nachdem ein maskiertes "Rollkommando" ihn zu Hause besucht hatte.
Nachdem er danach Anzeige bei der Polizei erstattet hatte und dort angab, dass seine Freundin und ihr Kind entführt, er ausgeraubt und zusammengeschlagen worden wären, setzte sich die Polizeimaschinerie in Bewegung.

Das eigentliche Opfer, die Prostituierte, wollte selbständig dreimal Anzeige wegen Zuhälterei, Vergewaltigung, Körperverletzung bei der Polizei gegen ihren ehemaligen Peiniger erstatten. Zu keinem Zeitpunkt wurde eine Anzeige aufgenommen. Unter fadenscheinigen Gründen wurde sie jedes Mal vertröstet. Warum? Hinter den Kulissen wurde bereits gegen mich ermittelt, denn man glaubte lieber dem albanischen Zuhälter, als der Prostituierten mit ihrer jungen Tochter. Die Gründe waren natürlich klar.

Einige Zeit später wurden sie und ich festgenommen. Verdacht des erpresserischen Menschenraubes, gefährliche Körperverletzung, Freiheitsberaubung, usw.
Nach einer Nacht in der Zelle klärte sich all das auf, was bereits Wochen zuvor von ihr freiwillig angegeben worden wäre. Ich hatte ihr geholfen und wurde als Retter und Freund gelobt. Eine unglaubliche Komödie und Verschwendung von Steuergeldern.
Wie sich während der Festnahme und den Vernehmungen herausstellte, war der Ermittlungsführer ein perverser

Stammfreier der Prostituierten gewesen. Sie hatte ihn sofort wiedererkannt. Dieser wurde dann im Nachhinein von dem Fall abgezogen.

Mit allen Mitteln, Täuschungen, Lügen und verbotenen Verhörmethoden hatte man versucht, mir ein Geständnis oder eine genehme Aussage zu entlocken. Sie bekamen aber nichts von mir zu hören.
Wir wurden schließlich nach 24 Stunden wieder freigelassen. Während der Festnahme wurde die kleine Tochter in die Obhut des Jugendamtes genommen. Die Mutter erhielt ihre Tochter auch im Nachhinein nicht mehr zurück.

Für sie war das der Anfang vom Ende. Sie begann zu trinken und nahm erneut Drogen. Einige Monate später kehrte sie zu ihrem ehemaligen Zuhälter zurück. Dieser setzte sie ins Auto und fuhr mit ihr geradewegs zur Polizei, wo sie dann Anzeige gegen mich erstattete und die bisherige wahre Version um 180 Grad drehte und daraus eine einzige Lügengeschichte machte. Ich hätte sie entführt, mit mehreren Mittätern ihren Lebensgefährten zusammengeschlagen und ausgeraubt. Ich wäre ein böser Rocker und hätte mehrere scharfe Waffen zu Hause. Ich hätte sie unter Drogen gesetzt und sie brutal anschaffen geschickt. Letztendlich hätte man ihr noch eine Schusswaffe an den Kopf gehalten und 25.000,- Euro für die "Entführungsaktion" gefordert.
Die Polizisten stürzten sich wie Geier auf die aussagefreudige Anzeigenerstatterin und halfen ihr tatkräftig ihre Lügenpyramide zu Papier zu bringen. Die Formulierungen wurden ihr verstärkend in den Mund gelegt und durch eine "geschickte" Fragestellung wurde alles komplettiert. Das Spezialdezernat für Organisierte Kriminalität (KK21) hatte bereits die Führung übernommen.

Nun hatte man alles, was man brauchte, um mich dingfest zu machen und kalt zu stellen.
Ich hatte eine sehr lange Liste von schwersten Straftaten.
Bei der letzten Untersuchung bezüglich meiner Polizeidiensttauglichkeit wurde ich in den Räumen der Psychiatrie der Universitätsklinik Münster von einem schwerbewaffneten Spezialeinsatzkommando brutal festgenommen.
Ich wurde umgehend in die Justizvollzugsanstalt Dortmund verbracht, in der ich als Schwerstkrimineller (Organisierte Kriminalität) eine 7- monatige Haftstrafe verbüßte.
Meine Anklagepunkte umfassten alles bis auf Mord und bei einer Verurteilung hätten mir bis zu 15 Jahren Haft gedroht.

Erpresserischer Menschenraub, versuchte schwere räuberische Erpressung, schwerer Raub, gefährliche Körperverletzung, Freiheitsberaubung, Nötigung, Zuhälterei, illegaler Waffenbesitz, BTM-Handel, Geheimnisverrat, usw.

Am Verhandlungstag, an dem die "Kronzeugen" der Polizei, eine drogensüchtige, permanent lügende Prostituierte und ihr albanischer Harz4-Zuhälter, in den Zeugenstand traten, hallte das Lachen der Zuschauer in den Wänden des Landgerichts wieder.

Die "Kronzeugen" lieferten eine derart erbärmliche Leistung, dass die Aussagen sehr zur Belustigung beitrugen. Der Vorsitzende Richter benötigte nur ein paar Fragen, um die Wahrheit aufzudecken. Zu guter Letzt brach die Prostituierte innerlich zusammen und verstummte tränenüberströmt, nachdem ihr der Richter angeraten hatte, entweder die Wahrheit zu sagen oder sonst am besten gar nichts mehr.

An diesem Tag verließ ich das Gefängnis als freier Mann.

Nach einem verfahrensabkürzenden Deal wurde ich wegen gefährlicher Körperverletzung und Freiheitsberaubung zu 9 Monaten auf Bewährung verurteilt.

Unmittelbar nach meiner Entlassung strebte die Polizei durch einen dilettantischen Ermittlungsbericht ein Steuerstrafverfahren gegen mich an. Ich hätte ungefähr 100.000,- Euro an Rotlichteinnahmen an der Steuer vorbeigeführt. Dies war natürlich absoluter Blödsinn.
Das Finanzamt für Steuerstrafsachen übernahm den Märchenbericht des Spezialdezernats für Organisierte Kriminalität eins zu eins und das Finanzamt Detmold setzte die Zwangsvollstreckung gegen mich in Gang. Meine Konten wurden eingefroren und ich hatte noch nicht einmal einen Euro in der Tasche, um mein Auto zu betanken. Der Strom wurde mir abgestellt und ich verließ kaum noch meine dunkle Wohnung. Ich war ganz unten, so wie noch nie zuvor in meinem Leben. Die Zwangsvollstreckung konnte ich final nur mit Hilfe sehr guter Freunde abwenden, die mir viel Geld geliehen haben.

Inzwischen bin ich erfolgreich im Internetbusiness und konzentriere mich zusätzlich auf eine weitere Kompetenz: Das Rotlichtmilieu.

Sie haben versucht mich zu brechen. Sie haben mich nur stärker gemacht und reifen lassen.
Die vergangenen fünf Jahre waren die härtesten im meinem Leben. Auch wenn das paradox klingt, es waren auch die kostbarsten meines Lebens.
Ich weiß nun, wer meine Freunde sind und vor allem weiß ich jetzt ganz genau, wo ich hingehöre und was für ein Leben ich leben werde.

Ein Leben ohne Konventionen, nach meiner Fasson und vor allen Dingen in Freiheit.
Für "Sie" bin ich nun auf der Gegenseite. Ein Krimineller, ein Rocker, ein Zuhälter, oder was auch immer. Für mich bin ich frei und es macht mich stolz, nichts mehr mit "Ihnen“ zu tun zu haben.

3.Vorwort

Die größte Auszeichnung erweist uns das Schicksal, wenn es uns eine Zeitlang auf der Seite unserer Gegner hat kämpfen lassen. Damit sind wir vorherbestimmt zu einem großen Siege.
Friedrich Nietzsche

Ich habe fast zehn Jahre auf der Seite meiner Gegner gekämpft. Ursprünglich mit der Absicht, Gutes zu tun. Ich war ein Teil des Staates und des Systems, das mich heute ablehnt und mit all seinen Mitteln bekämpft hat und noch bekämpft.

Ich habe mich vor einigen Jahren abgewandt, als meine Freundschaft zu einem Hells Angel der Beginn meines ganz persönlichen Albtraums wurde. Ich hatte den Staat verärgert und zugleich herausgefordert und meine Strafe sollte so hart wie möglich ausfallen.
Gegen mich wurde jedes Geschütz aufgefahren und eingesetzt. Ich sollte zerstört werden.
Ich gab jedoch niemals auf, blieb mir treu und ging meinen Weg unbehelligt weiter.
Ich verteidigte mich und schlug zurück wo ich nur konnte.

Nach fast fünf Jahren kommt aber jetzt erst die Zeit, in der aus

Verteidigung endlich Angriff wird.
Ich habe schon vor Jahren die Seiten gewechselt. Nicht aus Rache oder Vergeltung, sondern deswegen, weil ich irgendwann einfach nicht mehr in dieses System hineingepasst habe. Ich wollte frei und unabhängig leben, tun und lassen was mir gefällt, fernab von Konditionen und Gleichschaltung.

Ich wurde ein Rocker und lernte mehrere Clubs kennen.

Meine damalige Freundschaft zu einem Hells Angel, das Aufdecken eines V-Mannes und die Rache des Staates brachten mich in U-Haft.

Nachdem meine Geschichte publik wurde, wurde ich ignoriert, totgeschwiegen und verachtet, weil ich als Zuhälter und brutaler Schläger galt. Die Presse berichtete:

Schwere Straftaten im Rotlichtmilieu werden einem Polizisten aus Horn-Bad Meinberg (Kreis Lippe) vorgeworfen. Der 36-Jährige sitzt deshalb in Dortmund in Untersuchungshaft.

Mit Komplizen hätte ich den Lebensgefährten einer Dame aus dem Milieu niedergeschlagen, gefesselt und bestohlen. Den Ermittlungen zufolge geriet die Frau bei K. danach vom Regen in die Traufe: Er habe sie auf den Strich geschickt und misshandelt.

Die Wahrheit interessierte niemanden. Ich war abgestempelt und galt als brutale Bestie.
Das Rotlichtmilieu war anfangs mein Untergang, aber im Nachhinein meine Rettung.
Dank des Milieus konnte ich meine Rechnungen und Strafen bezahlen und letztendlich die Zwangsversteigerung all meines Besitzes abwenden. Was für eine Ironie!

In diesem Buch werde ich auch auf die scheinheilige Doppelmoral eingehen, mit der dem Rotlichtmilieu begegnet wird.
Ich bewege mich mittlerweile in diesem Metier und lasse nichts auf die Menschen und im besonderen die Damen kommen, dank derer ich, so absurd es klingen mag, überhaupt überleben konnte.
Was der Bürger von mir denkt oder ob die Journaille deswegen erneut dieses Buch ignoriert, so wie es bei meinem Erstwerk geschah, interessiert mich nicht im Geringsten.
Ich brauche weder Ihre Sympathie, noch lege ich irgendeinen Wert darauf.

Ich schreibe meine Geschichte nieder, lasse hinter Kulissen blicken und stelle Tatsachen in das richtige Licht. Rocker - mit Leib und Seele. Rotlicht - mein Untergang und mein Segen. Rechtsstaat - etwas, an das ich in diesem Land nicht mehr glaube.

Ich heiße Sie willkommen in meiner Welt! In der Welt meiner Gedanken, Meinungen, Behauptungen, Ansichten und Feststellungen. Inmitten einer modernen Hexenjagd in Deutschland.
"Vergeltung" ist eine Mischung aus weiterführender Biographie, Erlebnisbericht, Sachbuch, Recherche und subjektiven Darstellungen.

Ursprünglich wollte ich nach meinem ersten Buch komplett mit dem Schreiben aufhören und das Kapitel hinter mir schließen. Ich wurde aber ständig wieder von den Ereignissen eingeholt. Als meinen inzwischen verstorbenen Anwalt dann noch ein außergewöhnlicher Brief erreichte, in dem sich ein anonymer Absender aufgrund meines Buches "Treibjagd" veranlasst sah, uns auf einen möglicherweise unfassbaren Polizeiskandal zu

stoßen, konnte ich einfach nicht mehr anders.
Ich musste weiterschreiben. Eben weil so viel passiert ist und weil mein Gewissen und meine Pflicht mich dazu zwingen, einem wohl des Mordes unschuldig Verurteilten mit all meinen Möglichkeiten zu helfen.

Das ist auch die Hauptintention dieses Buches. Und wenn es mir gelingen sollte, dass dieses mögliche Unrecht offenbart wird, dann werde ich den Rechtsstaat mittels des größten Polizeiskandals in seiner Geschichte in seinen Grundfesten zum Wanken bringen. Diese Aussicht ist mir alles wert!

Deshalb schreibe ich und lege Ihnen dar, zu was der sogenannte Rechtsstaat fähig ist und was er gewillt ist zu tun, wenn man ihn verärgert oder ihm einfach nicht mehr genehm ist. Es ist eine große Maschinerie, die sich in Gang setzt und in der gewisse Individuen und Stellen das Recht brechen und beugen, so wie es ihnen beliebt. Ohne Rücksicht auf Verluste.
Heute bin ich es.

Und vielleicht Morgen schon Sie.

4. Ein Ausblick

Gibt man einem Menschen eine Uniform und ein bisschen Macht, so wird man bereits nach kürzester Zeit erkennen, wie sich der Mensch verändert und seine Macht missbraucht.
Das gilt sowohl für einen Polizeibeamten, als auch für einen Rocker. Der eine trägt seine Uniform oder seine Marke und der andere seine Kutte. Ich habe mit diesem Buch versucht, ein objektiveres Bild über beide Welten zu zeichnen, als man es aus dem Fernsehen oder der Presse gewohnt ist.

Es ist heutzutage normal, dass die Polizisten immer die Guten und die Helden sind. Das fängt bei der Comedy-Serie „Alarm für Cobra 11" an und hört beim sonntäglichen „Tatort" auf. Auch in der Presse wird nur in den seltensten Fällen von Polizeibrutalität und Amtsmissbrauch berichtet. Das ist jedoch nur die Spitze des Eisberges. Es gibt unzählige Fälle, die totgeschwiegen und vertuscht werden, so dass sie nie an die Öffentlichkeit kommen.

Ich will nicht verschweigen, dass es sicherlich auch sehr viele Polizisten gibt, die ihren Job gut und redlich machen, Menschen helfen und Kinderschänder und Vergewaltiger dingfest machen, aber darum ging es nun mal in diesem Buch nicht. Es geht einzig und allein um Gerechtigkeit und die Wahrheit. Und wenn auch nur ein einziger Mensch zu Unrecht verletzt, drangsaliert oder schikaniert wurde, dann ist das immer ein Mensch zu viel!

Was wäre geschehen, wenn ich nicht mein erstes Buch geschrieben hätte und mein Anwalt kein anonymes Schreiben erhalten hätte. Es hätte niemanden interessiert, dass die Polizei und Staatsanwaltschaft möglicherweise einen Unschuldigen für lebenslänglich eingesperrt hatten. Es hätte deswegen niemanden interessiert, weil keiner es jemals erfahren hätte und die Öffentlichkeit niemals informiert worden wäre.

Ich weiß nicht, wie die ganze Geschichte am Ende ausgehen wird, aber ich kann reinen Gewissens sagen, dass ich alles nur Erdenkliche getan habe, um diesem Mann zur Gerechtigkeit zu verhelfen.
Gleichfalls sollen die ihre gerechte Strafe erhalten, die ihm das angetan haben.
Ich glaube an seine Unschuld und ich habe am eigenem Leib erfahren, zu was Polizeidienststellen und Staatsanwaltschaften

fähig sind.
Solange diese Welt sich dreht, solange wird es Unrecht und Unterdrückung geben. Der Mensch ist nun einmal das schlimmste Raubtier auf diesem Planeten. Das steckt ihm einfach in den Genen.
Aber solange es Ungerechtigkeit, Lügen und Verrat gibt, solange gibt es auch immer wieder dessen Gegenparts. Gerechtigkeit, Wahrhaftigkeit und Loyalität. Es gibt überall Menschen, die genau diese Werte in sich tragen und sich auch für diese einsetzen.

Ich sehe nicht die ganze Polizei als meinen Gegner, sondern nur die Teile, die mir Unrecht angetan haben. Ich habe das niemals vergessen und werde das auch niemals verzeihen. Ich wünsche mir, dass dieses Buch von möglichst vielen Menschen gelesen wird, die sich dann ihre eigene Meinung über sie bilden können. Ich wünsche mir auch, dass in den Köpfen vieler ein Umdenken stattfinden wird. Sei es in Hinblick auf ihr Polizeibild oder hinsichtlich ihres eigenen Weges.

Auch gibt es nicht wenige Rocker, die früher einmal gerne Polizist geworden wären und sich sogar für den Beruf beworben hatten. Ich kenne persönlich mehrere Fälle. Gleichfalls gibt es nicht wenige Polizisten, die das Rockerleben zumindest bewundern. Es gibt in beiden Lagern Gute und Schlechte.

Ich wünsche mir für die gesamte Rockerszene, dass man sich generell wieder auf die alten Werte besinnt. Der Mann macht die Kutte und nicht die Kutte macht den Mann.
Es sollte wieder der anständige und stabile Einzelne etwas zählen und nicht ein Haufen von aggressiven Wilden, die heute die eine Farbe tragen und morgen eine andere.
Die Gier, Arroganz und das Streben nach Reichtum und

Einfluss sollte verbannt werden.
Das kann ja jeder in seinem eigenen Leben weiterhin versuchen, aber dann sollen sie das dort machen, wo sie herkommen. In ihren Metropolen, Ghettos und Problembezirken.
Es sollte wieder zählen: Ein Mann, ein Wort! Anstand, Wertschätzung, Respekt und Geradlinigkeit.
Die Lösung heißt zurück zu den Wurzeln oder back to the roots!

Ich kann mir vorstellen, wie sich viele nach den alten Zeiten zurück sehnen, als man noch unter sich war. Das wird aller Voraussicht nach aber noch eine Weile dauern. Entweder den Posern und Möchtegerns vergeht irgendwann die Lust oder die Szene reinigt sich selbst.
Diesen Spinnern wird leider viel zu viel Beachtung und Einfluss geschenkt.
Wir haben mittlerweile eine Zeit erreicht, in der all die Aggression, Wut und Feindschaft nur noch der Szene selber schadet und der Gegenseite hilft.

Verrat, Überlaufen, Kooperation und Imponiergehabe. All das hat mit dem wahren Rockerleben nichts zu tun. Das, was jahrzehntelange Tradition besitzt und in vielen Jahren aufgebaut wurde, kann und darf nicht von dieser Entwicklung zerstört werden.

Die ganze sinnlose und primitive Gewalt, die nur von einzelnen übergroßen Egos ausging und die irgendeine Art von Macht zur Schau stellen sollte, hat sowohl die Kuttenverbote als auch die Clubverbote erst initiiert.

Wo ist das Problem, wenn man sich nicht mag oder sich gar verachtet, sich einfach aus dem Weg zu gehen? Alles nur sinnlose Territorial- und Machtansprüche, die unterm Strich nur der Gegenseite in die Karten spielen. Wenn eine Stadt von einem oder mehreren Clubs bereits "bewohnt" wird, dann eröffne ich dort eben kein neues Chapter oder Charter. Wenn man sich über den Weg läuft oder fährt, dann hält man sich eben zurück und eröffnet keine Feindseligkeiten. Der wahre Gegner befindet sich ganz woanders. In allen Clubs gibt es anständige und gerade Männer, die die gleichen Werte in sich tragen. Es sind immer nur die vereinzelten Feuerleger, die Konflikte verursachen. Aus dem einfachen Grund, weil ihnen die nötige Disziplin fehlt.

Wenn es in ferner Zukunft noch Motorradclubs geben soll, die unter ihrem Colour fahren dürfen, dann ist es allerhöchste Zeit, endlich aus den Fehlern der Vergangenheit zu lernen.
Für den Staat ist jeder Rebell, jeder 1% ein Feind des Systems, dem es gilt, sein Leben nicht nur schwer zu machen, sondern wenn möglich total zu verbieten. Die Marschrichtung ist klar und eindeutig. Ergo darf man dem Staat nicht noch weitere Munition liefern, um seine Repressalien und Verbote weiter durchzuführen und rechtfertigen zu können.

Für mich ist die Lösung dennoch einfach: Lebt einfach nach den "Rules". Das gilt für beide Seiten.
Die "Rules" der Cops sind die Gesetze. Befolgt sie doch einfach und missbraucht nicht Eure Macht und Kompetenzen.
Die "Rules" der unterschiedlichen und zum Teil verfeindeten MC's unterscheiden sich auch nicht sonderlich voneinander. In ihnen ist das geordnete Leben untereinander geregelt und wie man sich in der Öffentlichkeit zu verhalten hat. Diese "Rules" machen absoluten Sinn und haben sich jahrzehntelang bewährt. Ich bin mir sicher, dass wenn sie stringent gelebt werden, es deutlich weniger Probleme geben würde.

Ich lebe nach diesen Regeln und dem Gesetz des Schweigens, sprich ich würde niemals jemanden verraten oder mit der Polizei kooperieren. Das ist und bleibt der Ehrenkodex. In all den Jahren habe ich viele Menschen aus allen Bereichen kennengelernt und die Quellen der brisanten Infos, Daten und Fakten werde ich natürlich auch nicht namentlich benennen. Sie können mir glauben oder nicht, aber ich gebe die Dinge genau so wieder, wie sie mir berichtet wurden. Jeder, der sich in der Szene oder bei der Polizei ein wenig auskennt, wird wissen, was wahr und Wirklichkeit ist. Ich für meinen Teil kann reinen Gewissens sagen: Ich spreche immer die Wahrheit.

5. Ein verhängnisvoller Sommer – Wie alles begann

Der Sommer 2005 war einer der heißeren, im Gegensatz zu den Vorjahren. Ich war seit ungefähr 2 Jahren in meiner damaligen Heimatbehörde im Streifendienst eingesetzt. Ganz in der Nähe machte derweilen seit nunmehr über einem Jahr eine Einbrecherbande die Gegend unsicher. Es waren stets vier bis fünf Täter, die bei zahlreichen Einbrüchen immer mit großer Professionalität und Kaltblütigkeit vorgegangen waren. Einer von ihnen, der unregelmäßig mit von der Partie war, war ein bekanntes Gesicht in Ostwestfalen-Lippe. Es war kein Geringerer als "Nasenbär", damals Mitglied der Hells Angels Hannover und inzwischen verstorbener Präsident des Hells Angels Charters B-Stadt.

Der Kopf der Bande war ein damaliger Freund von ihm. Dieser zeichnete sich durch Intelligenz und Organisationstalent aus. Die Truppe erbeutete alles, was nicht niet- und nagelfest war und über größeren Wert verfügte. Reitsportartikel, Motorsägen,

Gartenmöbel Bekleidung, Navigationsgeräte und Autoreifen im Gesamtwert von 225.000,- Euro. Spezialisiert hatten sie sich insbesondere auf Baumärkte.

Was dann in der Nacht zum 6. August 2005 passierte, könnte sich ungefähr so zugetragen haben.
Einer der Männer der Diebesbande erhielt im Vorfeld einen Anruf von seinen Kumpanen.
Man würde einen weiteren Einbruch unternehmen wollen und dieser sollte in der Nacht des 6. August stattfinden. Die Bande war vollzählig erschienen. Gemeinsam fuhr man zu dem angeblichen Einbruchsziel, um auch dort wieder erfolgreich zuzuschlagen.
Die Nacht sollte sich aber ganz anders gestalten.

In der Nähe eines Schießstandes, es war bereits stockdunkel, unterhielten sich die Männer über den bevorstehenden Einbruch. Die Unterhaltung geriet außer Kontrolle. Vielleicht wurde auch gar nicht groß gesprochen. Ein Mann hielt eine Glock-Halbautomatik-Pistole in der Hand und hielt sie einem anderen Mitglied der Bande an den Kopf. Er drückte zweimal ab und die Schüsse trafen diesen in die Schläfe. Die Kugeln durchschlugen den Schädel und hinterließen ein großes Austrittsloch. Blutüberströmt fiel er wie ein nasser Sack zu Boden. Der Mann wurde regelrecht hingerichtet. Danach ergriffen die Männer den leblosen Körper und trugen ihn davon.
Ich weiß nicht, was ich in dieser Nacht, gar nicht weit entfernt, gemacht habe. Vielleicht hatte ich sogar Nachtdienst und befand mich auf Streife. Ich kann das heute nicht mehr herausfinden.
Zurück blieb ein Toter, der danach in Maschendrahtzaun eingewickelt und mit Flacheisen beschwert im Wasser eines Kanals versenkt wurde.

Was dieser Mord mit diesem Buch zu tun hat? Genau er ist der Grund, warum dieses Buch geschrieben wurde.
Fast zehn Jahre später bin ich mit anderen in diesem Mord verbunden. Ein Ex-Polizist, ein toter Hells Angels Präsident und ein Strafgefangener, der lebenslang bekommen hat. Wir alle sind davon betroffen.
Das Leben erzählt die unglaublichsten Geschichten.

6. Vergeltung - Rache verjährt nicht

"Vergeltung" ist ein Buch, das ich niemals geplant hatte. Nach meinem Buch "Treibjagd", welches ich im Gefängnis geschrieben habe, war ich froh, dass in meinem Leben nach Jahren wieder ein bisschen mehr Ruhe einkehrte. Der jahrelange Ärger und Zwist mit den unterschiedlichsten Behörden, Gerichten und Ämtern hatte mich zermürbt und müde gemacht. Der Zorn, den ich anfangs in mir trug, verschwand allmählich und ich widmete mich wieder anderen Dingen im Leben.
Trotzdem kam ich nie von meinem ersten Buch los, denn jeder sprach mich darauf an. Ich bewegte mich inzwischen auch schon mehrere Jahre in der Rockerszene und einfach alles hinter mir zu lassen, war schlichtweg nicht möglich.

Als dann noch, aufgrund meines Buches "Treibjagd", meinen damaligen Rechtsanwalt ein anonymes Schreiben erreichte, dessen Inhalt schier unglaublich erschien, nahm das Schicksal weiterhin seinen Lauf. Ich erkannte infolgedessen, dass diese, meine Geschichte noch nicht zu Ende war. Sie muss weiter erzählt werden. Wie alles am Ende ausgehen wird, bleibt abzuwarten. Ich glaube an das Schicksal und die

Vorherbestimmung. Ich glaube auch daran, dass sich die Lebenswege bestimmter Menschen treffen, damit sich ein jedes Schicksal erfüllen kann.
"Vergeltung" ist daher zum Teil eine weiterführende Autobiographie, ein realer Krimi, ein Sachbuch und auch ein Manifest gegen die vermeintliche Allmacht des Staates und seiner Institutionen, die viel zu häufig alles andere als rechtsstaatlich agieren.

Irgendwann gelangte ich zu dem Punkt, dass ich ein weiteres Buch schreiben musste. Zu viel war nach dem Ersten passiert und mittlerweile sehe ich es als meine Aufgabe an, dass bestimmte Dinge den Leserinnen und Lesern zu teil werden müssen.

Es geht um einen vermeintlich Unschuldigen, der wegen Mordes hinter Gittern sitzt. Es geht um die Themenbereiche Rocker, Rotlicht und Staatswillkür. Es geht um eine partiell korrupte und rechtsbrechende Polizei, die ohne jegliche Aufsicht schalten und walten kann, wie sie will.
Mein Anliegen ist es, Ihnen eine objektive und ungeschönte Wahrheit vor Augen zu führen. Nicht die angebliche Wahrheit, die Behörden, Politik und Teile der Presse Ihnen immer wieder gerne vorgaukeln.

Ich versuche daher selbst, immer objektiv, fair und gerecht zu schreiben. Inzwischen, nach all den Jahren, gelingt es mir auch schon viel besser. Vorher war ich von Wut und Emotionen noch zu sehr belastet. Ich möchte mit "Vergeltung" ein Manifest etablieren, dass zumindest bedingt ein Umdenken in vielen Köpfen bewirkt. Ich hoffe, dass ich auch einigen Menschen dabei helfe, ihren eigenen Weg zu gehen oder vielleicht auch etwas zu wagen und loszulassen. Bestehende Strukturen und Obrigkeiten nicht mehr allzu ernst zu nehmen.

Ich möchte für die Freiheit und für das frei gewählte Leben eines jeden Individuums eintreten und Ihnen durch die Erzählungen die Augen öffnen, wie Teile unserer Polizei funktionieren und zu was sie fähig sind. Bestimmt trifft dies nicht auf die große Mehrheit zu, aber schon ein Fall ist eben ein Fall zu viel. Diese Einzelfälle sind aber letztendlich nur die, die öffentlich geworden sind. Sie stehen meiner Ansicht nach für viele weitere, die niemals aufgedeckt oder publiziert wurden.
Ich werde Ihnen das Rotlichtmilieu von einer anderen Seite beschreiben und Ihnen dazu noch einige lustige Anekdoten und ernsthafte Fakten präsentieren.

Ebenso möchte ich mich für die Rockerszene einsetzen, die zu Unrecht pauschalisiert und kriminalisiert wird. Gleichfalls möchte ich klarstellen, dass es nicht wenige in eben dieser "Rockerszene" gibt, die in der Realität gar keine Rocker sind. Es sind schlichtweg Straßengangster oder andere Poser, die mit der Zeit erkannt haben, dass der Ruf und die Außendarstellung als Rocker mit einem bekannten und möglicherweise gefürchteten Colour, das eigene Ego stärkt, sich mächtiger fühlen lässt und dem persönlichen Vorteil durchaus mehr als nützlich sein kann.
Bereits vor Jahren war mir ihre Absicht klar. Sie wollten schon immer zu den Stärksten und den Mächtigen gehören.

Es war der größte Fehler überhaupt, diesen unkontrollierbaren Straßengangstern auch nur im Geringsten die Tür geöffnet und Einlass gewährt zu haben.
Inzwischen wird man die Geister, die man rief, nicht mehr los. Für mich waren es nie Rocker und werden auch niemals welche sein.

Ein richtiger Rocker trägt bestimmte Werte in sich und verhält

sich auch so. Er fährt Motorrad und pflegt die Kultur und Tradition seines Clubs. Die sogenannten "neuen Wilden" sind verglichen mit den alten und richtigen Bikern, einfach nur Möchtegerns und Blender.
Ein Führerschein, ein Bike, ein paar Muskeln und Tattoos machen noch lange keinen Rocker.
Seitdem diese Elemente in die Szene eingesickert sind und eingekauft wurden, seitdem es auf einmal Drive-by-shootings, Messerstechereien und Wettbüromorde gibt, seitdem treibt der Staat Verbotsverfahren und Colourverbote voran.
Diese Typen sind das Schlimmste, was der Szene jemals passiert ist. Es bleibt die Hoffnung, dass sich die Szene irgendwann wieder auf die alten Werte besinnt und sich infolgedessen auch wieder selbst reinigt. Man kann einen Menschen aus dem Ghetto holen, aber niemals das Ghetto aus dem Menschen.

Wenn ich in diesem Buch von Rockern schreibe, dann meine ich auch Rocker.
Es ist an der Zeit, dass man diesen Blendern ihre Grenzen aufzeigt und ihnen das ins Gesicht sagt, was eigentlich jeder über sie denkt: Setzt Euch wieder in Eure aufgemotzten, tiefergelegten Autos, betreibt Eure Geschäfte und Kumpaneien, aber haltet euch von etwas fern, zu dem ihr einfach nicht dazugehört.

Das, was gewisse Führungspersönlichkeiten anfangs an Ihnen schätzten, nämlich Ihre Aggressivität, Schlagkraft und Gewaltbereitschaft, genau das ist der ganzen Szene zum Verhängnis geworden.
Sie haben den Begriff Rocker mit Ihrer unkontrollierbaren und oft primitiven Art in den Dreck gezogen. Werte wurden über Bord geworfen. Ehre und Stolz zählten auf einmal nicht mehr. Erst seitdem dieses Unkraut in der Szene wuchert, gab es auf

einmal Verrat, das Überlaufen ganzer Chapter, Brüder schießen auf eigene Brüder und es herrscht Krieg in den eigenen Reihen.

7. Vom Staatsdiener zum Staatsfeind

Mit dem Ausdruck Staatsfeind bezeichnet ein Staat beziehungsweise dessen Vertreter in aller Regel Personen, die dem Bestand und der Sicherheit des Staates bzw. den Herrschaftsverhältnissen entgegenarbeiten...

Ich habe mich nie als ein solcher gesehen, denn in meinem früheren Leben glaubte ich an den Rechtsstaat und seine Organe. Ich war sogar eines von ihnen. Ich sehe mich auch heute nicht als Staatsfeind. Als diesen sehen mich aber zweifellos nicht wenige der Mitarbeiter gewisser Staatsorgane. Dies ist zum Teil auch nachvollziehbar, denn ich bin jemand, der den Rechtsstaat hinterfragt, unliebsame Wahrheiten ans Licht bringt und Lügen aufdeckt.
Ich halte jenen den Spiegel vor und versuche Ihnen die Augen zu öffnen.

Aber zuvor möchte ich Ihnen von mir berichten. Und nachdem Sie meine Geschichte gelesen haben, bilden Sie sich ihr eigenes Urteil.
Ich bin ein Ex-Polizist, der gesundheitsbedingt aus dem Dienst ausgeschieden ist und des Weiteren 7 Monate in U-Haft saß, weil ich angeblich einen albanischen Zuhälter verletzt und schwer misshandelt haben soll. Ich sage bis heute nichts dazu, denn ich vertrete das Gesetz des Schweigens und würde niemals mit der Polizei reden. Deshalb wurde ich wegen gefährlicher Körperverletzung und Freiheitsberaubung verurteilt und bin nun vorbestraft.

Ein Quasi-Freispruch, wenn man bedenkt, dass meine Anklage alles bis auf Mord beinhaltete.

Ich bin ein Rocker, war Betreiber einer Online-Erotikseite, für die ich einen "Porno-Oscar" auf der Erotikmesse "Venus" in Berlin gewonnen habe, war Mitinhaber eines gleichgelagerten Etablissements, Manager diverser Damen und bin Inhaber eines Modelabels.

Ich bin ein Mann, für den sich meine Eltern schämen. Mein Vater hat mich nicht einmal im Gefängnis besucht und meine Mutter hat mich als ihren Sohn verstoßen.

Meine inoffizielle Lebensgefährtin M., ist eine deutsche Prostituierte, die bereits seit vielen Jahren im Gewerbe arbeitet und schon in mehreren Fernsehsendungen unter anderem neben Domenica saß. Blond, blauäugig, Silikonbrüste und braungebrannt.
Weiterhin bin ich mit einem verurteilten "Mörder" befreundet, der nach Ansicht vieler unschuldig eine lebenslange Haftstrafe verbüßt und für den ich auch dieses Buch schreibe.

Es ist meine Verpflichtung der Wahrheit und Gerechtigkeit gegenüber und gleichzeitig decke ich damit wohl den größten Polizeiskandal der deutschen Geschichte auf.

Für die Polizei bin ich ein Schwerverbrecher und werde der organisierten Kriminalität zugeordnet.
Wenn ich angehalten werde, fertigt man einen Feststellungs- und Beobachtungsbericht.
Ich bin ein "Nestbeschmutzer", denn ich habe mit meinem Erstwerk "Treibjagd" das populärste Anti-Polizei-Buch überhaupt geschrieben.

Mit meinen Anwälten habe ich der Polizei und Staatsanwaltschaft vor dem Landgericht in Dortmund eine furchtbare Niederlage bereitet. Gleichzeitig habe ich mich mit dem Finanzamt angelegt, das mir erfundene Rotlichteinnahmen von über 100.000,- unterstellt hat und daraufhin die Zwangsvollstreckung gegen all meine Besitztümer eröffnet hat.

Ich habe bei jeder sich nur bietender Gelegenheit Polizei, Staatsanwaltschaft, Finanzamt und einem so genannten Polizeiarzt in den Hintern getreten und bin niemals zurückgewichen.
Ich habe niemals aufgegeben und lebe nun den deutschen Albtraum, der gleichzeitig mein eigener Traum ist. Ich bin einer von denen, für die sich diese Gesellschaft schämen würde. Einer, den man niemals zu sich nach Hause einladen und mit dem man seiner Tochter den Umgang verbieten würde.

Für Behörden, staatliche Institutionen und dem normalen Bürger bin ich ein Staatsfeind.
Darauf bin ich stolz, denn ich tue nichts anderes als mein Leben in Selbstverwirklichung und Freiheit zu leben.
Wenn ich mich selbst nicht kennen und als Außenstehender auf mich guckte, ich würde eventuell das Selbe denken.

Deshalb schreibe ich dieses Buch. Ich möchte den Blick hinter die Kulissen eröffnen. Ich möchte darüber berichten, dass es kein schwarz und weiß gibt, sondern unzählige Graustufen und, dass die "Guten" nicht immer gut und die "Bösen" nicht immer böse sind. Das die Grenzen verschwimmen.

Ich möchte, dass diese unglaubliche Geschichte publik wird. Dass nicht immer nur Lügen verbreitet werden, sondern dass auch Wahrheiten ans Licht kommen.
Ebenso werde ich über die Wahrheiten berichten, über die der

Staat und die Medien nicht berichten, weil sie einfach ungelegen sind und das öffentliche Bild verrücken könnten. Möglicherweise gelingt es mir an der einen oder der anderen Stelle, dieses gerade zu rücken.
Das ist jedoch nicht erwünscht, denn richtig und genehm ist oft doch nur das, was vorgegeben und konform ist.

Aber: „Wahrheiten, die niemanden verärgern, sind meist nur halbe."

Mir wurde auch geraten, gewisse Dinge zu verschweigen, denn diese würden mich in eine Ecke drängen und mir Sympathien verscherzen. Über "so einen" würde auch nicht gern berichtet werden.
Ich erwiderte, dass ich aber aus dieser "Ecke" komme und es mich einfach nicht schert, ob ich sympathisch herüberkomme oder geächtet werde.
Es ist mir gleich, denn für mich zählt es schlichtweg, authentisch und wahrhaftig zu sein.

8.Out in bad standing

Wenn es das bei der Polizei auch geben würde, so hätte ich es bestimmt bekommen. Bei der Polizei heißt das aber "Disziplinarklage" mit dem Ziel der Entfernung aus dem Dienst. Diese Entscheidungen trifft ein Verwaltungsgericht. Das sollte mir noch bevorstehen.

Obwohl ich bereits per Verwaltungsakt gesundheitsbedingt aus dem Polizeiapparat ausgeschieden war, wollte die Behörde, speziell in meinem Fall, natürlich noch einen drauf setzen. Bei meiner Person sollte noch ein Exempel statuiert werden. Außerdem ist ja allseits bekannt wie sich schlechte Verlierer benehmen und gegebene Verhältnisse einfach nicht anerkennen können oder wollen.

Wegen gefährlicher Körperverletzung in Tateinheit mit Freiheitsberaubung, des Missbrauch des Dienstausweises für private Interessen und des unrechtmäßigen Besitzes von scharfer Munition, sollte ich nachträglich noch aus dem Beamtenverhältnis entfernt werden.

Vor dem Landgericht Dortmund war ich verurteilt worden. In der Urteilsbegründung wurde festgehalten, dass ich selbstlos gehandelt hatte. Für mich klang es folgendermaßen: Herr K. , Sie wollten zwar selbstlos helfen, aber Sie dürfen einen Zuhälter nun mal nicht zusammenschlagen.

Den Dienstausweis hatte ich damals vorgezeigt, als ich die Tochter der Prostituierten, der ich geholfen hatte, einzuschulen. Ich wollte dem Schulleiter der Grundschule gegenüber Souveränität anzeigen, deutlich machen wer ich war und dass ich nichts Böses im Schilde führte.

Da ich damals begeisterter Sportschütze war, besaß ich auch eingetragene Waffen und scharfe Munition, die ich zu Hause aufbewahrte. Deshalb wurde wohl auch Munition bei mir zu Hause gefunden. Ganze sechs Schuss. Das war dann der unrechtmäßige Besitz scharfer Munition.

Des Weiteren, obwohl nichts dergleichen vor dem Landgericht Dortmund festgestellt oder weiter verfolgt wurde, stand für den Ermittlungsführer laut seines Berichts im Nachhinein fest, dass ich quasi zudem doch noch ein Drogenhändler und Zuhälter war.
Ich hätte den Damen Rauschmittel besorgt. In seiner Arroganz und Dummheit erhob er sich sogar über das Landgericht

Dortmund und erklärte, dass sich hinter der geschäftsmäßigen Bezeichnung "gefährliche Körperverletzung" in der Realität die Ausgliederung der betroffenen Prostituierten aus ihrem bisherigen Lebens- und Arbeitsbereich unter Vorspiegelung falscher Tatsachen und der zum Teil zwangsweisen Ausübung der gleichen Tätigkeit an anderen Orten zugunsten des neuen Freundes zu verstehen sei." Übersetzt heißt das, ich hätte ihrem damaligen Zuhälter zusammengeschlagen, damit sie dann für mich auf den Strich geht.

Zusammenstellung "Aktivitäten" Tim K.

Das ist die Überschrift zu dem Kapitel in meiner Disziplinarakte, die meine Freundschaft zu meinem damaligen Freund Toni beschreibt. Mit dieser Freundschaft fing ursprünglich alles an. Die Freundschaft eines Polizisten zu einem Hells Angel.

Das, was die Behörde verfasst hat gebe ich im Großen und Ganzen in Kursiv-Schrift wieder und meine Ausführungen stehen jeweils darunter. Zahlreiche Rechtschreibfehler habe ich für Sie korrigiert. (das ist übrigens bei Polizeischreiben mehr als üblich) Also fangen wir einmal an:

1. Thorsten Gartsch (Hells Angels und krimineller Werdegang des Gartsch)
Thorsten Gartsch
geb. XX.XX.XXXX

Zusammenfassung Erkenntnisse Gartsch:
- 1989 Bedrohung mit Schusswaffe,- 1991 Körperverletzung (KV), gefährliche (gef.) KV 1998
- Kraddiebstahl 1998, - Raub, Verstoß Waffengesetz 2007, Haftbefehl (Aktion, bei der Bad Boy Ulli aus dem Club

geschmissen wurde), usw.

Das klingt natürlich erst einmal nach einer Menge auf dem Kerbholz. Fakt ist es jedoch, dass dies in der Regel Ermittlungen und Aktenvermerke waren, die in den geringsten Fällen überhaupt zu einer Verurteilung geführt haben. So viel zu dem Schreckensregister des Thorsten Gartsch. Es geht weiter.
Die kriminelle Vergangenheit des Gartsch war/ist K. bekannt. Mehrfach wurde er von Vorgesetzten (PHK Fleischer, DGL) und Dienstgruppenkollegen auf sein unmögliches Verhalten angesprochen. K. zeigte keinerlei Einsicht. Auch ein letztes Gespräch mit seinem Direktionsleiter (POR Barzik) brachte keinerlei Besserung.

Wenn ich das heute im Nachhinein lese, erfüllt es mich mit Stolz. Stolz aus dem Grund, weil ich mich von diesen Herrschaften in meiner Meinung und Entwicklung nicht im Geringsten habe beeinflussen oder stoppen lassen. Der Begriff "sein unmögliches Verhalten" finde ich zudem mehr als amüsant. Das klingt ja so, als ob sich der "Bengel" einfach nicht benehmen könnte.

„Auch ein letztes Gespräch brachte keine Besserung"! Der Patient scheint unheilbar krank zu sein. Sein Zustand ist nicht mehr reparabel. Köstlich!

Der negative Höhepunkt des Tim K. in Zusammenhang mit Th. Gartsch war dann ein Zeitungsartikel in einer örtlichen Zeitung einschl. Foto und Text (als Anlage beigeheftet). „Tim K. kauft Motorrad im Fachhandel Gartsch". In einer relativ kleinen Stadt wie D. ist K. als Polizeibeamter bekannt, dies trifft teilweise auch auf Gartsch zu. Ferner ist zu erkennen, dass es sich um ein hochwertiges (teures) als Unikat hergestelltes Krad handelt. Dies "passt" dann zu dem ebenfalls gefahrenen Porsche Cayenne und VW Golf.

Dies "passt" dann zu dem ebenfalls gefahrenen Porsche Cayenne? Was soll das denn heißen?
Ich würde eher sagen, das "passt" dann einfach zu dem kleinkarierten und neidischen Polizisten, der diesen Bericht verfasst hat. Was geht es Dich an, was ich mir für ein Motorrad kaufe und was ich für ein Auto fahre? Kümmer Dich lieber um Dein finanziertes Eigenheim, deine zwei Kinder, den Kombi und deine unglückliche Ehe.

Unter dem Aktenzeichen 31 Js XX/XX wird bei der StA D. ein Verfahren gegen Tim K. geführt (Status: vorläufige Einstellung). Auf Blatt 81, 82, 83 und 84 (als Kopie nachgeheftet) sind Kleidungsstücke u. a. mit Hells Angels Patches dokumentiert, die in der Wohnung K. bei einer Durchsuchung gefunden wurden. Auch dies zeigt seine Einstellung zu dieser Gruppierung, die im fachlichen Schriftgut als kriminelle Vereinigung bezeichnet wird.
Tim K. war die Einschätzung der HA durch Fachdienststellen sehr wohl bekannt, durch die KPB L wurde seinerzeit Fachvorträge durch die Kriminalhauptstelle B. zu diesem Thema arrangiert. (der Polizist schrieb übrigens "anrangiert", nur einmal zu Ihrer Kenntnis der Rechtschreibkünste)
Es wurde überdeutlich darauf hingewiesen, dass HA nur Kontakte zu Polizeibeamten suchen, wenn sie diese als "nützliche Idioten" für bestimmte Vorhaben (Informationen usw.) benutzen wollen.

Interessant, als ein "nützlicher Idiot" habe ich mich nie gefühlt und Vorhaben wurden mir auch niemals angetragen.

Auf Blatt XXX, und XXX, XX StA D. (als Kopie nachgeheftet), wird Schriftgut bzw. werden Dateien im Zusammenhang mit Hells Angels (HA) dokumentiert und auf Blatt XXX HA auf Fotos im Hintergrund. Speziell auf Blatt XXX sind Fotos im Zusammenhang mit Thorsten Gartsch zu sehen.
Nein, das gibt es ja nicht. Fotos mit Rockern im Hintergrund und sogar mit Thorsten Gartsch?!
Blatt XXX StA D. (als Kopie nachgeheftet). Enge Kontakte zu Gartsch. Vermerk KK 11 KPB L.
Nachstehendes findet auch zu Punkt 3 Anwendung.
Blatt XXX (als Kopie nachgeheftet) lässt neben anderen den Rückschluss auf zuhälterische Tätigkeit des Tim K. zu, siehe markierte Textstellen. Auswertung Stick belegt Zuhältertätigkeit. Weiteres unter Punkt 3.

Rückschluss auf zuhälterische Tätigkeit und sogar der Beleg der Zuhältertätigkeit? Das ist ja ungeheuerlich! Dabei sollte man wissen, dass es sich nur um Fotoaufnahmen von Damen gehandelt hat. Den weiteren Salmon erspare ich Ihnen und mir aber jetzt auch.
Sie sollten einfach mal einen Einblick bekommen, wie so ein spitzfindiges Kerlchen von der Polizei gewisse Dinge zu Papier bringt.

Ihm und seinesgleichen soll der nächste Absatz gelten, den ich für mich verinnerlich habe und den so einer und sie im allgemeinen niemals verstehen werden:

Ein Einprozenter ist der eine von hundert, der sich von der Gesellschaft, der Politik und den Gesetzen abgrenzt. Das ist der Grund warum wir anstößig wirken! Wir wollen nicht wie ihr, die anderen sein oder aussehen. Also geht uns aus dem Weg! Schau den Bruder neben dir an und frag dich selbst, ob du ihm die Hälfte von dem geben würdest was du einstecken kannst.

Wenn ein anderer deinen Bruder schlägt, würdest du zu ihm stehen ohne zu fragen warum? Denn es gibt kein Warum!!!
Dein Bruder hat nicht immer Recht, aber er ist immer dein Bruder!!!
Einer für Alle und Alle für Einen!!!
Wenn du nicht genauso denkst, dann mach, dass du wegkommst. Denn dann bist du einer von den Anderen, ein Bürger und gehörst nicht zu uns.
Stehle Deinem Bruder weder Besitz, Geld, Frau, Klasse oder seinen Humor!
Wenn Du das tust, wird Dir Dein Bruder gleiches tun.

Ich bin mittlerweile seit 5 Jahren nicht mehr bei dem Verein und habe die Seiten gewechselt.
Ich bin jetzt einer von denen, mit denen man mir damals seitens der Polizei den Umgang verboten hatte.
Thorsten Gartsch bzw. Toni, der ehemalige Hells Angel wurde im bad standing aus dem Club geworfen. Was für eine Ironie des Schicksals.
Er hatte mich nicht ein einziges Mal im Gefängnis besucht oder sonst irgendetwas in der schweren Zeit für mich getan. Obwohl, er hatte damals mein schönes Custombike in Abwesenheit von mir für mich verkauft. Natürlich nicht, ohne sich dabei noch ein paar Euro Gewinn einzustecken.
Nachdem er von Nasenbär im Bad Standing rausgeworfen wurde, verklagte er sämtliche ehemaligen Brüder zivilrechtlich, die bei ihm noch offene Rechnungen hatten und diese nicht bezahlen wollten. Auch gegen „Nasenbär" selber erstritt er einen Titel.

Als ich wieder aus dem Gefängnis entlassen wurde und mir wieder eine Harley bei ihm kaufte, konnte ich noch nicht absehen, wie schwer die Zeiten noch finanziell für mich werden sollten.

Ich konnte meine Raten nur noch schwerlich, später dann gar nicht mehr bezahlen und musste das Bike wieder zurückgeben. Zum Dank gab es dann noch einen gerichtlichen Mahnbescheid, den er mir zusandte.
Nach allem was ich für ihn getan hatte und wie ich damals zu ihm stand ist das für mich Beweis genug.

Ich habe keinen Kontakt mehr zu ihm und das ist auch gut so.

9. Die Jagd geht weiter

Ich war also wieder ein freier Mann. Das war im Oktober 2010. Dass die Zeit, die mir nun bevorstand, nicht wesentlich angenehmer als die Haftzeit werden würde, hätte ich mir nicht denken können.

Ich hatte nichts mehr und stand auf verbrannten Boden. Der Prozess, die gesamte U-Haft und die Verurteilung hatten mich insgesamt an die 70.000,- Euro gekostet. Anwaltskosten, Schmerzensgeld und die ganzen Rechnungen, die natürlich weiter zu zahlen waren, während ich einsaß.

Alles musste und wurde verkauft. Auto, Motorrad und jede Habseligkeit, die sich einigermaßen versilbern ließ wechselte den Besitzer. Das Einzige was gerettet werden konnte war meine eigene Wohnung. Ich stand vor einem Scherbenhaufen. Das war die Zeit, als ich mein erstes Buch endgültig fertig stellte. Das handschriftliche Manuskript, welches ich glücklicherweise in einer Box aus der JVA ohne Prüfung mitnehmen konnte, wurde dann von mir fertiggestellt und mittels Sprachprogramm auf dem Computer verschriftlicht.

Danach übergab ich es Rechtsanwalt Ahrend, der es rechtlich prüfte. Als dies beendet war, übersandte ich das Manuskript an einige Verlage. Ich bekam eine schnelle Zusage, unterschrieb meinen ersten Autorenvertrag und stellte dann gemeinsam mit dem Lektorat des Verlages das Buch fertig.

Zu dieser Zeit war „Nasenbär" noch der aktive Präsident der Angels in B. Bei einer Kampfsportveranstaltung in B., die ich damals mit Tacki besuchte, stand ich sogar direkt neben ihm. Nasenbär erkannte mich jedoch nicht und wusste zu dem Zeitpunkt auch noch nicht, dass ein Buch erscheinen würde, welches sein und mein Leben grundsätzlich verändern würde.

Vor meiner Verhaftung war ich damals ein Hangaround bei dem Outlaws MC.

Natürlich zog es mich nach meiner Entlassung aus der JVA wieder zurück zu den „Outlaws", wobei dies vorrangig in der Freundschaft zu Tacki begründet war. Tacki war damals der Präsident des Outlaws MC Lübbecke und uns verband eine gute Freundschaft. Dieser Umstand stellte sich im Nachhinein als der einzige würdige Grund dar. Denn was Tacki seitens des Clubs noch bevorstehen sollte, dazu komme ich noch. Aufgrund des bald erscheinenden Buches war das Interesse beim Outlaws MC natürlich groß.

Deshalb fand ein Treffen mit einem National der Outlaws statt, der mich zum Einen mal kennenlernen, aber zum Anderen auch wissen wollte, was in dem Buch über den Club stehen würde. Das Thema „Chavez" stand ebenfalls auf der Tagesordnung. Chavez war ein Lügner, Betrüger und höchstwahrscheinlich auch ein Informant der Polizei gewesen, der vor meiner Verhaftung für viel Unruhe gesorgt hatte.

Begleitet wurde ich zu dieser Zusammenkunft von zwei Brüdern von Tacki aus einem anderen Chapter, die diesen

Termin in die Wege geleitet hatten. Das Treffen an sich gestaltete sich als ein angenehmes und informatives Kennenlernen. Die Passagen über den Club wurden zur Kenntnis genommen und zusätzlich wurde ich mit Wissen aus der Historie dessen versorgt. Als die Sprache auf die Ratte „Chavez" kam, wurde der National natürlich hellhörig und Kritik wurde laut, warum so ein Typ überhaupt noch als Prospect dabei wäre?! Meine beiden Begleiter stießen in dasselbe Horn und schoben letztendlich die Schuld auf Tacki, der ja Chavez's Präsident wäre. Wohlwissend, dass Tacki ihn nur noch nicht entsorgt hatte, weil Chavez noch im Knast saß, beziehungsweise im offenen Vollzug. Ich muss fairerweise sagen, dass Tacki, beruflich bedingt, unheimlich viel um die Ohren hatte und es für ihn auch nicht einfach war, noch an Chavez ranzukommen, weil dieser sich natürlich immer weiter von ihm fernhielt, was ihn natürlich weiterhin nicht davon abhielt, mich der Lüge und als „Bullen-Spitzel" zu bezichtigen. Wobei wir wieder beim Thema wären: „Jene, die selbst höchstwahrscheinlich belastet sind, haben immer die größte Schnauze! Gerade mich! Köstlich!

Wie dem auch sei, als sich das Treffen dem Ende neigte, war Chavez offiziell kein Prospect des Outlaws MC mehr. Das wurde vom National beschlossen, wozu ich ihm innerlich mehr als gratulierte. Endlich war die Ratte entsorgt! Und dieses sollte auch unbedingt noch ins Buch kommen, was dann auch durch mich bewerkstelligt wurde. Eine solche Schmach wollte man sich nicht gönnen, was ich absolut nachvollziehen kann. Der Typ ist und wäre einfach nur eine Schande für jeden Club. Das Beste kommt jedoch noch.

Als das Buch dann erschienen war, wurde Tacki mit seinem gesamten Chapter in den Süden beordert, wo man ihm eröffnete, dass er (nach 10-jähriger Zugehörigkeit!) kein Member des Outlaws MC mehr wäre und an Ort und Stelle seine Kutte und Sachen abzugeben hätte.

Sie glauben das nicht? Es ist die Wahrheit! Aber nun halten Sie sich fest: Der Grund dafür wäre, dass Tacki sich vor geraumer Zeit, als noch der Konflikt zwischen dem Hells Angels MC und dem Outlaws MC sehr aktiv war (zu Zeiten des Rocker-Prozesses wegen der Ermordung von Dirk 1%), mit dem Präsidenten des Hells Angels MC B-Stadt „Nasenbär" (genau, der Nasenbär) heimlich getroffen hätte. Dies entsprach der Wahrheit, jedoch kam das Anliegen von Nasenbär und dieser verfolgte nur ein Ziel, nämlich Tacki mitzuteilen, dass ein gewisser Tätowierer „Chavez" höchstwahrscheinlich mit den Bullen kooperieren würde. Unglaublich aber wahr!

Drahtzieher von Tackis Rausschmiss waren unter anderem die beiden Member des Outlaws MC, die mich vorher noch zu dem National begleitet und dort verächtlich über Chavez gesprochen hatten und Chavez selber.
So sind zumindest die Vermutungen. Tacki ist inzwischen kein Member des Outlaws MC mehr, obwohl er noch zahlreiche Freundschaften zu anderen Membern pflegt, die diesen Rauschmiss
schlichtweg nicht fassen konnten. Chavez krauchte inzwischen wieder bei den Outlaws rum. So kann es laufen, liebe Leser und Leserinnen.

Mein Rocker-Dasein sollte jedoch noch weiter andauern, denn ich liebte das Harley fahren und die mit einem MC verbundenen Werte. So geschah es, dass ein langjähriger Freund von mir, trotz seiner noch jungen Jahre ein langjähriger Rocker und ehemaliger Free Eagle, inzwischen Prospect
bei den Bandidos war. Er war einer der Gründungsmitglieder eines neuen Chapters und berichtete mir, dass er dort nun all das vorgefunden hat, wonach er lange Zeit gesucht hatte. Er lud mich ein, einmal vorbeizukommen und mir alles anzusehen.

Ich will mich daher kurz fassen. Ich tat dies und war ebenfalls von Anfang an begeistert und angetan. Ich spielte natürlich mit offenen Karten und wurde trotzdem, aufgrund der Bürgschaft meines Freundes, herzlich willkommen geheißen. So geschah es, dass es nicht lange dauerte, bis ich Hangaround und nach geraumer Zeit dann auch Prospect des Bandidos MC wurde. Ich trug meine Kutte voller Stolz. Ich habe damals schon versprochen, dass ich niemals Interna über irgendeinen Club weitergeben würde, jedoch kann ich so viel dazu sagen: Ich habe Freundschaft, gute Männer, Hilfe und Zusammenhalt kennengelernt und habe mich in diesem Kreis sehr wohl gefühlt. Dinge, die man aus der Presse erfährt, sind mir nie untergekommen. Gemeinsame Ausfahrten mit den Harleys oder zusammen mit über 1000 anderen Membern, Supportern und Freunden das Grab eines ermordeten Bandidos, wie in dem Fall das von Eschli 1% zu besuchen, sind Momente, die man nie vergisst. Um es aber abzukürzen, trotz des Rückhalts kam irgendwann von irgendwo ganz weit oben die Order, erst mal meine Kutte wieder einzuziehen. Ein ehemaliger Bulle und dazu noch der Autor eines Enthüllungsbuches, das wäre wohl insgesamt dann doch ein wenig zu viel. Irgendwie kann ich das sogar nachvollziehen, denn persönlich kannten mich ja nur meine Brüder aus dem eigenen Chapter.

Eine Anekdote möchte ich in diesem Zusammenhang jedoch noch los werden. Zu meiner Zeit als Bandidos-Prospect geschah es, dass Rechtsanwalt Ahrend über den Generalstaatsanwalt in Hamm erreicht hatte, dass meine ja nunmehr seit fast 2 Jahren beschlagnahmten Gegenstände (PC's, Handys, Ordner, usw.) mir endlich wieder zurückgegeben werden mussten.
Die Staatsanwaltschaft Detmold hatte sich vorsätzlich geweigert, überhaupt in meinen Fall auf die Schreiben von RA Ahrend zu reagieren. Eine Frechheit ohnehin, was jedoch nur

die Parteilichkeit und Niedertracht dieser Staatsanwaltschaft widerspiegelt. Die Anweisung des Generalstaatsanwaltes an die StA Detmold, dem Tim K. unverzüglich seine Besitztümer wieder
herauszugeben war insofern eine schallende Ohrfeige in das Gesicht des Staatsanwaltes Amelig, der daraufhin noch eine Art von Entschuldigungsschreiben an RA Ahrend verfasste.

Ein Schreiben des KK 21 aus B-Stadt, wo die Asservatenkisten gelagert wurden, erreichte mich, indem mir zwei Termine zur Abholung genannt wurden. Unterschrieben war das Schreiben von dem Rädelsführer, der mitverantwortlich für den Kreuzzug gegen mich war und der in der Vergangenheit bereits durch Aussageerpressung und Nötigung gegen die Zeugin Katharina geglänzt hatte. Ich freute mich, dieser Schlange endlich einmal in die Augen blicken zu können.
Ich entschied mich für den nächstliegenden Termin und fuhr mit RA Ahrend und einer lieben Freundin zum Polizeipräsidium B-Stadt. Ich trug an diesem sonnigen Tag meine Bandidos-Prospect-Kutte und war bereits erfreut, meine Gegenstände wieder in Empfang nehmen zu können. Ein tiefer Hass wohnte mir selbstverständlich ebenfalls inne.

Am Empfang saß wieder die körperbehinderte Empfangsdame, die telefonisch den Kriminalhauptkommissar über mein Eintreffen informierte. Und dann kam mein Gegner. Aber wie sah er aus?! Der, der so vorlaut, siegessicher und mutig mit den Seinen vorher agierte? Ein kleines Männchen Ende der 50, der mich freundlich grüßte. Ich erwiderte den Gruß nicht und dachte mir nur: „Du arme Kreatur, wenn ich dürfte würde ich dich auf meine Art zur Verantwortung ziehen, für all das Leid, das du mir und den Meinigen angetan hast.“ Stattdessen sagte ich nur kühl, dass meine Freundin mir beim Tragen helfen würde. Jetzt zeigte sich wieder das wahre Gesicht des

„Bullen“, der erwiderte: „...„dass dies kein Familienausflug wäre.“. Noch blieb ich ruhig. RA Ahrend fuhr mit seinem schwarzen AMG auf den Hinterhof des PP, um dort mit mir die zahlreichen Asservaten-Kisten einzuladen. Meine Freundin durfte nicht auf das Gelände. Der Hinterhof des Präsidiums war voller Schaulustiger, die sich offensichtlich dort bewusst versammelt hatten. Ich marschierte mit meiner Kutte mittendurch, um mich dann in einem Raum einzufinden, in dem die Kisten aufgestapelt waren.
Es mussten extra Rollwagen herbeigeholt werden, um die Massen an beschlagnahmten Kisten und Gegenständen zu transportieren. Diese sogenannten Hüter von Recht und Ordnung! Ich verzichtete darauf, den Inhalt tabellarisch zu kontrollieren und blieb immer noch ruhig, obwohl der Hass mich innerlich immer mehr übermannte. Inzwischen war auch ein weiterer „Kollege“ des KK 21 zugegen, der die Situation beobachtete. RA Ahrend, ich und die beiden Experten des OK Dezernates. Irgendwann sagte ich: „dass sie ja bald das bekannteste Dezernat Deutschlands wären“. Daraufhin fragte mich dann der hauptermittelnde Beamte, der vormals als Vernehmungsbeamter meine Hauptentlastungszeugin massiv unter Druck gesetzt hatte, weil er die gesamte Situation wohl mehr als unangenehm empfand, wie denn das Buch laufen würde?

Als er mich das fragte konnte ich nicht mehr an mich halten und explodierte. Ich schrie ihn an: „Tragen Sie denn keinen Funken Ehre in sich tragen ?“, „Nach all dem ganzen Scheiß stellen Sie mir hier so eine Frage und wollen Small-Talk mit mir führen. Das ist ja zum Kotzen!“ Ich entgegnete ihm weiter: „Ihr habt den Krieg gegen mich eröffnet, aber eines verspreche ich Euch, ich werde ihn zu Ende bringen!“
„Aber Herr K., ich kenne sie doch gar nicht persönlich.“ erwiderte er eingeschüchtert. Daraufhin nahm ich eine der

Kisten in die Hände, verließ den Raum und stieß den sich davor befindlichen Rollwagen kräftig mit dem Fuß weg. Ich lud die Kisten vor all den Schaulustigen im Innenhof in den AMG und verließ daraufhin mit Rechtsanwalt Ahrend diesen widerwärtigen Ort.
So sah also der Gegner aus, zumindest ein kleiner Teil von ihm. Ein kleiner, älterer eingeschüchterter Mann, der auch gut als der liebe Opa durchgehen würde und sein jüngerer vertrottelter Kollege, der nur unsicher und dümmlich grinsen konnte. Und diese „Gesellschaft“ verschaffte mir meinen Gefängnisaufenthalt aus Gründen, die ich meine zu wissen. Danach ging es in ein schönes Café in B-Stadt, wo wir den Termin zu Dritt ausklingen ließen.

Zu dieser Zeit zog bereits ein Sturm auf, den ich noch nicht wahrnahm. Hinter den Kulissen braute sich schon etwas zusammen. Der Staat und seine Organe bliesen bereits zum Angriff und die Krake hatte ihre Fangarme schon ausgestreckt.

10. Der Rechtsstaat zeigt seine hässliche Fratze

Einstmals war ich ein glühender Verfechter des Rechtsstaates. Heute bin ich einfach nur ein Verfechter gegen diese Scheingerechtigkeit. Ich glaube nicht mehr an den sogenannten Rechtsstaat. Woran ich glaube ist, dass es durchaus Elemente in ihm gibt, die noch funktionieren, Recht sprechen und vertreten.

Einige Teile der Polizei, etliche Staatsanwaltschaften, Behörden und Gerichte zählen allerdings nicht dazu. Das Problem ist ganz einfach, dass Menschen diese Institutionen bilden und vertreten. Menschen, die ihre Schwächen, Neigungen, Eigenschaften und ihre Parteilichkeit einfach nicht

abschalten können oder wollen. Von Rechts wegen wären sie dazu verpflichtet.
Das interessiert aber einen Polizeibeamten nicht, nachdem er endlich einen vermeintlichen Täter gefasst hat und im Rahmen seiner schriftlichen Verhöre und Berichte, dem Fall eine ganz eindeutige Richtung zuweist.

Ebenso wenig interessiert es einen Richter oder eine Richterin, die im letzten Falle eine eindeutige Polizeisympathie an den Tag legt und jedem Polizisten, der als Zeuge vor ihr sitzt, uneingeschränkt glaubt. Ganz egal, ob er lügt bis sich die Balken biegen.

Eine Polizeiaussage "sticht" locker bis zu drei "reguläre" Aussagen.

Staatsanwaltschaften ermitteln so gut wie nie gegen ihre eigenen Hilfsbeamten (Polizeibeamte). Wenn sie es doch einmal müssen, werden diese Verfahren ohnehin zu fast 100 % eingestellt.

Ganz gleich, ob der Beamte womöglich doch eine Körperverletzung im Amt begangen hat. Eine Krähe hackt der anderen bekanntlich kein Auge aus und erfahrungsgemäß sagen Polizisten dementsprechend untereinander füreinander aus. Mit anderen Worten: Was nicht passt wird passend ausgesagt.

Wie ich dazu komme, all das zu behaupten? Ganz einfach, weil ich jeden dieser Fälle schön persönlich erlebt habe. Sowohl als Beteiligter, als auch als Geschädigter.

Nachdem die Staatsanwaltschaft und die Polizei im Strafverfahren gegen mich kläglich gescheitert sind und sich regelrecht blamierten, zog man andere Register, um mich doch

noch irgendwie kaputt zu machen.
Und wenn ich nicht über einen kleinen Kreis von ganz besonderen Menschen verfügt hätte und noch verfüge, so wäre ihnen das auch sehr wohl gelungen.

Ich möchte Ihnen erläutern, wie dieses System funktioniert. Dabei möchte ich nicht verallgemeinern, sondern die einzelnen Personen hervorheben, die den Rechtsstaat missbraucht haben, um ihr eigenes Recht oder besser gesagt Unrecht durchzudrücken.
Und ich möchte ganz explizit zum Ausdruck bringen, dass sich dieses Land nicht im Geringsten über eine ehemalige DDR auslassen muss, solange derartige Dinge, immer noch auch in diesem System, passieren.

Wie kann es sein, dass ein Spezialdezernat wie das KK24 (Auswertung Organisierte Kriminalität- besondere Ermittlungsmethoden) anhand von drei Kontoauszugsmappen der Sparkasse Detmold, zu dem Ergebnis kommt, dass ich an die 100.000,- Euro an Rotlichteinnahmen am Fiskus vorbeigeschleust habe?
Inzwischen wurde mit Hilfe der Sparkasse nachgewiesen, dass jegliches Geld, das für diese "Erkenntnis" herangezogen wurde, aus legaler Herkunft stammt.
Kredite, Bausparverträge und Schenkungen einer gewissen Susanne Körber (Name geändert, Anm. des Autors). Frau Körber ist Ende 60. Der gewiefte Spezialermittler des KK24 fragte beim Einwohnermeldeamt nach, ob diese Dame, Susanne Körber, wohnhaft in D. mit mir, Tim K, wohnhaft in H., etwas zu tun gehabt habe, außer mir große Summen an Geld zu Geburtstagen und zu Weihnachten zu überweisen.
Die Antwort des Einwohnermeldeamtes lautete: Nicht das wir wüssten. Ergo kam man zu der "Erkenntnis", dass es sich bei dieser Frau um eine meiner "Nutten" gehandelt haben muss.

Frau Körber hat aber sehr wohl etwas mit mir zu tun. Sie ist nämlich meine Mutter und trägt deshalb einen anderen Nachnamen als ich, da sie vor vielen Jahren neu geheiratet hatte.
Meine eigene Mutter von fast 70 Jahren wohlgemerkt soll eine meiner bestverdienensten Huren gewesen sein!
Wie kann es sein, dass ein Finanzamt für Steuerstrafsachen einen detaillierten Finanzermittlungsbericht, der voll von derartigem Schmutz und dilettantischen Fehlerkenntnissen war, ungeprüft übernahm?

Wie kann es sein, dass ich aufgrund eines solchen "Berichtes", den jeder Sonderschüler besser hinbekommen hätte, zu einer Steuernachzahlung von fast 40.000,- Euro genötigt wurde?

Wie kann es sein, dass das Finanzamt Detmold, aufgrund dieses "Meisterwerks" eines vollkommen unterbemittelten Beamten, der inzwischen im Ruhestand ist, die Zwangsvollstreckung gegen all mein Hab und Gut vorantreibt?

Alle meine Konten waren für 7 Monate komplett eingefroren und gesperrt. Dass ich noch nicht einmal über den pfändungsfreien Grundbetrag verfügen konnte, sondern über keinen einzigen Cent, spielte für das Finanzamt keine Rolle. Obwohl ich über keinen Euro verfügen konnte, erhielt ich jeweils immer zum Wochenende die gelben förmlichen Zustellungen des Finanzamtes, die mir jedes Mal erneut die Pfändungen und Einzüge dokumentierten. Jede Eintragung einer Sicherungshypothek im Grundbuch kostete um die 200,- Euro. Der zweite Gutachter, den ich nicht zur Wertbesichtigung meiner Eigentumswohnung hereinließ, ich war vielmehr gar nicht zu Hause, wurde mir mit umgerechnet 780,- Euro in Rechnung gestellt.

An dieser Stelle sei erwähnt, dass die ursprünglich bestellte Gutachterin diesen Auftrag freiwillig niederlegte, nachdem sie von den Hintergründen dieser widerwärtigen Farce erfahren hatte. Es gibt eben doch noch anständige und aufrichtige Menschen in diesem System, die nicht mitspielen.
Die Oberjustizkasse trieb alles immer erfolgreich ein. Welch vorzüglicher Rechtsstaat.

Weil keine Raten von meinen Konten eingezogen werden konnten, platzten mir mehrere Kredite und ich bekam negative Schufa-Einträge, die mir für die nächsten Jahre noch nicht einmal mehr einen Autokauf oder einen Handyvertrag auf meinen Namen ermöglichen sollten.
Alles ging soweit, dass ich nicht einmal mehr tanken konnte und mir der Strom abgestellt wurde.
Dem Finanzamt sei Dank! Der verantwortliche Sachbearbeiter erinnerte mich übrigens noch kurz vor Weihnachten telefonisch mit einem, wörtlich gesprochenen "Service ihres Finanzamtes" daran, dass ich doch noch den Betrag X zu zahlen hätte.

Erst nachdem das Finanzgericht in Münster während der ersten mündlichen Verhandlung das Finanzamt aufgrund dieses Verhaltens gerügt hatte, wurden meine Konten zumindest wieder teilweise freigegeben. Selbstverständlich wurde monatlich weiter fleißig gepfändet und eingezogen.

Mein ehemaliger Arbeitgeber, das Land NRW, hält mir bis zum heutigen Tage 50% meiner Bezüge vor, da das Land gegen mich eine Klage vor dem Verwaltungsgericht erhoben hat, mit dem Ziel mich nachträglich aus dem Beamtenverhältnis zu entfernen. Dies ist schon sehr eigen, zumal ich bereits seit 5 Jahren durch einen Verwaltungsakt gesundheitsbedingt aus dem Dienst ausgeschieden bin und seitdem als Pensionär gelte. Man schaffte es nicht, mich viele Jahre hinter Gitter zu

bringen, also versuchte man dann, mich finanziell zu zerstören und auszuhungern.
Kein gewöhnlicher Mensch hätte dieses überstanden, denn alleine die Anwaltskosten sind für Otto-Normalverbraucher nicht zu erbringen. Ich hatte zum Glück meinen alten Freund Rechtsanwalt Ahrend an meiner Seite, der unentgeltlich unermüdlich für mich kämpfte. In jedem Fall blieb die Polizei zweiter Sieger, was ihren Zorn auf diesen einzigartigen Juristen mehr und mehr anstachelte.

Dies mag auch die Erklärung dafür sein, dass Rechtsanwalt Ahrend vor dem Landgericht B-Stadt wegen Computerbetruges zu einer zweijährigen Freiheitsstrafe zur Bewährung verurteilt wurde.
Er hätte Dokumente an seinem PC gefälscht und hätte mit diesen das Landesamt für Besoldung um unzählige tausende von Euro betrogen. RA Ahrend verfügt mit seinen 70 Jahren noch nicht einmal über die Computerkenntnisse, ein Dokument einzuscannen. Das kann ich absolut bezeugen.

Der Staatsanwalt forderte sogar eine vierjährige Haftstrafe! Rechtsstaat Deutschland!

Herr Ahrend, der schon seit Jahren an den Folgen von mehrerer Schlaganfälle und der Parkinson-Erkrankung litt, wurde dann von zwei Herzinfarkten niedergeschmettert. Mit einem Notarztwagen wurde er in ein Herzzentrum transportiert und notoperiert. Er war dem Tod näher als dem Leben, wie er mir nachher sagte.
All diese Schläge waren eine logische Konsequenz der Verfolgung und Schikane gegen diesen Mann. Seine Schuld war ganz einfach die, dass er mich vertreten hatte.
Mich, den Staatsfeind! Einen Staatsfeind wider Willen, denn ich sehe mich nicht im Geringsten als so einer. Ich stehe nicht

gegen den Staat, den ich einstmals vertrat, sondern gegen einzelne. Gegen die, welche diesen Staat und das Recht mit ihren Taten und Handlungen besudeln und missbrauchen.

Rechtsstaatlich? Mir kommt die Galle hoch.

Wenn ich heute zurückblicke, kommt es mir immer noch wie ein Wunder vor, wie ich das alles schaffen konnte. Die Erklärung habe ich jedoch sofort parat. Dank eines kleinen Kreises von Menschen, die mich nie fallen ließen und mich während all dieser dunklen Jahre unterstützt haben. Es waren auch einige darunter, von denen ich es nie erwartet hätte. Ebenso aber auch andere, bei denen ich fest mit einer Hilfe gerechnet hätte.

Ich habe all meinen Stolz, zumindest in der Hinsicht über Bord geworfen, indem ich jeden fragte, ob er mir nicht Geld leihen könnte. Anders hätte ich diese Tortur und diese Belagerung finanziell und sozial niemals überstanden. Zu meiner Ehrenrettung muss ich dazu sagen, dass ein jeder und eine jede das geliehene Geld von mir zurückbekam oder noch zurückbekommt. Alles nur eine Frage der Zeit.

Ich habe erlebt, wie es ist ganz unten zu sein. Keinen Cent in der Tasche zu haben und keinen blassen Schimmer, irgendwo Geld herzubekommen. Die Konten dicht, der Strom abgestellt, die Rechnungen liefen auf und stapelten sich. Die Zwangsvollstreckung rückte immer näher und somit der Verlust meiner eigenen Wohnung, in der ich seit vielen Jahren wohnte.

Ich verachte alle die, die mir das im Namen des Rechtsstaates angetan haben. All diesen Subjekten habe ich jedoch meinen Kampfgeist zu verdanken. Den festen Willen, niemals aufzugeben oder auch nur einen Zentimeter zurückzuweichen.

Ich habe es nie getan und ich
werde es nie tun. Der Erfolg gibt mir mittlerweile recht. Ihr habt es nicht geschafft, mich zu brechen und zu zerstören. Im Gegenteil! Ich bin stärker und gefestigter als jemals zuvor.

Was diese Subjekte hinter ihren Schreibtischen aus sicherer Entfernung und Anonymität fabrizieren und formulieren, würden sie im wahren Leben niemanden ins Gesicht sagen. Bei dieser negativen Entladung zeigen manche Menschen eine verzerrte Fratze von sich, die von Niedertracht, Neid und Hass völlig zerfressen ist. Anders kann ich mir diese Hexenjagd nicht erklären.

Und gerade deshalb freue ich mich bereits darauf, meinen damaligen Standard wieder zu leben, den ich mir wie schon damals, vollkommen legal finanziert habe. Ihr könnt mich nicht klein halten, auch wenn Euch das für eine gewisse Zeit ganz gut gelungen ist.
Euer Neid ist meine Genugtuung und Eure Feindschaft macht mich stolz!

11. Zensur in Deutschland - Nasenbär zieht vor Gericht

Ich sollte noch einen regelrechten Gerichtsmarathon vor mir haben. Zivilrechtlich, strafrechtlich, Amtsgericht, Landgericht, Oberlandesgericht, Verwaltungsgericht, nichts schien mir erspart zu bleiben.
Ist das die Medizin, die jemand verabreicht bekommt, der sich mit dem Staat "anlegt"?
Anfangen sollte aber alles mit einem Prozess, der aus einer Richtung kam mit der ich im Leben nicht gerechnet hätte.

Nasenbär zog gegen mich vor Gericht!

Es ist schon sehr paradox. Da bezeichnet sich ein harter Rocker als Gesetzloser, aber wenn es um den "schlechten" Ruf geht, werden die Gerichte angerufen und er beruft sich auf das Gesetz, um eine Entscheidung im Sinne der Gesetzlosen zu erreichen. Wenn es um den Ruf geht, versteht der "harte" 1% `er“ eben keinen Spaß und von dem Gesetzlosen wird das Recht bei Gericht gesucht.
Man begehrt in einem "rechtsfreien" Raum zu leben und begehrt dann den Schutz eben dieses Rechtssystems.
Komik oder vielleicht doch ein ganz gezieltes Kalkül?
Ich werde darauf näher eingehen.

Mein ursprüngliches Erstlingswerk "Treibjagd" wurde im Nachhinein zensiert.
Irgendwie bin ich stolz darüber, in diesem Land ein zensiertes Buch geschrieben zu haben,
zumal eine Zensur immer nur dann stattfindet, wenn unangenehme Fakten
vertuscht oder verschwiegen werden sollen. In "Treibjagd" enthüllte ich, meiner Meinung nach eindeutig, dass ein ehemalige Präsident der Hells Angels eines Charters ganz in meiner Nähe, ein V-Mann der Polizei war. Dieses gilt heute in Szenekreisen als bewiesen und wurde mir auch im Nachhinein von mehreren Membern hinter vorgehaltener Hand bestätigt.
Dieser jene, nämlich "Nasenbär", fühlte sich durch mein Buch in seinen Persönlichkeitsrechten verletzt und verunglimpft. Er erschien vor Gericht mit einer fast 20 -köpfigen Abordnung seines eigenen Charters und einem Member eines anderen. Ich hingegen kam alleine mit einem Freund, meinem Anwalt und einem Vertreter meines Verlages.
Die Tatsache, dass Member aus anderen Chartern, ihrem "Bruder" vor Gericht nicht die übliche Solidarität durch ihr

Erscheinen zeigten, spricht meiner Meinung nach Bände. Nicht einmal benachbarte Charter ließen sich blicken.

Nach anfänglichen Beschimpfungen gegen mich und bösen Blicken kam dann einer der Angels demonstrativ auf mich zu und wollte mich ganz bewusst böse angucken.
Der ganz „mutige" Gefolgsmann des Nasenbären genoss zu diesem Zeitpunkt noch seine eigene Ein-Mann-Show vor der versammelten Mannschaft und fragte dann, so dass es auch jeder hören konnte:„Juckt dir die Fresse?", was ich mit einem: „Juckt DIR denn die Fresse?" beantwortete.

Er guckte sprachlos aus der Wäsche und kam gewollt noch einen halben Meter näher auf mich zu. Dann endlich wurde er von seinen "Brüdern", wahrscheinlich damit er sein Gesicht nicht vollständig verliert, mit Sprüchen wie „Komm, lass gut sein. Nicht hier.", zurückgepfiffen, woraufhin er kehrt machte und zurück trottete. Was für ein erbärmlicher Auftritt.

Während der Verhandlung bewiesen auch weitere Angels wessen Geistes Kind sie waren, indem sie sich über das teilweise Stottern von Rechtsanwalt Ahrend lustig machten, der bekannter Weise aufgrund mehrerer vorangegangener Schlaganfälle gesundheitliche Schäden davongetragen hatte.
In der Verhandlung vor dem Landgericht wirkte der "Nasenbär" nervös und unsicher. Er würdigte mich keines Blickes, nicht einmal beim Verlassen des Gerichtssaales, als er einen Meter von mir entfernt mit der gesamten Bande den Saal verließ. Resultat des Prozesses: Es wurde ein Vergleich geschlossen, welcher zur Folge hatte, dass vereinzelte Passagen und Wörter in meinem Buch geschwärzt oder verändert werden mussten.

Rechtsanwalt Ahrend, der meinen Verlag vertrat, wollte sich nicht auf einen Vergleich einlassen, jedoch überwog die

Stimme des Vertreters des Verlages, der wahrscheinlich verhindern wollte, dass im schlimmsten Fall das Buch ganz vom Markt genommen worden wäre.

Der Anwalt des Klägers erreichte dieses sogar. Das Buch verschwand kurzfristig vom Markt und der Verkaufsrun hatte ein jähes Ende gefunden. Einige Monate später war es dann in zensierter Version endlich wieder erhältlich, was mich natürlich damals sehr gefreut hat. Seitens der Polizei und eines gewissen Rockerclubs wurde und wird natürlich stetig versucht, das Buch mit allen Mitteln schlecht zu machen oder zu diskreditieren. Von, es wäre alles gelogen und es würde mir nur ums Geld gehen bis hin zu , dass es mich real gar nicht geben würde.

Wenn alles gelogen ist, wo sind dann die Gegenbeweise? Nicht ein Fakt ist widerlegbar!
Als ich einsaß musste ich mit einer Verurteilung von 8 Jahren aufwärts rechnen. Aus Langeweile und um mir den Frust von der Seele zu schreiben, habe ich eigenständig das Manuskript zu meinem ersten Buch niedergeschrieben. Ich habe nie damit gerechnet, dass das Manuskript als Buch überhaupt einmal erscheinen wird. So viel zum Thema finanzielle Berechnung. Der ganze
Prozess hat mich Unmengen an Geld gekostet und ich kann froh sein, zumindest einen Bruchteil davon mit Bucherlösen kompensiert zu haben.

Wie dem auch sei, das Buch wurde daraufhin seitens des Anwalts von „Nasenbär“ vom Markt geklagt, was dazu führte, dass die unzensierte Auflage regelrecht eingestampft wurde und für über 6 Wochen gänzlich vom Markt verschwand. „Treibjagd – Vom Cop zum Outlaw“ gab es nicht mehr, außer im Internet, wo das Buch zwischenzeitlich Preise von über

140! Euro erzielte.
Zensur in Deutschland im Jahre 2012. Unfassbar!

Der Verkauf geht weiter und die Wahrheit ist nicht zu verbieten oder zu zensieren.
Und wie dieses neue Werk beweist, bin ich immer noch nicht von der Bildfläche verschwunden und habe mir auch bis dato noch nicht den Mund verbieten lassen. Das wird allerdings auch niemals passieren.

Es waren nicht gerade wenige, die mich nach dem Prozess angesprochen haben und eine für mich sehr plausible Erklärung des Alleingangs von "Nasenbär" vor Gericht lieferten.
Sogar Enttäuschung machte sich breit über den als knochenhart und brutal bekannten „Nasenbär".
„Was das denn für ein Schritt wäre, vor Gericht zu ziehen?"
"Wenn der seinen Ruf wirklich hätte verteidigen wollen, hätte er eine Zeit lang gewartet und wäre dann gekommen und hätte die Angelegenheit selber gelöst." Stattdessen klagte er in aller Öffentlichkeit mit überregionaler Presse vor einem Landgericht.
Selbst eine eidesstattliche Erklärung hat er abgegeben, dass er niemals ein V-Mann der Polizei gewesen wäre.

Je mehr man sich in seine Lage versetzt und die Dinge und Fakten betrachtet, kommt man nur zu einem Schluss:
Der Gang vor Gericht war wohlüberlegt und reiner Selbstschutz vor den eigenen Leuten.
Man versetze sich nur einmal in die damalige Lage von "Nasenbär". Wenn rein gar nichts von den Vorwürfen gestimmt hätte, hätte man doch schlichtweg darüber lachen können. Sicherlich wäre man sauer gewesen, aber wenn die Anschuldigungen doch so haltlos und erfunden gewesen wären, so hätte man sie doch gar nicht für ernst genommen und leicht

abgetan.
Stattdessen sucht man die Öffentlichkeit mit allen Mitteln und ruft sogar den Rechtsstaat an, um sich dessen zu bedienen.

Meiner Meinung nach wurde dieser Schritt deshalb gewählt, um sich vor der vermeintlichen Rache aus den eigenen Reihen zu schützen.

Nach diesem Öffentlichkeitsauftritt, der es sogar auf eine ganze Seite in der „Bild“- Zeitung schaffte („Rocker-Boss verklagt Ex-SEK Mann"), war das wohl angestrebte Ziel erreicht. Nämlich der persönliche Schutz vor der befürchteten Strafe, die einem möglichen Verräter bei den Hells Angels widerfahren könnte.

Diejenigen, die etwas mehr im Kopf haben und sogar einmal das Buch gelesen haben, eben die können alle Fakten und Recherchen sehr wohl nachvollziehen und müssten zwangsläufig zu ein und demselben Schluss kommen.
Dass ich mit meinem Verdacht tatsächlich richtig lag, sollte sich auf ungewöhnliche Art und Weise mehr und mehr bestätigen.

12. Das Standgericht

Am 15.10.2013 war es dann verwaltungstechnisch oder nennen wir es mal "disziplinarisch" soweit. Der Termin vor dem Verwaltungsgericht in Münster fand statt.
Mein Rechtsanwalt Lange hatte mich zwar bereits im Vorfeld vor dem Gericht und seiner Einstellung mir gegenüber gewarnt, ich war jedoch trotzdem zuversichtlich und siegessicher. Ich war schließlich aufgrund mehrerer

fachspezifischer Gutachten schon fast 3,5 Jahre polizeidienstuntauglich. Trotz damaliger schriftlicher Bekanntmachung in Form eines Verwaltungsaktes, mich in den Ruhestand zu versetzen, hatte sich die Kreispolizeibehörde nicht mehr gerührt. Die Fürsorgepflicht des Dienstherren gegenüber seinem Beamten war demzufolge vollkommen außer Acht gelassen worden. Stattdessen verfolgte man weiterhin die Entfernung aus dem Beamtenverhältnis mit Hilfe eines Disziplinarverfahrens.

Ich war zu neun Monaten auf Bewährung verurteilt worden. Als Beamter auf Lebenszeit wird man zwangsläufig ab einer Verurteilung von einem Jahr aufwärts aus dem Dienst entlassen.
Meine neun Monate wurden durch die Bewertung des Richters vom Landgericht unterstützt, dass ich aus selbstlosen Motiven gehandelt hatte. Ich war mir meiner Sache also mehr als sicher. Was sich dann jedoch abspielte, war eine Schmierenkomödie sondergleichen.

Als die beiden Richter und eine Polizeibeamtin, die zur ehrenamtlichen Richterin für meine Verhandlung noch vereidigt wurde, den Saal betraten und Platz nahmen, konnte ich bereits die offene Aversion deutlich spüren. Ich saß genau den Gestalten gegenüber, die mir nicht nur absolut fremd waren, sondern mich auch als Person zutiefst ablehnten.
Ich wurde wie ein Aussätziger gemustert, woraufhin man den Vertretern der Behörde Wendheim und einen weiteren Begleiter mehr als höflich behandelte.

Man begann erst einmal den Tatbestand zu verlesen.

Dazu gehörte, dass mein Lebenslauf vorgelesen wurde. In Kurzform: Höhere Handelsschule, Fachhochschulreife, zwei

Semester Studium "International Management" in den USA, Wehrdienst, Ausbildung zum Bankkaufmann Dresdner Bank, Bezirksleiter LBS, Polizeistudium, Kommissar, Streifendienst, SEK-Auswahlverfahren, -Ausbildung, -Abbruch, Streifendienst, Dienstunfähigkeit.

Dann folgten meine angeblichen Straftaten:

Festnahme wegen des dringenden Tatverdachts des erpresserischen Menschenhandels; Verdacht der Beteiligung an einer räuberischen Erpressung; Vorlage des Dienstausweises im privaten Rahmen; Hinweise, dass Kontakte zu Mitgliedern des Motorradclubs Hells Angels sowie in das Rotlichtmilieu bestünden.

Erneute Festnahme wegen des dringenden Verdachts der gefährlichen Körperverletzung, des erpresserischen Menschenraubs, sowie der Körperverletzung und räuberischen Erpressung.
Untersuchungshaft.

Das Urteil des Landgerichts Dortmund wurde verlesen. Verurteilung wegen gefährlicher Körperverletzung in Tateinheit mit Freiheitsberaubung: 9 Monate.

Das Disziplinarverfahren, welches das Land Nordrhein Westfalen, vertreten durch den „Hühnerzüchter" Landrat Hartwink gegen mich führte, wurde daraufhin ausgedehnt. Hinzu kam der angebliche Munitionsdiebstahl, sowie meine gleichfalls angebliche „Zuhältertätigkeit". Es habe zwar in Ermangelung des Tatbestandsmerkmals „Ausweitung" durch die Strafverfolgungsbehörden bzw. durch das Landgericht Dortmund keine strafrechtliche Bewertung eines Verstoßes gegen den § 181 a StGB (Zuhälterei) gegeben, aber so schnell wollte man dies nicht zu den Akten legen..

Der Beklagte habe nämlich eindeutig Zuhältertätigkeiten ausgeübt, die zwar nach Ansicht der Strafverfolgungsbehörden und des Gerichts nicht den Tatbestand des § 181 a StGB erfüllten, aber gleichwohl sich im dem Grenzbereich der zu beurteilenden Strafvorschrift bewegten.
Übersetzt heißt das , dass ich nicht rechtswidriges getan habe, aber trotzdem dafür bestraft werden soll.
War ja schließlich "grenzwertig".

Der Höhepunkt jedoch fußte in dem Bezug zu meinem in der Haft verfassten Erstlingswerk „Treibjagd". Hierzu wurde wie folgt ausgeführt:
Auch für seine Kolleginnen und Kollegen sei er untragbar geworden. Er habe in der Zeit seiner Untersuchungshaft ein Buch unter dem Titel „Treibjagd - vom Cop zum Outlaw" verfasst. In diesem Buch würden neben einem diffusen Weltbild überwiegend negative Aussagen über den Beruf des Polizeibeamten als solchen und über einzelne Mitarbeiter getätigt.

Das wiederum empfinde ich mehr als köstlich. Was anderes haben denn diese "Experten" erwartet? Dass ich eine Lobeshymne auf die Rechtsbrüche der Polizisten singe und mich für meine Verhaftung bedanke?

Nach Verlesung all dieses Zeugs bestand ich darauf, endlich auch einmal zu Wort kommen zu dürfen.
Dies wurde mir missmutig erlaubt. Ich sagte zuallererst dem Richter, dass er meiner Ansicht nach, die Dinge nicht richtig sehen würde. Als ich die Vorwürfe gegen mich, mit meinen eigenen Worten erklären und die wahre Rolle der Polizei bzw. der eingesetzten Beamten deutlich machen wollte, wurde mir

das Wort abgeschnitten. Die Begründung war, dass dies alles nicht zum Tatvorwurf gehören würde. Es zähle einzig und allein, dass ich wegen gefährlicher Körperverletzung verurteilt worden wäre.

Ich ließ mich nicht beirren und bezeichnete die "Spezialisten" des KK 24, die meine eigene Mutter zu meiner Hure erklärt hatten als "Vollidioten" und "Dilettanten", was mir eine böse Rüge des Richters einbrachte, der mich mit hochrotem Kopf ermahnte.

Als ich begriff, dass ich eigentlich gar nichts mehr sagen durfte, führte ich noch eine Bemerkung meines mittlerweile verstobenen Anwalts Ahrend heran, der die Polizisten, die all diese Ungeheuerlichkeiten gegen mich initiiert hatten, als Dreck und Abschaum bezeichnete. Ich schloss mit den Worten, dass ich dieser Meinung nichts hinzuzufügen hätte.

Der vorsitzende Richter erkannte dann umgehend, dass das Vertrauensverhältnis gänzlich zerstört sei und die Polizei mich auf gar keinen Fall wieder aufnehmen könnte.
Als ich das hörte, erwiderte ich dem Gericht, dass ich dieser Ansicht gänzlich zustimmen würde. In der Tat sei jegliches Vertrauensverhältnis vollkommen zerstört und ich würde für keine 10.000,- Euro im Monat freiwillig wieder in den Polizeidienst zurückkehren!
Als er das vernahm, stoppte er seine Ausführungen und sagte, dass dies unbedingt noch ins Protokoll mit aufgenommen werden müsse. Der Beamte erklärte, dass auch für ihn eine Rückkehr in den Polizeidienst nicht mehr vorstellbar sei.

Was für ein glänzender Analyst! Dass ich bereits für alle Zeiten von Fachärzten für polizeidienstunfähig erklärt wurde, schien ihm wohl entfallen zu sein.

Nachdem sich das Gericht zur Urteilsberatung zurückgezogen hatte, kam es einige Minuten wieder aus dem Hinterzimmer des Verhandlungssaals herausgetreten.

Kurz und knapp wurde das Urteil, das meiner festen Überzeugung bereits im Vorfeld schon feststand, verkündet. Alle erhoben sich und ich beließ demonstrativ meine Hände in den Hosentaschen und lauschte sichtlich gelangweilt der Urteilsverkündung.

Im Namen des Volkes:

Die Klage des Landes NRW ist begründet und ich sei aus dem Beamtenverhältnis zu entfernen.
Ich habe mich einerseits eines schweren Dienstvergehens schuldig gemacht und andererseits durch vorsätzliche Straftaten eine schwere Pflichtverletzung begangen. Meine Aufgabe wäre es gewesen, Straftaten aufzuklären und zu verhindern und nicht zu begehen. Ach, schau mal einer an. Scharfsinniges Bürschchen! Mit den Hintergründen hat sich natürlich niemand oder besser gesagt wollte sich auch niemand auseinandersetzen.

Die von mir begangenen Straftaten wären von erheblichem Gewicht gewesen und würden das vom Dienstherrn gesetzte Vertrauen beeinträchtigen und das Ansehen der Polizei als staatliche Institution erheblich beeinträchtigen.

Ich wäre planvoll und mit erheblicher krimineller Energie vorgegangen. Auch wenn das Landgericht Dortmund meine selbstlosen Motive erwähnte, wäre ich nicht etwa spontan und unüberlegt aktiv geworden, sondern kühl und berechnend vorgegangen. Die "kriminelle Umzugsaktion" sei von langer Hand geplant und organisiert worden. Unter Einsatz von

erheblicher Gewalt hätte ich die "Sache" selbst in die Hand genommen, anstatt eine offizielle Einrichtung in Anspruch zu nehmen.
Maßgebliche Milderungsgründe sind nicht ersichtlich. Im Gegenteil! Das von mir gewonnene Bild wird in eindrucksvoller Weise durch mein sonstiges Verhalten bestätigt. Bis zum heutigen Tage hätte ich nicht ansatzweise Einsicht in das Fehlverhalten gezeigt.

In besonders prägnanter Weise spiegelt sich mein Persönlichkeitsbild in dem von mir während meiner Zeit in der Untersuchungshaft verfasste Buch „Treibjagd" wieder.

Und jetzt kommt es:
Ich rechne dort, wie schon der Titel aussagt, in einer an Illoyalität kaum zu überbietender Weise mit meinen Ex-Kollegen und der Polizei als solcher ab! Ein solch offener Bruch mit dem Dienstherrn lässt sich auch nicht etwa, wie von mir in der mündlichen Verhandlung nochmals hervorgehoben, durch die Umstände meiner Verhaftung rechtfertigen. In bemerkenswerter Offenheit hätte ich schließlich in der mündlichen Verhandlung die vollständige Abwendung von meinem ehemaligen Dienstherrn durch meine Klarstellung, dass auch aus meiner Sicht das Vertrauensverhältnis nicht mehr gegeben sei und ich auf keinen Fall in den Polizeidienst zurück möchte, nochmals ausdrücklich bestätigt.

Mein Fazit: Alles richtig gemacht und meinen Standpunkt mehr als deutlich!

Dann wurde die Verhandlung geschlossen.

Ich bin mir sicher, dass in meiner ehemaligen Behörde an diesem Tag die Sektkorken geknallt haben. Endlich habe man sich dieser absoluten Unperson entledigt.

Auf die Idee, dass es juristisch jetzt erst richtig losgehen würde, waren diese Experten bestimmt gar nicht gekommen. Das polizeiliche Standgericht hatte getagt und das Urteil stand schon im Vornherein fest. Dies wurde dadurch bestätigt, dass schon vier Tage nach Urteilsverkündung das fertig geschriebene Urteil meinem Rechtsanwalt zugesandt wurde.

13. Doktor Piepenbrock schlägt zurück!

Ich habe lange damit gewartet, aber jetzt ist die Zeit gekommen, zurückzuschlagen.
Ich werde niemanden vergessen, ganz gleich ob er mir Gutes getan oder mich zerstören wollte.
Am Ende wird jede Rechnung bezahlt und das Trinkgeld werde ich großzügig oben drauflegen.

Rache verjährt nicht und genau das gebührt all denen, die geglaubt haben, mich brechen zu können.

Nun bin ich am Zug.

Anfangen werde ich mit einer speziellen Personalie, die meinte, mir rechtlich übel mitspielen zu können. Der Schuss ging allerdings nach hinten los. Die Personalie ist ein Mann, dem ich vor vielen Jahren in den ersten Tagen nach meiner Einstellung bei der Polizei zum ersten Mal begegnete: Doc Piepenbrock.

Doktor Piepenbrock ist ein Polizeiarzt, der Erwähnung in meinem ersten Buch fand, weil er mich während meines

leichten Bandscheibenvorfalls nach meiner subjektiven Wahrnehmung äußerst brutal "behandelt" hatte. Deswegen bezeichnete ich ihn in diesem Buch als "Metzger" und "Folterknecht".
Ich wählte für den Doktor zwar einen vollkommen anderen Namen, der nicht im geringsten mit seinem richtigen Namen zu verwechseln war, beschrieb ihn jedoch auf Grund seiner Optik. Sowohl die Bezeichnungen als auch seine optische Erkennbarkeit und Identifizierung sollte mir zum "Verhängnis" werden.

In diesem Buch werden mir diese schlimmsten Verfehlungen nicht mehr passieren. Daher werde ich ihn nunmehr als schlanken, gutaussehenden und vorzüglichen Mediziner bezeichnen.
Letztes Jahr erschien bereits ein Artikel in einer überregionalen Zeitung, der davon berichtete, dass ein Polizeiarzt mich verklagen würde. Er sähe sich in meinem Buch "Treibjagd" verunglimpft.
Wie mir der Reporter im Nachhinein berichtete, drohte auch Dr. Piepenbrock diesem, keine weiteren Artikel mehr über ihn zu veröffentlichen.

Ich erhielt stattdessen ein Schreiben von der Staatsanwaltschaft Berlin, dass gegen mich eine Strafanzeige wegen Beleidigung erstattet worden wäre. Und zwar von Herrn Dr. Piepenbrock. Sowohl mein Anwalt als auch ich nahmen diese Anzeige nicht besonders ernst. "Metzger" und "Folterknecht" erschienen uns nicht als schwerwiegende und verwerfliche Beleidigungen, zumal der im Buch gemeinte Doktor auch anhand seines falschen Namens nicht erkennbar war.
In der fälschlichen Annahme, dass das Verfahren ohnehin eingestellt werden würde, setzten wir uns damit nicht weiter auseinander.

Dies war jedoch weit gefehlt und sollte sich als Irrtum herausstellen.
Irgendwann flatterte mir ein Strafbefehl ins Haus, in dem ich zu 70 Tagessätzen zu je 60 Euro, also summa summarum 4200! Euro wegen Beleidigung verurteilt wurde. Wir legten selbstverständlich Widerspruch ein und riefen somit die mündliche Verhandlung herbei, die Monate später vor dem Amtsgericht Tiergarten stattfinden sollte.
Derweilen hatte der schlanke, hochgewachsene und vorzügliche Mediziner auch eine Zivilklage gegen mich eingeleitet und wollte allen Ernstes ein Schmerzensgeld von 20.000 Euro einfordern.
Im Dezember letzten Jahres fand der Prozess vor dem Landgericht B-Stadt statt. Ich sah nun nach langer Zeit endlich Dr. Piepenbrock wieder, mit dem mich so viele schöne Momente verbunden hatten.

Die Verhandlung wurde eröffnet und die Richterin gab sehr schnell zu verstehen, dass Sie ihre Entscheidung eigentlich schon gefällt hätte. Außerdem sei dies ohnehin ihr letzter Fall am Landgericht. Ich könnte mich aber gerne nochmal zu den Vorwürfen äußern.

Das tat ich dann auch. Ich erklärte ihr, dass ich während meiner Polizeizeit von vielen Polizeiärzten behandelt wurde und eine eindeutige Identifizierung mit Herrn Piepenbrock nicht meine Absicht war. Die von mir geschilderte Behandlung entspräche jedoch genau der Realität. Auch andere Kollegen hätten ähnliche Erfahrungen gemacht. Es wäre zu berücksichtigen, dass ich mein erstes Buch während meiner U-Haft unter einer besonderen psychischen Anspannung geschrieben und mir fern gelegen hätte, den Doktor damit zu beleidigen.

Es war meine subjektive Schilderung der Ereignisse. Wenn ich

ihn hätte diskreditieren wollen, so hätte ich in dem Buch durchaus erwähnen können, was innerhalb der Kollegenschaft von dem Doktor wirklich gehalten wird. Wie die allgemeinen Ansichten über die Fähigkeiten und Gepflogenheiten des Starmediziners sind, lassen wir jetzt mal dahingestellt...
Die Richterin nahm ein paar meiner Ausführungen dieser Gepflogenheiten zwar zur Kenntnis, es interessierte sie aber nicht besonders. Auch nahm sie nicht wahr, dass Piepenbrock mit lauter Stimme zu seinem Anwalt sagte, dass ich ein "feiger Kerl" sei. Ich konfrontierte ihn umgehend damit, was er jedoch sofort negierte. Ich sagte ihm, dass ich jederzeit bereit wäre "meine Feigheit" mit ihm unter Beweis zu stellen. Natürlich ging er in keinster Weise mehr darauf ein.

Dr. Piepenbrock hatte aber auch einen Zeugen mitgebracht. Seiner Person nach ein pensionierter Polizeidirektor. Der gab an, dass der Herr Doktor Piepenbrock ein ganz toller Arzt sei und dass sich mehrere Kollegen auf einem Pensionärstreffen gar nicht erklären konnten, wie man ihn so in einem Buch beschreiben könnte.

Die Richterin schlug mir noch ein Schmerzensgeld von 5000,- Euro zuzüglich der Verfahrenskosten vor, was ich natürlich ablehnte.

Die Richterin schloss die Verhandlung und kündigte das Urteil in schriftlicher Form auf dem Postweg an.

Unmittelbar nach der Verhandlung wandte sich noch der Zeuge an die Richterin und sagte wörtlich zu ihr: „Ich habe ja im Vorfeld über Sie schon Erkundigungen eingeholt und ich kann Ihnen sagen, dass ich von vielen Kollegen nur Gutes über sie gehört habe."
Die Vorsitzende nahm dies lächelnd zur Kenntnis und ich sagte,

so dass es auch jeder hören konnte: „Ist das widerwärtig. Da wird einem ja schlecht."

Einige Wochen später erhielt ich dann das Urteil:

6000 Euro Schmerzensgeld + Verfahrenskosten. Insgesamt an die 10.000,- Euro!
Wohlgemerkt für die Begriffe "Metzger" und "Folterknecht", die eine Ehrverletzung darstellen würden.
Dieses Urteil konnte ich natürlich nicht ernst nehmen und ließ umgehend Berufung einlegen.

An dieser Stelle möchte ich einige andere Urteile aufführen:
Stadt Regensburg, 2012 - Beleidigung mit „Arschloch, Wichser, Hurensohn", „Ich scheiß auf dich", Vollidiot, Drecksau, Bullendrecksau, Spucken ins Gesicht (alles vor einer größeren Menschenmenge): 1000,- Euro Schmerzensgeld;

Stadt Böblingen, 2006 - Beklagte beschimpft eine Polizistin mit „Hure, Nutte, Schlampe", „Ich kenne dein Gesicht, du Schlampe, ich mach dich draußen kalt" , „Bevor ich dich kalt mache, sollst du mir zuschauen, wie ich dich langsam und tief in den Arsch ficke.": 300,- Euro Schmerzensgeld;

Schmerzensgeld bei sexueller Nötigung: Das Opfer einer sexuellen Nötigung hat einen Anspruch auf Schmerzensgeld in Höhe von 2500,- Euro, wenn es während der Tat Todesangst erleidet und einen psychischen Schaden davontrug;

Für Vergewaltigungen mit äußeren Verletzungen und schweren psychischen Folgen sind den Opfern von den Gerichten Schmerzensgeldzahlungen in der Größenordnung von 4000,- Euro bis 5000,- Euro zugesprochen worden;

Norddeutsche Rundschau:
56-jähriger Vergewaltiger, der eine 18-Jährige vergewaltigt hat bekommt eine Bewährungsstrafe und muss Schmerzensgeld in Höhe von 4000 Euro zahlen;

Berliner Kurier[1]:
Lehrlings-Ausbilder (45) vergewaltigt 13-Jährigen.
Drei Jahre und zwei Monate Haft und 4000 Euro Schmerzensgeld.
Das OLG Frankfurt am Main führt übrigens in einem anderen Fall aus, dass es unschädlich sei, überzogene Formulierungen zu verwenden, da auch polemische oder überspitzte Kritik von der Meinungs- und Pressefreiheit gedeckt sei.

Aber jetzt stand ja noch die mündliche Hauptverhandlung in Berlin an. Das eine war die Zivilklage und nun folgte noch die Strafanzeige.
Sollte ich weiterhin verurteilt werden, so hätte dies im schlimmsten Fall zur Folge, dass ich zusätzlich zu der Geldstrafe noch 2 Monate ins Gefängnis müsste, da ich eine weitere "Straftat" begangen und somit gegen meine Bewährung verstoßen hätte.
Wir sind immer noch bei "Metzger" und "Folterknecht"!

Ich reiste alleine nach Berlin, da RA Ahrend gesundheitlich nicht dazu in der Lage war. Darauf gehe ich später noch näher ein. Vor dem Gerichtssaal saß schon der schlanke und vorzügliche Mediziner zusammen mit seinem Zeugen aus B-Stadt. Ich setzte mich ihm gegenüber hin und wurde von dem Zeugen freundlich begrüßt, was ich jedoch nicht erwiderte. Was geht eigentlich in so einem Kopf vor?

---

[1] http://www.berliner-kurier.de/archiv/prozess-der-sex-gangster-muss-fuer-drei-jahre-und-zwei-monate-in-den-knast-lehrlings-ausbilder--45--vergewaltigt-13-jaehrigen,8259702,4125322.html

Ich möchte Sie nicht überstrapazieren und fasse mich daher kurz.
Ich fand mich in einer Verhandlung wieder mit einem freundlichen Richter und einem mir keinesfalls feindlich gesonnenem Staatsanwalt.
Ich schilderte meine Wahrnehmung der "Tat" und führte noch an, dass es vor geraumer Zeit einen Artikel in der Bild-Zeitung gegeben habe, in dem von einem "Schmuddel-Skandal bei der B-Städter Polizei" berichtet wurde. Dort soll ein Polizeiarzt (50) mindestens eine Mitarbeiterin mit obszönen Verbalattacken beleidigt haben. Viele dachten daraufhin, dass es sich bei dem Arzt um Piepenbrock gehandelt habe. Ich setzte das Gericht deshalb darüber in Kenntnis, weil es die Behauptung Piepenbrocks widerlegte, dass er der einzige und unverwechselbare Polizeiarzt im Raum Detmold wäre. (Der Polizeiärztliche Dienst in Detmold ist nämlich dem PP B-Stadt angegliedert.)

All dies nutze nichts und ich wurde zu einer Geldstrafe von 50 Tagessätzen zu je 40 Euro verurteilt. 2000 Euro in Worten! Zumindest weniger als die Hälfte des ursprünglichen Betrages. Dennoch wurde ich verurteilt und hatte somit eine weitere Straftat in Form einer Beleidigung begangen. Im schlimmsten Falle müsste ich ergo also wieder ins Gefängnis. Das hatte aber noch das Landgericht in Dortmund zu entscheiden.

Ich fuhr trotz allem mit der Gewissheit nach Hause, dass dieses Verfahren nun auch endlich abgeschlossen war.

Hatte mich doch vorher schon der Richter gefragt, was für Verfahren noch alle gegen mich liefen? Wahrheitsgemäß antwortete ich ihm in meiner Wortwahl, dass ich gleichzeitig einen Vierfrontenkrieg führen würde:

Verwaltungsgericht Münster gegen die Polizei; Finanzgericht Münster gegen das Finanzamt Detmold und ein Zivilverfahren gegen Dr. Piepenbrock sowie das heutige Strafverfahren wegen Beleidigung gegen ihn.
Der Vorsitzende meinte, dass wenigstens eine Front dann wegfallen würde und gab mir den Ratschlag, nicht zu sehr in einen "Polizei-Verfolgungswahn" zu verfallen.
Als ich ihm und dem Staatsanwalt dann meine Festnahme durch das SEK in der Psychiatrie in Münster schilderte, verstanden mich jedoch alle Beteiligten sofort.

Die "Causa Piepenbrock" wurde dann endgültig vor dem Oberlandesgericht in Hamm verhandelt.
Ich war mit meinem Anwalt Lange anwesend und der Stattverlag hatte einen vorzüglichen Presseanwalt namens Schmuck entsandt. Dieser hatte bereits im Vorfeld durch brillante Schriftsätze das Blatt gewendet.

Der schlanke, gutgebaute, hochgewachsene Starmediziner und Frauenschwarm Piepenbrock war selbstredend auch mit von der Partie.

Die vorsitzende Richterin führte die mündliche Verhandlung souverän und in äußerst angenehmer Art und Weise.
Sie ließ bereits sehr schnell erkennen, dass die Kammer in diesem Fall die Zahlung eines Schmerzensgeldes als nicht gerechtfertigt ansehen würde. Zum Einen gäbe es in der Literatur deutlich schärfere Fälle von Verletzungen des Persönlichkeitsrechtes und zum anderen wäre der Doktor ja nun wirklich keine bekannte Person über die Grenzen seines Wirkungskreises hinaus.

Zusammengefasst hieß dies im Klartext für mich:

Nimm Dich mal nicht so wichtig, Du kleine unbedeutende Wurst!

Im Ergebnis erklärte ich mich mit dem Verlag bereit, eine Unterlassung abzugeben, dass ich den Starmediziner nicht mehr mit meinen ursprünglichen Bezeichnungen titulieren würde.

Im Gegenzug musste der Starmediziner und Frauenschwarm den Großteil der Gerichts- und Anwaltskosten zahlen und bekam keinen einzigen Cent an Schmerzensgeld von mir. Ein fulminanter Sieg, wie ich meine, der mehr als gut tat!

Ich konnte es mir nach all diesen Strapazen mit dem überaus beliebten und versierten Arzt nicht nehmen, ihm noch einen persönlichen Brief über mehrere Polizeibehörden zukommen zu lassen.
Ich sandte diesen jeweils an die reguläre Polizeianschrift, so dass er unten auf der Wache geöffnet und demnach von möglichst vielen Kollegen und Kolleginnen seiner Person gelesen werden würde.

Diesen Brief drucke ich hier in voller Länge ab:

Hochverehrter Herr Piepenbrock,

vor dem Oberlandesgericht in Hamm habe ich erfahren, dass Sie nicht mehr in Detmold praktizieren, sondern nunmehr in B-Stadt tätig sind. Ich habe vorsichtshalber jeweils einen Brief nach Detmold und einen nach B-Stadt geschickt. Ihre Kollegen/Kolleginnen werden Ihnen diesen bestimmt zukommen lassen, sodass ich mir keine Gedanken machen muss, dass er Sie nicht erreicht.
Nachdem das Oberlandesgericht Hamm entschieden hat, dass

ein Schmerzensgeld nicht angemessen ist und ich eine Unterlassungserklärung unterschrieben habe, welche besagt, dass ich in meinem Buch einen gewissen Herrn Dr. Piepenbrock nicht mehr als klein und fett bezeichnen werde, möchte ich Sie mit diesen Zeilen beruhigen.
Als Sie mir im Gericht gegenübersaßen und ihr Kopf so rot wurde, erweckte dass bei mir den Eindruck, dass Sie regelrecht ungehalten waren. Einerseits verständlich, denn von der ursprünglichen Forderung von 20000,- Euro Schmerzensgeld und den Ihnen vom Landgericht B-Stadt zugesprochenen 6000,- Euro ist ja nunmehr kein einziger Cent übrig geblieben. Nicht zu vergessen, dass Sie fast die gesamten Anwalts- und Gerichtskosten nunmehr selber tragen müssen.
Die Entscheidung des Oberlandesgerichts teile ich natürlich, dennoch taten Sie mir schon ein bisschen leid.
Deshalb möchte ich jetzt Ihr Gemüt ein wenig aufheitern. Mein Buch wird aller Voraussicht nach wieder unzensiert erhältlich sein, mit der Ausnahme, dass die Passagen, die einen gewissen Dr. Piepenbrock betreffen, abgeändert werden.
Damit aber auch wirklich nicht die Geringste Verwechslung bestehen kann, werde ich Dr. Piepenbrock wie folgt beschreiben:
„Der großgewachsene und stattlich gebaute, gutaussehende Frauenschwarm Dr. Piepenbrock ist eine regelrechte Koryphäe auf dem ärztlichen Gebiet. Dieser Mediziner, allseits beliebt und als genial bekannt, ergriff auf einmal mein Bein und streckte es ruckartig in die Höhe. Ich schrie vor Schmerz auf und dachte nur: „Meine Güte, der hat es aber wirklich drauf!“ usw.
Ich denke, dass Sie sich von nun an keinerlei Gedanken mehr machen müssen.

Hochachtungsvoll
Tim K.

14. Der Tag an dem Uli Hoeneß verurteilt wurde

Dieser Tag war für mich einer meiner größten Erfolge.

Es war nur einige Minuten her, als der große "Transfer" bekanntgegeben wurde:
Ulli Hoeneß wechselte für 27,2 Millionen zur JVA München. Vertragsdauer 3 Jahre und 6 Monate.
Ich befand mich zu diesem Zeitpunkt mit meinem Anwalt auf dem Weg in das Finanzamt Detmold, in dem an diesem Tag endlich ein Erörterungstermin hinsichtlich meiner Auseinandersetzung mit dem Finanzamt stattfinden sollte. Wie Sie wissen, ging es dabei um meine angeblichen "Rotlichteinnahmen" von ca. 100.000 Euro, die ich nicht versteuert haben sollte. Eine Protagonistin war meine 70-jährige Mutter, die angeblich für mich als Hure gearbeitet haben sollte.
Ich betrat den kleinen Sitzungssaal im Gebäude des Finanzamtes und begrüßte einen jungen, adretten und auf mich sympathisch wirkenden Mann, der sich dann als Richter des Finanzgerichts Münster vorstellte. Das Finanzamt Detmold war mit drei Mitarbeiterinnen vertreten.
Nachdem wir uns alle höflich begrüßt hatten, begann die außerordentliche Besprechung, die dazu dienen sollte, den Streit möglicherweise außergerichtlich beizulegen.

Der Richter des Finanzgerichts trug erst einmal den Sachverhalt mit seinen eigenen Worten vor. Ich war positiv überrascht, wie detailliert und hervorragend vorbereitet er über meine Akten Bescheid wusste. Er gab mir dann auch umgehend zu verstehen, dass er noch einige Fragen an mich stellen würde, die ihm helfen würden, den Sachverhalt noch besser zu verstehen.

Ich erbat mir daraufhin von ihm, die gesamte Geschichte noch einmal mit meinen eigenen Worten schildern zu dürfen. Dieses wurde mir wohlwollend gestattet.

Es brannte mir schon seit Langem unter den Nägeln, dem Finanzgericht endlich persönlich diese unsägliche Tragödie zu erzählen.
Ich begann ganz von vorne. Das Mobbing, meine Krankheitsphase, Saunaclub Harem, SEK-Festnahme, U-Haft, Finanzermittlungsbericht, Steuerfahndung, Erpressung, Akteneinsicht, usw.
Ich konnte alle Beträge, die mir der Steuerhinterziehung (Rotlichtgelder) vorgeworfen wurden belegen und ihre Herkunft nachweisen. Jede Person, auf deren Konto ich Geld überwiesen hatte oder von der ich selber Geld erhalten hatte, konnte von mir erklärt und erläutert werden. Beispielsweise die Vermieterin von Sorena, auf deren Konto ich für Sorena ihre Miete überwiesen hatte. Ebenso meine Ex-Freundin Martina, die mir 350,- Euro mit dem Verwendungszweck "Krähengeld" überwiesen hatte. Sie tankte damals aus Versehen Super in ihren Golf Diesel. Ich kümmerte mich um einen Abschleppdienst und das Aussaugen des Sprits. Dafür überwies sie mir den entstandenen Geldbetrag im Nachhinein zurück. "Krähengeld" aus dem Grund, weil ich sie damals immer "Crow" genannt hatte. Diese Überweisung brachte ihr eine Vorladung beim KK21 in B-Stadt ein. In einem abgedunkelten Raum mit Videoüberwachung wurde sie genötigt und dazu gedrängt gegen mich auszusagen. Wörtlich: „Geben Sie doch zu, dass Sie für den Tim K. angeschafft haben! Meine Ex-Freundin hatte niemals etwas mit dem Milieu zu tun. Ihr Vater war selbst Polizeibeamter. Diese widerwärtigen Subjekte!

Nicht zu vergessen meine eigene 70-jährige Mutter, die für mich angeschafft haben sollte. Ganz nebenbei ist diese jedoch mit einem renommierten Rechtsanwalt und Notar aus meiner Geburtsstadt verheiratet.

Summa summarum beantwortete ich dem Richter mit meinem langen Monolog alle noch offenen Fragen.

Die Tendenz war sehr schnell zu erkennen. Das Gericht war der eindeutigen Auffassung, dass die Steuerfestsetzung des Finanzamtes schlichtweg falsch war. Das einzige Problem war das Versäumen einer Widerspruchsfrist durch Rechtsanwalt Ahrend, der dieses auf Grund seiner schweren Krankheit vergessen haben musste.

Es ging nun darum, die Wiedereinsetzung in das Verfahren zu erwirken oder sich mit dem Finanzamt zu einigen.

Ich möchte an dieser Stelle, obgleich ich in den vergangenen Jahren voller Zorn war, trotzdem fair bleiben. Nachdem die Vertreterin des Finanzamtes selbst das Vorgehen des bereits bekannten Steuerfahnders M. gerügt hatte, willigte sie in eine Verständigung ein, um dieses Verfahren auch aus Sicht des Finanzamtes endlich zu beenden.

Auch aus ihrer Sicht war der Fakt, dass meine eigene Mutter meine Hure gewesen sein sollte, schlichtweg widerwärtig und nicht nachzuvollziehen.
Aus Sicht des Gerichts und des Finanzamtes war die aus dem Nichts kreierte Schätzung des Steuerfahnders M. gänzlich unzutreffend und inakzeptabel.
Selbst die Vertreterin des Finanzamtes distanzierte sich von einem derartigen Vorgehen und das will schon etwas heißen.

Der Steuerfahnder M., eben der, der den Vergleich der Würstchenbude herangezogen hatte, setzte eine

Steuerschätzung fest, die vollkommen ohne jegliche Beweise oder Fakten zustande gekommen war.

Gleichwohl, ob dieses aufgrund des "Idiotenberichts" des Kriminalhauptkommissars des KK 24 geschah, die Schätzung entbehrte jeglicher Grundlage.
Die Vertreterin des Finanzamtes stimmte der Einigung zu und erkannte an, dass meine Steuerschuld nicht mehr aufrechterhalten werden konnte. Auch aus ihrer Sicht wollte sie diesen Vorgang endlich beenden.

Zusammengefasst:

Die Steuerfestsetzung des Finanzamtes war vollkommen falsch, denn es gab keine Rotlichteinnahmen. Ich erhalte alle zu viel gezahlten Steuern zurück. Das Geld wird in etwa drei Wochen auf meinem Konto eintreffen! Trotzdem wurden mir die vielen tausend Euro an Säumniszuschlägen nicht zurückerstattet. Diese hätten ja nichts direkt mit der Steuerschuld zu tun.

Der Steuerfahnder M. wurde explizit in der Begründung des Gerichts aufgeführt. Übrigens auch auf Wunsch des Finanzamtes, das sich von so einem "Kollegen" deutlich distanzieren möchte.
Dieser Scherge wird von mir mit einer saftigen Dienstaufsichtsbeschwerde bedacht werden. Soviel steht fest.

Es gibt immer noch Tage, an denen ich an den Rechtsstaat glaube. Der Rechtsstaat ist dann aber nicht ein Apparat, sondern wird repräsentiert von Einzelpersonen, die ihrem eigenen Gewissen und dem Recht folgen und danach handeln.

An diesem Tag waren es der brilliant vortragende und

kompetent durch die Verhandlung führende Richter des Finanzgerichts, mein Anwalt Lange, der klar und deutlich die Dinge auf den Punkt gebracht hatte und auch die Vertreterin des Finanzamtes, die letztendlich als Mensch und nicht als kaltes Instrument einer Behörde gehandelt hatte.
Trotz allem und letztendlich, ich hatte den Kampf gegen das Finanzamt gewonnen!

15. Der Tod von Rechtsanwalt Ahrend - Ein Nachruf

Rechtsanwalt Willi Ahrend war nicht nur ein begnadeter Anwalt, er war für mich noch viel mehr: er war mein väterlicher Freund.
Ich lernte ihn vor einigen Jahren kennen, als ich gesundheitlich erkrankte und einen Fachanwalt für meine Zurruhesetzung suchte. Ich fand einen bekannten Anwalt für Beamtenrecht in B-Stadt. So lernte ich Rechtsanwalt Ahrend kennen. Wir waren sofort auf einer Wellenlänge, denn auch sein Leben fußte auf einem stabilen Wertesystem. Willi Ahrend war selbst damals Polizist gewesen und schied im Streit aus dem ihm verhassten Haufen aus. Er hatte während seiner Dienstzeit schon Jura studiert und begann dann seine Tätigkeit als Rechtsanwalt. Seine fachliche Qualifikation und seine besondere menschliche Art brachten ihm damals die Verteidigung und das Vertrauen der GSG9 ein, dessen Beamte er in dem spektakulären Bad Kleinen Fall verteidigte. Damals wurde der RAF-Terrorist Grahms von Polizisten der GSG9 während eines Feuergefechts erschossen. Im Nachhinein entstand das Gerücht, dass Grahms mit einem aufgesetzten Schuss getötet worden wäre. Der Prozess endete für die Beamten mit einem Freispruch. Ahrend

hatte wie immer akribisch gearbeitet.

Rechtsanwalt Ahrend war mir in all den Jahren ein zuverlässiger und treuer Freund gewesen.
Nicht nur, dass er mich bravourös und erfolgreich verteidigte, er war mir auch immer ein überaus wichtiger Gesprächspartner und eine menschliche Stütze.
Insbesondere während meiner Zeit in U-Haft besuchte er mich regelmäßig und verbrachte viele Stunden am Stück mit mir in der Besucherzelle.
Er gab mir immer wieder Hoffnung und ich wusste, dass er rund um die Uhr an meinem Fall arbeitete.
Das sollte sich auszahlen. Ich bekam einen Quasi-Freispruch und die Staatsanwaltschaft und Polizei erlitten eine furchtbare Niederlage.
Dieses Waterloo verziehen sie ihm nie.

Nachdem er ihnen diese vernichtende Niederlage zugefügt hatte, wurde er mit Betrugsvorwürfen überzogen. Er hätte angeblich Abrechnungsbelege gefälscht und dadurch mehrere hunderttausend Euro erlangt. Rechtsanwalt Ahrend erlitt in der Vergangenheit mehrere schwere Schlaganfälle und bedurfte deswegen medizinischer Betreuung und einer starken Medikamentierung.
Er war krank und hinzu kam noch ein Parkinson-Leiden, das mit der Zeit immer weiter voran schritt.

Willi Ahrend war alles, aber kein unehrlicher Mann oder Betrüger.
Als man ihn vor dem Landgericht B-Stadt wegen Betruges verurteilte, besuchte er mich noch am selben Tag in meiner Heimatstadt und berichtete mir mit Tränen in den Augen, dass er sich umbringen werde. Er könnte das mit seiner Ehre nicht vereinbaren. Sein Ruf wäre beschmutzt und besudelt. Er habe

angeblich Belege auf seinem Computer manipuliert und gefälscht.
Bei allem Respekt, aber er wusste gerade einmal wie man einen Computer startet und wie man in Word arbeitet. Wie man Dokumente scannt und dazu noch verändert und umändert war ihm gänzlich unbekannt und er wäre nie selber dazu in der Lage gewesen.

Ich konnte ihm nur mit aller erdenklicher Mühe das Versprechen abringen, dies nicht zu tun.
Durch die Verurteilung strich man ihm seine gesundheitliche Grundversorgung. Hinzu kam ein riesiger Schuldenberg, denn die Krankenkasse forderte den angeblich aus dem Betrug stammenden Betrag sofort zurück. Dies war natürlich nicht zu bewältigen.

In den letzten Monaten seines Lebens versuchte ich ihn so gut wie möglich finanziell bei der Beschaffung seiner zahlreichen Medikamente zu unterstützen.
Es war ein Martyrium sondergleichen für uns beide.
Am Ende seines Lebens erlitt er noch zwei Herzinfarkte und musste sich mehreren Operationen an seinem Herzen im Herzzentrum Bad Oeynhausen unterziehen.
In den letzten Wochen verschlechterte sich sein Zustand zusehends. Die Krankheit schlich stetig voran.

An einem Freitagabend telefonierten wir noch miteinander und verabredeten uns für den nächsten Tag.
An diesem besagten Samstagnachmittag fuhr ich auf das Grundstück seines Wohnhauses und stieg aus dem Auto. Seine Tochter kam zeitgleich aus dem Haus. Ich fragte eher im Spaß: „Wo ist Rechtsanwalt Ahrend?", als sie stumm mit ihrem Zeigefinger in Richtung Himmel zeigte. Ich fragte was passiert wäre und bekam zur Antwort, dass sich ihr Vater heute Morgen

umgebracht hätte.
Jetzt kam auch seine Frau aus dem Haus. Ich war vollkommen fassungslos und fragte sie ob das wirklich stimmen würde. Frau Ahrend berichtete mir dann, dass sich ihr Mann am heutigen Morgen mit einer Krawatte an einer Türklinke erhängt habe.

Ich konnte die Situation kaum realisieren. Alles war so unwirklich. Ich sagte noch, dass ich jederzeit für sie da sein würde und dass sie sich melden solle, wenn sie etwas bräuchte. Danach verließ ich das Grundstück.

Von einem bekannten Reporter einer überregionalen Tageszeitung erfuhr ich im Nachhinein, dass er einen Brief von der Tochter von Rechtsanwalt Ahrend erhalten habe. In diesem Brief beschuldigt die Tochter die Polizei und die Behörden, ihren Vater in den Tod getrieben zu haben.

Ich kann mich dieser Meinung nur anschließen. Nachdem Willi Ahrend meine Verteidigung übernommen hatte und mich auch noch aus dem Gefängnis geholt hatte, war auch er zu einem großen Feind der Polizei geworden.
Er wurde daraufhin gesellschaftlich geächtet, mit Lügen überzogen und musste daraufhin die Gemeinschaftskanzlei in B-Stadt verlassen.

Rechtsanwalt Ahrend starb krank und von all denen, denen er zuvor immer geholfen hatte, allein gelassen. Ich war sein letzter wahrer Freund, der ihm noch geblieben war.

Ich trauere um einen wunderbaren Menschen und meinen väterlichen Freund.
Ruhen Sie in Frieden. Ich verdanke Ihnen meine Freiheit und auch mein Leben. Ihr Freund und Kamerad Tim K.

16. Journaille - Die Negativauslese der Presse

Jeder erntet das, was er sät. Deshalb ist dieses Kapitel auch von einer
Notwendigkeit. Wenn ich von der Lügenpresse schreibe, dann meine ich eigentlich die „Journaille“,
was so viel bedeutet wie die Mischung aus Journalist und Kanaille. (Kanaille s. Wikipedia) Genau das trifft den Nagel auf den Kopf. Ich habe im Rahmen meines ersten Buches "Treibjagd" mit vielen Journallisten zu tun gehabt. Die meisten waren fair und objektiv aber haben mir trotz anfänglichem großen Interesses im Nachhinein die Berichterstattung verwehrt. Irgendwie wollte keine Redaktion auf einmal auf ein derart staatsfeindliches Buch aufmerksam machen, geschweige denn dieses promoten. Das ist ja auch in Ordnung, denn das bleibt jedem selbst überlassen. Es gab aber auch diverse andere Journalisten und ich kann behaupten, dass ich noch nie zuvor Subjekte erlebt habe, die dermaßen unzuverlässig und verlogen zu Werke gehen wie die Personen, die sich wohlgemerkt mir und nicht andersrum aufgedrängt haben. Absprachen wurden schlichtweg nicht eingehalten, Hoffnungen wurden erzeugt und übrig geblieben ist nichts. Alles aus dem einfachen Grund: Egoismus und fehlender Mumm.

Angefangen hat alles mit der selbsternannten Kennerin der Motorradszene, einer Journalistin, die bereits einen renommierten Journalisten-Preis gewonnen hat, die sich jedoch in der Realität als Schwätzerin und Wortbrecherin bewahrheitet hatte. Alles was sie sich inzwischen nur noch auf die Fahne geschrieben hat, war ihr persönlicher Rachefeldzug gegen die Hells Angels Hannover und ihren bekannten Anführer. Diese Frau, die aussieht, als wenn sie kaum schlafen und essen würde,

benimmt sich dementsprechend verwirrt auch im realen Leben. Großmundig wurde versprochen, dass sie meine Story in mehreren Artikeln groß herausbringen würde. Voraussetzung dafür wäre allerdings, dass wir (Herr RA Ahrend und ich) nur mit ihr reden dürften. Im Gegenzug fanden mehrere Treffen statt und sie erhielt vollkommene Akteneinsicht. „Herr K., das ist ja ungeheuerlich. Unglaublich! Da machen wir richtig was draus!“ Sie hätte auch sehr gute Kontakte zum Fernsehen, usw. Unterm Strich blieb alles nur leeres Gerede und das gegebene Wort von ihr war nichts wert.
Ich will jedoch auch mögliche Gründe dafür anführen. Die bekannte Journalistin wollte mit allen Mitteln insbesondere Dinge über den Anführer der Hells Angels Hannover und dessen Charter wissen. Da ich ihr jedoch sagte, dass ich zum Einen nichts wissen würde und zum Anderen auch niemals Internes preisgeben würde, nutzte ich anscheinend ihrem privaten Feldzug nichts.

Mehrere andere Journalisten gaben mir hinter vorgehaltener Hand zu verstehen, dass Sie auf der einen Seite ein schwieriger Charakter wäre und auf der Anderen auch mehreren Herrschaften der Polizei regelrecht auf dem Schoß sitzen würde. Das erklärt natürlich auch ihre Passivität bezogen auf mein Buch. Ein anderer Journalist einer großen Online-Nachrichten-Seite berichtete mir, dass das Thema, welches ihr den Preis einbrachte, schon vorher bei Ihnen bekannt gewesen, jedoch nicht interessant genug erschienen wäre. Die Recherche von Frau X wäre zudem eher ein Aufgreifen von schon Vorhandenem gewesen. So viel dazu.

Ein anderer Journalist, der u.a. für den NDR, Report und Tagesanzeiger, usw. freiberuflich arbeiten würde, wollte sich unbedingt mit RA Ahrend und mir treffen, um die Sache ebenfalls ganz groß zu machen. Der Typ war der größte

Schwätzer von allen. Er selbst würde sich bei der GSG 9 auskennen, zudem über unzählige Faustfeuerwaffen und Kriegswaffen mit Genehmigung verfügen. Ein arabisches Märchen, denn der Typ versteht so viel von Waffen und Waffenrecht, wie die Kuh vom Sonntag. Alles in allem würde er zur investigativen Spitze des deutschen Journalismus zählen und wäre selbst quasi ein Staatsfeind für die Behörden. „Die Drehnummer bei Report ist schon vorhanden! Das bringe ich als große Anfrage in den Landtag von NRW. Ich kenne da den innenpolitischen Sprecher der CDU.“ Das waren nur einige seiner Floskeln.

Das Traurige daran ist, der Typ verfasst tatsächlich Artikel, hat eine eigene Website und gestaltet Fernsehreportagen bei Report mit. Unterm Strich war auch alles nur leeres Gefasel, aber was dem Fass den Boden ausschlägt war Folgendes:

Der Journalist drehte gerade einen Beitrag über Rocker und Rechtsextremismus, der auch bei Frontal 21 ausgestrahlt wurde. Für diesen Beitrag fragte er mich, ob ich nichts über rechtsradikale Machenschaften bei Rockern wissen würde. Ihm war natürlich bekannt, dass ich zu dem Zeitpunkt noch bei den Bandidos war und er wollte eine positive Antwort hören. Ich gab wahrheitsgemäß an, dass bei „uns“ zahlreiche Nationen vertreten wären und daher alles andere als Nationalismus oder Rassismus existieren würde. Das enttäuschte ihn natürlich. Deshalb schlug er mir vor, ob ich nicht vor der Kamera und unkenntlich gemacht ein paar Dinge diesbezüglich von mir geben könnte? Somit könnte ich das Geld verdienen, was er sonst einem anderen geben würde.“Unglaublich, aber wahr.

Dann gab es da noch einen NDR-Redakteur, einen Spiegel-Online-Journalisten und angeblichen "Szene-Kenner", die Welt, Stern, die BILD-Zeitung- Bundesausgabe, die einen ganzen Tag bei mir war und einen großen Bericht bringen wollte. Alles in allem war der Wortlaut über mein Buch immer

derselbe: „Respekt!“
„Spannend bis zum Schluss!“ „Das beste Buch aus diesem Genre!“, „Unglaublich. Wenn nur die Hälfte wahr sein sollte, dann ist das ein unbeschreiblicher Skandal!“, usw. Bla bla bla. Die Krönung des Ganzen war ein Fachjournalist vom Focus aus München, der die Story unbedingt haben wollte und mich mit einer Millionenauflage und Internetauftritt umwarb. „Die Behörden würden umgegraben werden!“
Fakt war dann, dass die Zusage des Artikels an der Redaktionskonferenz scheiterte. Aus dem einzigen Grund, den auch alle anderen mir hinter der Hand bestätigten: „Das Thema ist zu heiß und außerdem legt sich niemand mit dem Staat an!“ So viel zum Thema freie Presse und kritischer Journalismus.

Wenn man die Herrschaften direkt drauf ansprechen würde, dann hieß es natürlich, dass das Thema nicht plakativ genug war, nicht interessant genug und einfach zu regional. Außerdem würden die Beweise fehlen. Alles Bullshit! Es fehlt der Arsch in der Hose und der Mut, die Geschichte zu bringen.

Ich nehme mir hier jedoch eine große deutsche Band zum Vorbild, die ebenfalls diese Hyänen nicht gebraucht hat, mehr noch, auf sie gespuckt hat. Die Bösen Onkelz: „Ihr habt jahrelang gelogen, die Presse stinkt!“ Nichts desto trotz gab und gibt es auch Journalisten und Journalistinnen, die sich der Thematik mutig und unbeeindruckt nicht verschlossen haben, wie ihr auch in diesem Buch nachlesen könnt. Ihnen gebührt mein Respekt und auch mein Dank!
Der Rest interessiert mich nicht im Geringsten. Die Lüge braucht die Stütze, die Wahrheit steht von alleine. Und so wird auch dieses Buch sich durchsetzen, mit oder ohne eure Hilfe und Berichterstattung.
Unmittelbar nach Erscheinen meines ersten Buches setzte sein Höhenflug ein. Das Buch befand sich unter anderem in einer

Biografien-Sparte lange Zeit auf Platz 1 und war danach stetig unmittelbar hinter Daniela Katzenberger zu finden. In den Top 100 war es gebucht. Die 1. Auflage war schnell ausverkauft und die Zweite bereits auch. Und dann passierte, was in einem freien rechtsstaatlichen Land eigentlich nicht mehr auszudenken ist.
Mein Buch wurde zensiert! Aber das haben sie ja schon in einem vorhergehenden Kapitel gelesen.

17. Internetunternehmer - Ein Porno-Oscar

Die Zeit nach dem Gefängnis war für mich die schwerste überhaupt. Das Finanzamt hatte auf Grund der gegen mich vorangetriebenen Zwangsvollstreckung meine Konten komplett eingefroren. Man beließ mir noch nicht einmal den gesetzlich vorgeschriebenen Mindestbetrag, was im Nachhinein noch vor dem Finanzgericht in Münster auf das Schärfste gerügt wurde. Das Finanzamt macht was es will und hält sich selber an keine Gesetze. Mir kommt es vor, als wenn es sich als die deutsche Überbehörde ansieht. Dem Staat macht das anscheinend nichts aus, denn diese Behörde ermöglicht es überhaupt, dass der Staat durch die immensen Steuereinnahmen am Leben bleibt.

Seitens meines ehemaligen Arbeitgebers wurden meine Bezüge schon seit längerer Zeit um die Hälfte gekürzt. Dies initiierte man seit dem Zeitpunkt, als ich inhaftiert wurde.
Summa summarum hatte man ein erklärtes Ziel: Mich nunmehr auch finanziell zu zerstören.

Ich hatte die gesamten Prozesskosten zu tragen und alle laufenden Kosten waren ja nicht verschwunden. Die Konten

waren eingefroren und ich hatte keinen einzigen Cent. Es wurde nichts mehr von meinem Konto abgebucht und alle Lastschriften und Daueraufträge wurden nicht eingelöst. Ich konnte meinen Strom nicht mehr bezahlen, was zur Folge hatte, dass er mir abgestellt wurde. Ich konnte meine Kredite nicht mehr bedienen und bekam einen Schufa-Eintrag nach dem anderen. Ich würde heutzutage noch nicht einmal mehr einen Handyvertrag abschließen können. Dass ich mein Auto nicht mehr fahren konnte, weil einfach kein Geld zum Tanken da war, dürfte auch jedem klar sein. Ich war so tief unten wie noch nie in meinem Leben zuvor.
Es war so trost- und hoffnungslos, dass ich mich eine ganze Woche lang in meinem Bett verkrochen und bei heruntergelassenen Jalousien die Wohnung nicht mehr verlassen hatte.

In der Zeit davor hatte ich bereits versucht, im Bereich des Internets, mit neuen Ideen Unternehmungen zu starten. Es ist wirklich erstaunlich, wie kreativ ich auf einmal wurde, nachdem der stumpfe und anspruchslose Polizeialltag hinter mir lag. Ich hatte zu der damaligen Zeit nur Bretter vor meinem geistigen Auge und außer dem obligatorischen "Führerschein und Fahrzeugschein" und den vorgefertigten Formularen war das selbständige Denken weder gefragt noch erwünscht gewesen. Mein Verstand und meine Gedanken blühten nach und nach immer mehr auf und die finanzielle Not ließ mich zu einem regelrechten Denk- und Tüftelapparat werden.
Ich lernte damals auch einen überaus begabten, intelligenten und auf seinem kreativen Gebiet genialen Computerspezialisten, Webdesigner und Grafiker kennen. Meinen jetzigen guten Freund Fabian.

Gemeinsam mit ihm entwickelte ich neue Ideen und versuchten mit den bescheidenen Mitteln, diese programmieren zu lassen

und auf den Markt zu bringen. Fabian war es auch, der mit seiner genialen Gabe, absolut fantastische Webseiten zu entwerfen, meine erste Escortagentur Wirklichkeit werden ließ. Diese betrieb ich aber leider nur für eine kurze Weile, denn es ist einfach sehr schwierig, für diese Unternehmung die passenden Damen zu finden.
Zeit, Kosten und Mühen stehen damit oft nicht in der passenden Relation zueinander.
Nach diversen gemeinsamen erfolglosen Unternehmungen trennten sich dann vorerst unsere Wege.
Es mangelte uns nicht an Kompetenz oder guten Ideen, es scheiterte letztendlich nur an dem lieben Geld. Die Idee kann noch so gut und neu sein, verfügt man nicht über das passende Kapital, ist so gut wie jede Unternehmung zum Scheitern verurteilt.
Fabian machte alleine weiter und ich wollte auch noch nicht aufgeben.
Signifikant für uns war, dass wir größtenteils Internetunternehmungen im erotischen Sektor planten und kreierten. Das waren zum Einen ein großes Auktionsportal für erotische Dienstleistungen, als auch eine neuartige Suchmaschine für Modelle, Clubs und Callgirls. Das Geschäft mit der käuflichen Liebe sollte mich nicht mehr loslassen.
Die Ideen waren einzigartig und die Umsetzung infolge der Webpräsenz war mehr als gelungen.
Trotzdem, wer bekannt werden will, was notwendig ist damit eine Idee im Internet funktioniert, muss werben, werben, werben. Das kostet aber sehr viel Geld und das hatten wir nicht.
Server und Unterhaltskosten taten das Übrige und wir mussten irgendwann alles einstellen.
Ich wollte trotzdem nicht aufgeben. Mein Kopf arbeitete ständig und mir kamen in Anlehnung an die Maslowsche Bedürfnispyramide und ganz nach dem Motto „Gefressen und

gefickt wird immer" fortwährend neue Ideen und Möglichkeiten in den Sinn. Daran hielt ich mich. Ich spezialisierte mich weiter in dem Bereich der erotischen Webseiten. Ich entwickelte ein Konzept, bei dem sich Modelle und Clubs selbständig Ihre Profile erstellen und zeitgleich von einer großen Anzahl von Kunden mittels einer Detailsuche gefunden werden konnten. Quasi eine Mischung aus einer großen Social-Community-Seite und einer Suchmaschine.
Dies hatte für die Modelle und Clubs den Vorteil, dass sie nicht mehr darauf angewiesen waren, bei einem Internetwerbeportal zu den gängigen Arbeitszeiten ihre Werbung einpflegen zu lassen. Diese konnten sie durch das neue Konzept nämlich selbständig und das rund um die Uhr. Anmelden, Profil erstellen, Daten einpflegen, Bilder hochladen und fertig war das Profil.
Auf der anderen Seite konnten die Kunden deutschlandweit mittels einer Spezialsuche in einem gewissen Umkreis die Dame finden, die genau ihren Vorstellungen entsprach.

Als Beispiel: Ein Mann möchte in Düsseldorf eine Blondine mit großen Brüsten finden, die auch das Extra „anal" anbietet. Alles was er tun muss ist in der Suchmaske die Stadt eingeben und noch die Merkmale „blond", „große Brüste" und „anal". Als Ergebnis bekommt er alle passenden Damen „ausgeworfen". Klickt er auf einen Vorschlag, so öffnet sich das von dieser Dame selbst erstellte Profil mit all ihren Daten und Bildern.
Ein weiterer großer Vorteil für die werbende Dame ist, dass diese, insofern sie eine Woche in München arbeitet und die nächste in Hamburg, sie nichts weiter tun muss, als in ihrem Profil die neue Postleitzahl einzugeben. Sofort wird sie daraufhin an ihrem neuen Standort, z.B. Hamburg gefunden. Es wird also kein neues lokales Werbeportal benötigt, welches wiederum alle Daten neu einstellen muss und das auch noch für

hohe Werbekosten. Nein, die Dame übernimmt das selber. Einfach, schnell und unkompliziert und noch dazu für einen Bruchteil des gewohnten Preises.

Diese Online-Erotik-Suchmaschine bekam ihren eigenen Namen (Erovous) und ich brauchte nur noch einen Programmierer und eine Grafikerin, die diese Seite Wirklichkeit werden lassen würden.
Aus dem Bekanntenkreis von meiner besten Freundin wurde der Programmierer schnell gefunden. Durch ihn kam noch eine sehr fähige Grafikerin hinzu und das Projekt konnte starten. Das Geld dafür brachte ich zur Hälfte selber auf.

Zu diesem Zeitpunkt war ich ebenfalls damit beschäftigt, im Bereich der gewerblichen Zimmervermietung wieder zusätzliches Geld zu verdienen. Ich brauchte mehrere Anläufe, bis ich nach einer Art Pension und einer Privatwohnung auf ein Haus stieß, in dem bereits seit Jahren schon Prostituierte arbeiteten. Das Haus stand leer und man einigte sich mit dem Vermieter darauf, es zu renovieren und den „Käuflichen Liebe-Betrieb“ wieder aufzunehmen. Ich startete mit drei Damen, die in dieser Zeit auch wechselten und erzielte somit ein paar Einnahmen.
Mittelfristig war die Immobilie jedoch nicht das Wahre und zu guter Letzt starb noch der Vermieter aufgrund eines Herzinfarktes.

Escortmädels, gewerbliche Zimmervermietung, Bordell, ich hatte schon alles durch. Insgesamt mehr schlecht als recht. Das Ausschlaggebende war und ist immer das Kapital. Und das war nun einmal nicht genügend vorhanden. Zur damaligen Zeit war mein russischer Freund Eduard in die Bordellunternehmung mit involviert. Eines Tages wurde er von einem deutschen Bekannten angesprochen, der zuvor gehört hatte, dass Eduard

"mit Mädels machen würde“. Der Deutsche namens Henning fragte Eduard, ob er nicht mit einsteigen könnte?
Nachdem Eduard mit mir Rücksprache gehalten hatte und wir uns zu Dritt getroffen hatten, stimmten wir dem zu und Henning sicherte uns eine baldige Investition zu.
Das war der Anfang meiner Rettung!

Henning ist ein erfolgreicher mittelständischer Unternehmer, der mit seiner Frau und ihren Hunden in einem Ort etwa eine halbe Stunde von mir entfernt wohnte. Nachdem wir uns kennengelernt hatten, bestand er darauf, dass ich ihn und seine Frau auch einmal bei sich zu Hause besuchen solle.
Dieser Besuch erfolgte dann meinerseits. Wie ich schon erwähnte war ich in meiner vergangenen Zeit mehr als fleißig und kreativ gewesen und hatte, mit Hilfe meines Computer- und Grafikgenies Fabian, einige Ideen bereits fertig gestellt. Dazu gehörten Webseiten und auch ein ansehnliches Modelabel. Dieses bestand bereits als Webseite inklusive Motiven und der Möglichkeit diese als fertige Textilien auf den Markt zu bringen. Woran es bisher gescheitert war? Richtig, am Kapital.
An dem Tag als ich bei Henning und Janina zu Hause war, erwähnte ich nur beiläufig, dass ich auch in mehreren anderen Bereichen involviert wäre. Die beiden wurden neugierig, ungeplant und spontan zeigte ich Ihnen die fertigen Webseiten und berichtete von meinen Projekten. Henning und Janina waren hin und weg. Ich merkte natürlich ihre Begeisterung und erkannte unsere gemeinsame Chance. Die Chemie zwischen Henning und mir passte und er hatte die Möglichkeiten, meine Ideen wahr werden zu lassen. Ich bot ihm zu einem absolut kulanten Preis die Hälfte der von mir entworfenen Online-Erotik-Suchmaschine an und knüpfte dieses Angebot an ein Darlehen, welches er mir gewähren würde. Henning erkannte auch seine Chance und willigte sofort ein.

Es war eine Win-Win-Situation für uns beide. Er hatte die Aussicht auf eine erfolgversprechende Unternehmung und ich konnte zum einen meine Idee realisieren und was für mich das Allerwichtigste war: ich konnte mit Hilfe des Darlehens meine Konten bereinigen und einen Teil der Schulden zurückzahlen, die ich bei einer kleinen Anzahl von treuen Freunden und Freundinnen hatte, dank derer ich noch nicht ertrunken war. Dieses Ertrinken stand mir bevor ich Henning traf, unmittelbar bevor.

Der Himmel hatte mir diesen Mann geschickt. Stromrechnungen, gelbe Mahnbescheide, Finanzamt, Vollstreckung, unzählige Rechnungen, Nebenkosten, Darlehensraten, ich weiß gar nicht mehr wie viele offene Posten und Schulden ich bezahlte. Es war einfach nur himmlisch. Nach sehr langer Zeit konnte ich zum ersten Mal wieder in Ruhe einschlafen.
Dazu soll erwähnt sein, dass der unerwartete Geldsegen mir vorläufig ein wenig Ruhe verschaffte, aber es war nur ein Aufschub. Die Sorgen und Nöte sollten noch schlimmer werden.
Erst einmal hatte ich aber ein wenig Erleichterung.
Mit dem frischen Geld von Henning konnte die Unternehmung jetzt richtig starten. Der Programmierer und die Grafikerin wurden kontinuierlich bezahlt und die Seite nahm mehr und mehr Gestalt an.

Als sie schließlich fertig war, wurden unzählige Flyer gedruckt und ein eigener Außendienst wurde auf die Beine gestellt. Eine Fahrzeugflotte von mehreren weißen 1er BMW wurde angeschafft und mit dem Seitenlogo beklebt. Eine Dame, die sich auf dem Boden rekelt und darunter der Name der Seite "Erovous" und der Slogan „Alles, was Mann sucht!"
Durch eine damalige Bekannte wurde die Idee geweckt, sich

mit einem Stand auf der Erotikmesse Venus, die jedes Jahr in Berlin stattfindet, zu präsentieren.
Gesagt, getan. Unser Team wurde mit dem Entwurf eines Standes für Europas größte Erotikmesse beauftragt und erfüllte diesen mit Bravour.

Im Oktober 2012 waren wir mit einem Stand auf der Venus-Messe in Berlin vertreten. Dank fünf Hostessen (unter anderem einer Stripperin aus Berlin Tag und Nacht), die die ganze Zeit in einem sehr knappen Outfit unsere Flyer in den Messehallen verteilten, wurden viele Besucher auf uns aufmerksam.
Der Höhepunkt der mehrtägigen Messe war dann die Preisverleihung.
Bild.de schrieb dazu:

„VENUS"-AWARD ENDET IM MEGA-EKLAT[2]

Tränen, Wut und Pöbelei beim Porno-Oscar

Das Protokoll einer irren Nacht

Er soll der wichtigste Preis der Sex-Branche sein: Der „Venus"-Award, vergeben von den Veranstaltern der weltgrößten Erotikmesse.

Dieses Jahr konnten Fans im Vorfeld bei einem Internet-Voting die Gewinner bestimmen. Die Location der Preisverleihung: das Goya, ein Ex-Kino und heute Westberliner Edelclub.

---

2 http://www.bild.de/unterhaltung/erotik/venus/award-eklat-traenen-wut-poebelei-porno-oscar-26783040.bild.html

Über den roten Teppich liefen nicht nur die üblichen Verdächtigen, die Veranstaltung sollte kein Fest der Porno-Großfamilie werden. US-Stars wie Ron Jeremy (59) und Evil Jared Hasselhoff (41) feierten mit. Und auch die deutsche C-Prominenz – vertreten durch Ex-MTV-Moderator Patrice Bouédibéla (38) sowie Soap-Darsteller Manuel Cortez (33) – gab sich die Ehre. Micaela Schäfer (28), Gina-Lisa Lohfink (25), Mia Magma (25) – alle Berufs-Nackedeis waren gekommen.

Die Oscars der Pornoindustrie wurden verliehen. Gina Lisa Lohfink und Micaela Schäfer waren die Gesichter der Venus 2012 und gehörten zu den Laudatorinnen. Vivian Schmitt hielt eine Trauerrede, Deutschlands bekanntester männlicher Pornodarsteller Conny Dachs führte herzhaft erfrischend durch den Abend und die amerikanische Pornolegende Ron Jeremy verteilte die Porno-Oscars an die Preisträger.
Unsere Unternehmung war ebenfalls nominiert und das war auch der Grund, warum Henning und ich an diesem Abend auf der Galaveranstaltung im VIP-Bereich der Preisverleihung beiwohnten.
Und dann war es soweit: Den Jurypreis für die beste Internetunternehmung im erotischen Bereich, die Kategorie "All over internet" hatte gewonnen: Erovous!
Und das waren wir! Wir wurden auf die Bühne gerufen und ich nahm den Porno-Oscar von Ron Jeremy entgegen.
Ich hielt unsere Dankesrede und wir verließen als Preisträger die Bühne.
Zum Abschluss wurde noch ein Foto mit allen Preisträgern des Abends geschossen. Henning und ich standen mit unserem "Oscar" inmitten der deutschen und internationalen "Prominenz" im Pornobusiness. Wie gesagt, ich stehe nun mal auf Porno! Wenn mir jemand nur einige Wochen zuvor gesagt

hätte, dass wir bald auf der Bühne stehen und einen "Oscar" gewinnen würden, ich hätte ihn wohl gefragt, ob er Fieber hätte.

Die Veranstaltung hatte sich spät in der Nacht aufgelöst und Henning und ich standen draußen vor dem Edelclub Goya, als uns ein Reporter mit unserem Porno-Oscar erblickte.
Er fragte uns wofür wir unsere Auszeichnung erhalten hätten und ich konnte es mir nicht nehmen, Henning in den Arm zu nehmen und zu sagen: „Für die beste männliche Szene!"
Unter lautem Gelächter stellten wir das aber umgehend wieder klar.

Unsere Internetseite erlebt am Rande erwähnt, demnächst eine völlige Neugeburt. Sie wurde modernisiert und aktualisiert und hat ebenfalls einen ganz neuen Namen erhalten.
Nach erfolgreicher Realisierung des Projektes hatte ich mir mittlerweile das nötige Know-How im Internet- Startup-Bereich angeeignet. Ich verfüge zudem über ein gutes Netzwerk, um Ideen zu realisieren und kompetent umsetzen zu lassen.

Ich wusste, dass man im Internet mit einer zündenden Idee am schnellsten viel Geld verdienen kann.
Schneller als irgendwo anders. Ich wendete mich nunmehr "seriösen" Ideen zu, um mein Angebot zu erweitern. Mal schauen, wohin der Weg mich noch führen wird.

18. Eine andere Sichtweise des Rotlichtmilieus

Mich verbindet sehr viel mit dem Rotlichtmilieu. Anders ausgedrückt, ich bewege mich ständig in ihm.
Sei es, dass ich mit Frauen befreundet bin, die in diesem arbeiten oder dass ich einige Betreiber von Clubs, Privathäusern und Wohnungen kenne.
Ich sehe mich in dem Bereich Frauen als Manager/Dienstleister und ich möchte nicht verschweigen, dass ich immer mal wieder auch über eigene Immobilien verfüge, die ich dann gewerblich untervermiete.
Die Zeit nach dem Knast war für mich in sozialer Hinsicht vernichtend und desaströs. Ich musste etwas tun, um schlichtweg zu überleben oder anders ausgedrückt, nicht abzusaufen. Meine Affinität zum Milieu ist ja bekannt und ich meine zu behaupten, dass wenn man gewisse Dinge einhält, man auch durchaus Erfolge darin erzielen kann. Für mich galt es immer ehrlich zu sein und sein Wort zu halten. Zuverlässigkeit, Stabilität und zusammengefasst eine professionelle und stilvolle Organisation von A-Z zu gewährleisten. Dazu gehört ein guter Fotograf, gute Werbung, gute Arbeitsplätze und Bedingungen, Schutz und was das Allerwichtigste ist: die passende Frau oder die richtigen Frauen. Der letzte Punkt ist der schwierigste. Es gibt nicht wenige Frauen, die durch das Arbeiten im Milieu schon charakterlich versaut sind. Dazu kommt, dass sie Drogen nehmen oder in der Regel viel zu oft betrunken sind. Für mich kam nie in Frage, eine junge "solide" Frau gezielt anzumachen, um sie dann für diesen Beruf zu begeistern.

Summarisch kann ich sagen, dass das Rotlichtmilieu meine Rettung war. Dank ihm, beziehungsweise dank der Hilfe einiger Freundinnen, konnte ich wichtige Rechnungen bezahlen. Das war schon paradox wenn man bedenkt, dass ich einige nicht zutreffende Steuerforderungen aufgrund angeblicher Einnahmen aus diesem Bereich in der Vergangenheit mit Zuwendungen meiner Freundinnen aus der Gegenwart bezahlte. Alles eine Komödie. Das war mir aber alles vollkommen egal. Nur das Überleben zählte. Diese Einstellung habe ich mir übrigens bis heute behalten.

Wenn man sich wie ich ständig in dieser Parallelwelt bewegt, dann bekommt man natürlich stets und ständig sehr viel mit. Dort ist das passiert und an anderer Stelle das. Die Frauen erzählen ständig von ihren Erlebnissen und Erfahrungen mit den Freiern und wenn man sich diese Geschichten anhört, dann sieht man vieles auf einmal mit ganz anderen Augen. Ich möchte Ihnen dieses ansatzweise verdeutlichen und vielleicht auch ein bisschen die Augen öffnen.

Der Umgang mit dem Rotlichtmilieu in Deutschland ist an Heuchelei und Doppelmoral kaum zu überbieten. Ich weiß nur zu genau worüber ich schreibe, denn mein "Mädchen" arbeitet selber seit vielen Jahren aktiv im Gewerbe.
Ich nenne sie deshalb „mein Mädchen", weil eine Freundin von ihr, die ebenfalls als Prostituierte arbeitet, so von ihrem damaligen Mann und gleichzeitigen Zuhälter genannt wurde. Er hatte sie eines Tages bei sich im Club gesehen und sehr schnell entstand eine starke Sympathie zwischen den beiden. Irgendwann ergriff er sie am Arm und sagte zu ihr: „Du bist jetzt mein Mädchen und gehörst zu mir." Die beiden haben sogar geheiratet und vor der Trauung sagte ein unbeteiligter Passant vor dem Standesamt zu seiner Begleitung: „Guck mal, da heiratet ein Zuhälter seine Nutte." Eine Aussage, über die wir uns heute noch köstlich amüsieren.
Aus einer Mischung aus Spaß und Ernsthaftigkeit nenne ich sie daher „mein Mädchen" und sie nennt mich ihren „Typen". Wir

haben eine Menge Spaß miteinander und in unseren Gesprächen spielen wir gerne mit den alten Klischees des Zuhälters und seiner Dirne. Die alte Schule eben. Susi, das ist einer ihrer Künstlernamen, ist keine gewöhnliche Prostituierte. Sie kommt aus Ostdeutschland und übt diesen Beruf trotz ihres noch relativ jungen Alters zwar schon seit einigen Jahren aus, er hat aber an ihr keinerlei Spuren hinterlassen. Voller Ironie sagt sie immer, dass ihre Mädchenträume wahr geworden sind. Die Ostdirne hat jetzt einen Westzuhälter. Wohlwissend, dass die Polizei mein Telefon schon immer abgehört hat und dies auch nicht aufgibt, sind unsere Telefonate oft voller Humor, Ironie und ausgedachten Zuhältermanieren. Ich sage ihr zum Beispiel immer, dass sie ihren Pass zurückbekommt, wenn sie genügend Geld für die Schlepper und Schleuserbande zusammengespart hat und andere Dinge, die jeglicher Realität widersprechen, den Ermittlern aber zeigt, was wir von ihnen halten. "Wenn du gegen mich aussagen würdest, du würdest mich lebenslang hinter Gitter bringen. Die würden Dir alles dafür geben, um dich als Kronzeugin zu bekommen!"

Die Blödheit und Boshaftigkeit der Polizei ist jedoch absolut realistisch und allgegenwärtig. Ein Bekannter von mir, der selbst im Milieu tätig war und es immer noch ist, hatte einmal eine italienische Prostituierte als Freundin. Ihr Telefon wurde automatisch im Rahmen der Telefonüberwachung von ihm mit abgehört. In einem Telefonat telefonierte die Frau mit ihrer Mutter und fragte diese, ob sie zu ihr zum Essen kommen könne, da sie sehr hungrig sei.
Der Kriminalbeamte, der das Telefonat mithörte, schrieb daraufhin in seinen Bericht, dass die junge Frau so schlecht behandelt und ihr das ganze Geld abgenommen werde, dass sie schon ihre Mutter um Essen anbetteln würde.
Das ist kein Scherz! Er erfuhr dieses, als er im Laufe eines Strafverfahrens Akteneinsicht erlangte und auf diese

Kuriositäten stieß.
Es ist in vielen Fällen wirklich die unglaubliche Blödheit der Ermittler, die schnell bei einem unerfahrenen oder parteiischen Richter zur Gefahr werden können. Von Staatsanwälten ganz zu schweigen.

Kommen wir aber zurück zu „meinem Mädchen".
Susi ist eine sehr attraktive Frau mit wundervollen Proportionen, braungebrannt, Silikonbrüste, Maniküre, Pediküre und von Kopf bis Fuß top gepflegt. Sie beherrscht die deutsche Rechtschreibung wie keine zweite, kann sich vorzüglich ausdrücken und hat ein bravouröses Abitur nachgeholt. Inzwischen studiert sie noch nebenbei Psychologie. Sie hat aufgrund ihrer Optik, ihrer bezaubernden und lieben Art eine unglaubliche Anziehung auf sehr viele Männer.
Diese Attribute erlauben ihr, beinahe täglich von Mittag bis abends ausgebucht zu sein.
Sie ist angemeldet und zahlt ihre Steuern. Bekannt wurde sie damals durch einen großen Artikel in der Bildzeitung und zwei Fernsehsendungen ("Unter uns" und "Menschen bei Maischberger"), in denen sie als Studiogast saß.
Ich sage immer, dass diese Frau mir vom Himmel geschickt wurde. Wir lernten uns auf eine sehr unorthodoxe Art und Weise kennen und inzwischen verbindet uns weit mehr als eine normale Vertrautheit. Dank ihr habe ich finanziell überlebt und konnte meine Rechnungen, Schulden und all die Kosten für die Prozesse und ungerechte Verurteilungen bezahlen. Und nebenbei noch das Leben leben, welches ich gewohnt war und es nunmehr wieder bin.
Sie war für mich da, als ich finanziell am Boden war. Zu dem Zeitpunkt, als mich viele Freunde und Freundinnen hängen ließen oder schon nicht mehr an mich glaubten.
Diese wundervolle Frau ist menschlich und moralisch

hundertmal mehr wert als jeder oder jede andere von diesen verlogenen und heuchlerischen Gutmenschen und Spießbürgern da draußen.
Eben die, die mit dem Finger auf Menschen wie sie oder mich zeigen, hinter der Fassade aber in vielen Fällen ganz arme und erbärmliche Kreaturen sind, die ihre Sexualität in kranken und ausufernden Formen ausleben.

Alleine darüber, was sie über die ganzen Jahre erlebt und von Kolleginnen und Freundinnen erfahren hat, könnte sie selbst ein ganz dickes Buch schreiben. Vielleicht passiert das auch noch, denn ich dränge sie schon regelrecht dazu.
Die Geschichten und Anekdoten, die sie mir ständig erzählt, sind sowohl herzzerreißend komisch als auch abgrundtief krank und abstoßend. Oft packt mich die blanke Wut bei all dem kranken Mist, der sich in der Welt der käuflichen Liebe abspielt. Wohlgemerkt in einem Wirtschaftszweig, der zu den größten Deutschlands zählt.

Seit der Verabschiedung des Prostitutionsgesetzes im Jahr 2002 gilt Deutschland weltweit als eines der liberalsten Länder in Sachen käuflicher Liebe. Etwa 400.000 Frauen verdienen hier ihr Geld als Prostituierte. 1,2 Millionen Männer sind täglich auf der Suche nach käuflichem Sex und bringen dem Gewerbe einen Jahresumsatz von ca. 15 Milliarden Euro ein.

Auch wenn ich jetzt Illusionen zerstöre, aber so gut wie jeder Mann geht regelmäßig in den Puff oder zu einer Prostituierten oder war dort schon einmal.
Der junge Vater, der am Tag der Geburt seines Kindes im Saunaclub gefeiert hat oder der Fernfahrer, der immer auf seiner Tour im Club mit dem Klinikbereich vorbeikommt. Dort kauft er sich seine frisch vollgeschissene Windel, die er sich jeden Abend vor dem Schlafen um den Kopf bindet und damit

einschläft.

Richter, Staatsanwälte, Manager, Polizisten, Ärzte, Handwerker, ALLE! Ein Querschnitt der Gesellschaft. Signifikant ist aber auch, dass die scheinbar biedersten und normalsten Männer oft die größten Dreckschweine und Perverslinge sind.
Die Typen lassen sich anscheißen, lutschen die Fäkalien, lassen sich das erigierte Glied mit einer Nadel durchstechen oder die Vorhaut zusammennähen.
Kotzspiele sind auch beliebt. In einem Club bei Cottbus gibt es einen Freier, der sich regelmäßig seine Eier "natur" massieren lässt. Dafür wird ihm mit einem Skalpell der Hodensack geöffnet, um dann mit den Fingern seine offenliegenden Hoden zu "massieren". Im Anschluss an die Behandlung fährt er immer ins Krankenhaus und lässt sich den Sack wieder zunähen
Die simulierte Geburt gibt es auch. Hierbei wird dem Probanden ein Luftballon im After aufgepumpt, den er dann unter den wachsamen Augen seiner Hebamme wieder herausdrückt.
Mittels einer Kochsalzlösung lässt man sich auch immer wieder gerne das Genital oder das Arschloch aufspritzen. Eine immense Vergrößerung oder Ausweitung ist dann die Folge.

"Normal" ist es heutzutage beinahe schon, dass "AO" angeboten wird. "AO" bedeutet "alles ohne". Der Verkehr in alle Öffnungen ohne Kondom. Inklusive Vollspritzen, Aufnahme und alles was dazu gehört. In Dresden gibt es ganze Zeitungsseiten, auf denen sich junge Frauen mit dem "AO"-Service anbieten. Auch Schwangere, die mit dem Spruch werben: „Möchtest du den Kopf meines Babys mit deiner Glatze streicheln?" Die wahre Bedeutung dürfte jetzt jedem klar sein.

Die junge Rumänin, die alles ohne Gummi für 40 Euro anbot, konnte sich vor dem Männeransturm kaum retten. Sie arbeitete im zweiten Stock eines Hauses und die Schlange der Freier reichte bis runter auf die Straße. Das gesamte Treppenhaus war voll.

Sie glauben ich übertreibe? Im Gegenteil. Ich selber muss mich oft fragen, ob ich nicht vielleicht anormal bin. Ich stehe auf normalen Sex und mir dreht sich schon der Magen um, wenn ich an so eine kranke Scheiße auch nur kurz denken muss!

Ich kenne eine Domina, die bevorzugt Natursekt und Kaviar anbietet. Sprich Urin und Kot.
Ihre "Kunden" sind bevorzugt Geschäftsmänner und äußerlich absolut gepflegt und stilvoll.
Hinter der Kulisse lutschen sie ihre Ausscheidungen in ihrem Mund und essen sie dann. Einem von ihnen gefällt dann immer, wenn er danach aufstoßen muss.

Nicht zu vergessen die Domina, die "Natursekt to go" anbietet. Den Plastikbecher zu 30 Euro das Stück. Soll übrigens prima laufen.
Oder die Prostituierte, die ihren eigenen Kot verkauft und ihn in Tüten für ihren Stammfreier abpackt. Als sie einmal nicht konnte, half ihre Kollegin aus, was zur Folge hatte, dass der Stammfreier erbost zurückkehrte und sich beschwerte, dass das nicht von ihr wäre!

In Sexkinos kommt es immer wieder vor, dass Kunden hereinkommen, die an den vollgewichsten Papiertüchern riechen, die sich in den Mülleimern befinden.
Bei einer mir bekannten Prostituierten kam immer ein Mann vorbei, der dafür bezahlte, alle mit Sperma gefüllten Kondome aussaugen zu dürfen, die sich im Mülleimer befanden.

Bin ich unnormal, weil ich das Normale mag?
Während ich diese Zeilen schreibe wird mir allmählich schlecht. Ich möchte ihnen aber die Realität beschreiben so wie sie tatsächlich ist. Es ist absolut falsch, den Damen die Schuld für dieses Verhalten zu geben. Sie decken nur mit ihrem Angebot die immense Nachfrage ab.
Wenn es nicht diese kranken Subjekte geben würde, gäbe es auch keine Frau, die so etwas anbietet.

Das ganze Land wird überschwemmt von Rumäninnen und Bulgarinnen, die die Preise zerstören und keinerlei Tabus kennen. Oft wohnen die Ehemänner oder Väter in derselben Wohnung oder in einem naheliegenden Hotel, während ihre Frauen oder Töchter den ganzen Tag deutsche Freier ohne Gummi für 20-30 Euro bedienen. Und die Nachfrage ist immens. Die wahren Leidtragenden sind die betrogenen Ehefrauen zuhause, die gar nicht wissen, worein ihr lieber Ehemann seinen Lümmel ungeschützt gesteckt hat. Oral, anal, vaginal mit Reinspritzen. Es ist alles zu haben. Und das für ein ganz bisschen Geld.

Diese Wanderheer, das heuschreckengleich über die Lande zieht, unterzieht sich weder gesundheitlichen Tests noch zahlen sie nur einen einzigen Cent an Steuern.
Die deutschen und polnischen Liebesdamen sind mittlerweile absolut in der Unterzahl und können sich immer weniger gegen die dunkle Übermacht behaupten. Die Preise werden systematisch zerstört und die meisten Freier handeln nach dem Motto: Umso billiger, desto besser!
Zerstören wir mal eben die saubere Fassade von deutschen Spießern und Normalos in Anzügen.

Nehmen wir nur den Sexskandal der Ergo-Versicherung aus

dem Jahr 2007[3].

Die Ergo-Tochter Hamburg-Mannheimer hatte im Juni 2007 ihre freien Mitarbeiter mit der höchsten Erfolgsquote zur Belohnung für gute Geschäfte in die historische Gellert-Therme in Budapest eingeladen. Laut firmeninterner Untersuchung mit von der Partie: „Rund 60 bis 70 Damen für den Abend, davon 20 Prostituierte und weitere 40 bis 50 Hostessen."
Die Budapest-Orgie sei zwar in ihrem Umfang einmalig gewesen, aber eben von der Art her auch nicht außergewöhnlich. Fahrten mit Sex-Hintergrund seien gängiges Belohnungsinstrument bei der Versicherung gewesen.

Oder nehmen wir die VW-Rotlichtaffäre, in der Betriebsräte ausufernde Sexparties mit zahlreichen Prostituierten auf der ganzen Welt feierten.
Damals erhob der Personalmanager Gebauer schwerwiegende Vorwürfe an Eides statt gegen hochrangige Funktionäre.

Große Summen seien damals über "Ersatzbelege" als Spesen abgerechnet worden. Damit seien Dirnen, Fernreisen und "Handgelder" für Betriebsräte sowie einige Manager bezahlt worden, außerdem Schmuck für deren Ehefrauen. Unter den Begünstigten waren den Angaben zufolge auch ein Bundestags- und ein Landtagsabgeordneter, der zugleich VW-Aufsichtsrat sei. Die Vergnügungstouren seien stets an offizielle Termine angehängt worden: „Wir brauchten ja einen Grund, auswärts zu sein." Schließlich seien dafür sogar anonyme Wohnungen eingerichtet worden, weil die Angst aufkam, erkannt zu werden. Zuvor habe der „kleine Kreis der

---

3 Vgl. http://www.stern.de/wirtschaft/news/sex-skandal-der-ergo-versicherung-herr-kaiser-hatte-oefter-bock-auf-lustreisen-1886704.html

Eingeweihten" in solchen Fällen in Fünf- oder Sechs-Sterne-Hotels gewohnt. So habe man im Frühjahr 2002 eine große Indienreise veranstaltet: „Da war der Gesamtbetriebsratsausschuss dabei, plus Hartz (Peter Hartz) und ein paar andere. Das war eine irrsinnig aufwendige Reise, wir sind mit der großen Werksmaschine geflogen." Gelegentlich habe er "an ältere Kollegen" Viagra-Tabletten ausgeteilt, behauptete der Personalmanager Gebauer.

Sie glauben doch wohl nicht allen Ernstes, dass das Ausnahmen sind. Ich kann Ihnen versichern, dass es zum guten Ton in Chefetagen großer Firmen und Anwaltskanzleien gehört, nach wichtigen Meetings oder Zusammenkünften High-Class-Escort-Damen zu organisieren. Des Weiteren ist es weiterhin Usus, dass Kokain vorhanden ist, mit dem sich die Teilnehmer dann selbst "versorgen".
Das weiß ich sowohl von mehreren Damen, als auch von Beteiligten, die mir oft davon schwärmend berichtet haben.

In der europäischen Hemisphäre ist das Gang und Gebe, nur im asiatischen Raum sind Drogen tabu und der Sex wird nicht so plump vollzogen. Dort lernt man eine gewisse Dame bei einem Event kennen, verbringt den Abend mit ihr und nimmt sie dann mit aufs Hotelzimmer.
Ich selbst nehme keinerlei Drogen zu mir und trinke so gut wie nie Alkohol. Dem Sex bin ich natürlich nicht im Geringsten abgeneigt, im Gegenteil. Mir gefällt die käufliche Liebe und das Porno-Image. Ich stehe richtig darauf. Das ist mein Metier. Was mich allerdings richtig stört ist die Tatsache, dass so verlogen damit umgegangen wird. So gut wie jeder Typ kauft sich Frauen, geht in den Puff oder bestellt sich eine Dame ins Hotel. Vom Fernfahrer bis zum Top-Manager. Dem ist so. Punkt!

Hört auf mit Eurer Scheinheiligkeit! Ohne Euch alle würde dieser riesige Wirtschaftszweig gar nicht existieren.

Auch dieses unsägliche Debattieren, dass die meisten Frauen Zwangsprostituierte sind, ist völliger Blödsinn. Die Zeiten sind schon lange vorbei, dass hinter jeder Prostituierten ein Zuhälter oder Menschenhändler steckt. Der Normalfall ist, dass die Frauen sich eigenständig ihre Arbeitsplätze suchen oder Wohnungen anmieten, um dann ihre Werbung zu schalten und ihre Dienste zu verrichten. Natürlich haben viele von ihnen Freunde und sicherlich gibt es auch einige Zuhälter darunter. Die Zeiten sind aber insgesamt vorbei, dass eine deutsche oder polnische Liebesdame mit Schlägen und unter Druck zur Arbeit gezwungen wird.
Das Problem der Zwangsprostitution findet sich jedoch stark in dem Bereich der osteuropäischen Länder. Rumänien, Bulgarien, insbesondere mit Zigeunerhintergrund, aber auch Litauen sind Gebiete, aus denen die Frauen mit Hilfe von Netzwerken nach Deutschland geschleust werden.
Der Boss des Dorfes, der Vater oder Bruder, selbst die eigene Mutter "fördert" die Prostitution der eigenen Tochter.

Die widerwärtigste Ebene der Prostitution findet man in den sogenannten Flatrate-Clubs. In diesen können Freier für einen Tageseintritt von beispielsweise 69,- Euro den ganzen Tag so oft sie wollen mit den anwesenden Damen Sex haben.
Die sich dort anbietenden Damen kommen oft aus den oben genannten Regionen. Der Verdacht liegt in vielen dieser Fälle nahe, dass die Frauen sich nicht freiwillig wie ein Stück Vieh von den sabbernden Freiern besteigen lassen. Am Tag muss eine Frau bis zu 60 Typen über sich rutschen lassen. Das ist widerwärtig und menschenunwürdig. Warum gibt es diese Clubs? Weil für nicht wenige Männer sich so ihr Paradies darstellt.

Die Behörden sollten lieber in diesen Absteigen Kontrollen durchführen. Stattdessen gibt es immer wieder Razzien in exklusiven Saunaclubs. So geschehen in einem großen, sauberen und stilvollen Club in Stuttgart. Dem FKK-Club "Paradise". Der deutsche Besitzer führt diesen Laden schon seit mehr als zehn Jahren. Er ist Chef der größten Bordellkette Europas. Während dieser Zeit musste er an die 50 Razzien über sich ergehen lassen. Rücksichtslos und martialisch wurden diese immer und immer wieder durchgeführt. Gefunden wurde nicht in einem einzigen Fall etwas.

Gefressen und gevögelt wird immer. Das wird sich auch niemals ändern. Der Sexualtrieb ist der stärkste Trieb des Menschen, sichert er doch biologisch gesehen, das Überleben der Menschheit.
Daher sollte die Gesellschaft froh sein, dass es den Industriezweig der käuflichen Liebe und der Pornoindustrie gibt. Ich will nicht wissen, wie viele Vergewaltigungen dadurch verhindert worden sind und noch verhindert werden. Deshalb plädiere ich dafür, den Damen in diesen Bereichen mehr Anerkennung zukommen zu lassen. Es ist fürwahr kein leichter Job und es ist oft an der körperlichen und psychischen Schmerzgrenze, was die Frauen über sich ergehen lassen müssen. Sie sind keine Ware oder kein Stück Fleisch, das man kauft. Sie verkaufen vielmehr in den meisten Fällen eine schöne Illusion und eine besondere Dienstleistung. Und das sollte honoriert werden.

19. Ein paar Fakten zum Thema Prostitution

Prostitution - kaum ein Thema scheint so undurchsichtig und komplex. Sexarbeiter werden gesellschaftlich stigmatisiert,

moralisch verachtet und oftmals pauschal kriminalisiert. Dabei ist Prostitution in Deutschland seit einigen Jahren nicht mehr strafbar.
Bis zum 1. Januar 2002 galt die Prostitution in Deutschland als sittenwidrig. Sie war damit nicht ausdrücklich verboten, aber in der täglichen Praxis lief es de facto auf ein Verbot hinaus - nicht zuletzt wegen der vielen Restriktionen, mit denen die Branche konfrontiert war.
Diese Duldung ist mit dem Inkrafttreten des Prostitutionsgesetzes zu einer Legalisierung geworden.

Im Jahr 1901 entwickelt das Reichsgericht eine Formel für das "Anstandsgefühl aller billig und gerecht Denkenden". Die Prostitution wird im Bürgerlichen Gesetzbuch als sittenwidrig erklärt.
Es gibt Sperrgebietsverordnungen, die die Lokalitäten der Prostituierten regeln. Das Strafgesetzbuch stellt die Förderung der Prostitution unter Strafe. Um die Rechte der Prostituierten ist es schlecht bestellt.

Im Jahr 1965 stuft ein Richterspruch Prostituierte sogar als Berufsverbrecherinnen ein. Bordelle, Nachtclubs oder Callgirl-Agenturen können sich aufgrund der Sittenwidrigkeit ebenso wenig offiziell als Gewerbe anmelden.
Da sich die Freier dennoch nicht von ihrem Wunsch nach sexueller Dienstleistung abhalten lassen, fängt die Branche mit der Verschleierung ihrer Dienstleistungen an.
Eine Callgirl-Agentur zum Beispiel meldet ihr Gewerbe bei den Behörden offiziell als sittlich nicht zu beanstandende Model-Agentur an.
Die Sexarbeiterinnen und ihre Kunden treffen sich unter dem Deckmantel der Verschwiegenheit, das Finanzamt bekommt sein Geld, die Prostituierten aber keine Krankenversicherung.
Mitte der 1990er Jahre setzt ein Umdenken im Umgang mit

Prostitution ein. 1995 gelingt es einer Prostituierten erstmals, das verabredete Honorar gerichtlich einzuklagen.
Mit dem Urteil pflichtet das Gericht der Prostituierten bei, dass Prostitution ein Rechtsgeschäft ist, bei dem man seinen Lohn notfalls auch einklagen kann. Prostitution ist nach dessen Ansicht also nicht sittenwidrig.

Zum 1. Januar 2002 zieht die Bundespolitik nach: Das „Gesetz zur Regelung der Rechtsverhältnisse der Prostituierten" - kurz: Prostitutionsgesetz (ProstG) tritt in Kraft.
Ziel des Gesetzes ist es, Prostituierte aus der Illegalität zu holen, indem man ihre Tätigkeit als sozialversicherungspflichtige Dienstleistung anerkennt.
Rein theoretisch ist die Prostitution seitdem als legale Erwerbstätigkeit anerkannt: Prostituierte können sich nun zum Beispiel als Selbstständige bei den Behörden anmelden und sozial versichern.

Eine Prostituierte untersteht darüber hinaus nicht dem Weisungsrecht ihres Arbeitgebers, das heißt, dass sie laut Gesetz selbst entscheiden darf, ob sie gewisse Kunden oder Sexualpraktiken ablehnt.
Betreiber eines Bordells oder Zuhälter machen sich außerdem nicht mehr strafbar, nur aufgrund der Tatsache, dass sie für Prostituierte sichere Arbeitsbedingungen schaffen.
Praktisch gesehen schafft das Gesetz jedoch keine klare Grundlage zum Umgang mit der Prostitution.

Im Lexikon der Prostitution resümiert Marcel Feige, „dass die Bundesländer das Gesetz unterschiedlich handhaben, Behörden es variierend auslegen, Rechtssicherheiten auf allen Seiten fehlen und nicht zuletzt andere, die Prostitution berührende Gesetze (Sperrgebietsverordnung, Gaststättengesetz, Gesetz über Ordnungswidrigkeiten), vom Prostitutionsgesetz

ausgenommen sind".
Das Familienministerium evaluiert 2007 die Auswirkungen des Gesetzes wie folgt. Die Ziele seien „nur zu einem begrenzten Teil" erreicht worden. Die Liberalisierung habe „keine messbare tatsächliche Verbesserung der sozialen Absicherung von Prostituierten bewirken können." Und: „Für einen kriminalitätsmindernden Effekt" des Gesetzes gebe es „bislang keine belastbaren Hinweise".

Zur Anzahl der Prostituierten in Deutschland gibt es keine zuverlässigen Angaben aus einer Statistik oder auf wissenschaftlicher Grundlage. Eine häufig zitierte Schätzung, die auf die Berliner Prostituiertenberatungsstelle Hydra e.V. zurückgeht, geht von bis zu 400.000 Prostituierten in Deutschland aus. Zum Vergleich: Die Post beschäftigt rund 200.000 Mitarbeiter.
Verdi geht davon aus, dass täglich 1,2 Millionen Kunden die Dienstleistungen von Prostituierten in Anspruch nehmen.

Jährlich werden der Gewerkschaft zufolge über 14 Milliarden Euro mit Prostitution umgesetzt.
Bundesweit gibt es rund 3500 Rotlicht-Etablissements.

Der organisierte Sextourismus mit Kunden aus Asien und den USA blüht. Die sexhungrigen Kunden reisen für einen spottbilligen, Sechs-Tage-Puffurlaub nach Deutschland.
Zum deutschen Alltag beim Geschäft mit der Lust gehören Flatrate-Bordelle - Sex und Drinks, so viel man will und kann, Onlineauktionen, bei denen Sex mit Jungfrauen oder Schwangeren ersteigert werden kann und Prostituierte, die keinen Kunden ablehnen dürfen.

2011 ermittelte die Polizei 640 Menschenhandelsopfer, die sexuell ausgebeutet wurden, knapp 5 Prozent mehr als 2010.

Über die Hälfte (61 Prozent) stammen aus osteuropäischen Staaten, vor allem aus Rumänien und Bulgarien. Aber auch der Anteil der deutschen Opfer ist gestiegen (auf 21,7 Prozent).

56 Prozent aller Opfer von Gewalt in der Prostitution waren 2011 laut Bundeskriminalamt jünger als 21 Jahre.

20. Sachsensumpf

Was sonst noch in diesem Lande möglich ist beziehungsweise war, gibt das Beispiel des sogenannten "Sachsensumpf"[4] wider. Eine schöne Mixtur von Polizei-Rotlicht-Vertuschung. Der sogenannte "Sachsensumpf" ist eine bis heute nicht aufgeklärte Affäre in der hochrangige Persönlichkeiten aus Justiz, Politik, Geheimdiensten u.a. in Kinderprostitution, kriminellen Immobiliengeschäften in Sachsen verwickelt sind. Die vergewaltigten Mädchen wurden als Prostituierte abgestempelt.

An die Oberfläche kam die Affäre nachdem die Polizei am 28. Januar 1993 in Leipzig das Bordell "Jasmin" gestürmt hatte. Dort wurden in den Jahren 1992 und 1993 Minderjährige durch Einschüchterung, Schläge und Vergewaltigung zur Prostitution gezwungen. Zu dem Zeitpunkt schafften in der Wohnung, in einem grauen Altbau in der Merseburger Straße in Leipzig, acht Mädchen im Alter zwischen 13 und 19 Jahren. Darunter Mandy Kopp, die wegen Stress von Zuhause ausgerissen war nachdem zuerst der Vater starb und die Mutter zur Alkoholikerin geworden war. In Leipzig wurde sie auf der Straße aufgegriffen und in eine vermeintliche Mädchen-WG gebracht, die sich als

---

[4] Vgl.http://ueberhauptgarnix.blogspot.de/2012/09/sachsensumpf.html

Bordell entpuppte.
Zu dem was im „Jasmin" geschchen ist schreibt Mandy Kopp später ihrem Buch:

„Während der ersten Zeit im „Jasmin" zwang er mich immer wieder zu sexuellen Handlungen, er vergewaltigte mich, demütigte und schlug mich, wann immer er es für " angebracht" hielt. Wie ein störrisches Stück Vieh, bei dem kein gutes Zureden mehr half, sondern nur noch Gewalt. Irgendwann hörte ich auf, die Schläge zu zählen. Sie verschwanden hinter einem Schleier aus Taubheit und innerer Leere ... [Kugler (Der Bordellbetreiber)] sagte danach: *„Mädchen die nicht funktionieren kosten nur Geld und werden beseitigt."*[5]

Mandy Kopp, eines der Mädchen wurde danach nach Absprachen zwischen Eltern, Polizei und Jugendamt in Süddeutschland in einem Internat und einer Pflegefamilie untergebracht. Aus Sicherheitsgründen durfte sie mit niemandem über das reden was sie erlebt hatte.

Betrieben wurde das Bordell von Martin Kugler der 1994 wegen Menschenhandel in Tateinheit mit Zuhälterei, Förderung der Prostitution und sexuellem Missbrauch von Kindern zu gerade mal 4 Jahren und 2 Monaten verurteilt wurde.
In dem Prozess sagte auch Mandy Kopp gegen Kugler aus. Kugler war im Gerichtssaal anwesend obwohl man ihr zuvor versprochen hatte, dass er nicht da sein würde. Sie meinte auch den Richter als früheren Freier wiederzuerkennen.
Wer die Freier des „Jasmin" waren interessierte die zuständigen Stellen absolut nicht. Fragen dazu finden sich

---

[5] http://www.welt.de/vermischtes/article114286510/Martyrium-der-Zwangsprostituierten-Mandy-Kopp.html

weder in den Vernehmungsprotokollen der Mädchen noch in den Prozessprotokollen.

1989. Steffen Heitmann (CDU - Juristischer Berater der Opposition) stoppt Ermittlungen wegen Verdachts der Strafvereitelung gegen Hein Eggert (CDU). Erst nachdem er sich auch über ein anderes Verfahren berichten ließ und die Informationen an einen Freund im Landtag weitergab wurde er aus dem Verkehr gezogen. Er trat zurück. Der Datenschutzbeauftragte, der die Affäre jedoch aufgedeckt hatte, wurde anschließend mit einem Verfahren überzogen.

Am **17. Oktober 1994** wurde der ehemalige Chefjurist Martin K. der Leipziger Wohnungsbaugesellschaft angeschossen. Er ermittelte wegen der Riemanstraße 52. Die Täter bekamen lebenslänglich. Das Opfer soll laut Täteraussage früher Kunde im „Jasmin“ gewesen sein, was er jedoch bestreitet. Bei der folgenden Überprüfung der Akten wird festgestellt dass beim Verfahren zum Bordell „Jasmin“ nie nach den Freiern gefragt worden ist.

1998. Heinz Faßbender (Journalist) kritisiert in einem Beitrag im ZDF "Kennzeichen D" die Grundstücksmanipulationen bei den sogenannten „herrenlosen Grundstücken" in Leipzig. Am ersten Drehtag wird er bereits laut eigener Aussage „*von einem städtischen Berater und Nutznießer körperlich angegriffen*".

2000. Ehemalige Zwangsprostituierte des „Jasmin“ erkennen bei der Vernehmung durch Polizisten den Ex-Vizepräsidenten des Leipziger Landesgerichtes und ihren Richter im Prozess von 1994, Jürgen Niemeyer als früheren Freier. Außerdem wird von den Frauen Norbert Röger (Staatsanwalt in Leipzig, später Präsident des Chemnitzer Landgerichtes) erkannt. Die Polizisten, welche die Vernehmung durchführten, „wollen" sich später dazu nicht mehr äußern.

18. April 2002. Kurt Biedenkopf (CDU-Ministerpräsident von Sachsen) muss wegen verstärkt auftretender Kritik an seinem Führungsstil und einigen Affären wie z.B. Paunsdorf Center-Affäre und Mietaffäre zurücktreten.

2005. Unter dem damaligen Innenminister Karl Ernst Thomas de Maizière (CDU - heute [2012] Verteidigungsminister) wird auf Basis eines Prüfberichts vom 12. August 2005 die Beobachtung der organisierten Kriminalität durch den sächsischen Verfassungsschutz zwar fortgesetzt aber weder strafrechtliche Ermittlungen durch die Staatsanwaltschaft veranlasst, noch das Parlament informiert. Aus dem Bericht geht offenbar hervor, dass der sächsische Verfassungsschutz bereits im 2. Quartal von sexuellem Missbrauch von Kindern durch namentlich bekannten Leipziger Staatsanwälten und Richtern wusste.

20. August 2005. Der 53-jährige Journalist Peter Hornstadt wird in Weißwasser in Sachsen von mehreren Unbekannten überfallen und lebensgefährlich verletzt. Er wird so stranguliert und verprügelt dass er ins Koma fällt. Er arbeitete u.a. am Thema Schwarzarbeit und Schleuserbanden in mobilen Pflegediensten. Seine Recherchen führten ihn nach Polen, Tschechien und Sachsen. Er soll von seinem Kollegen Heinz Faßbender, der offenbar zuvor in Tschechien bei Recherchen überfallen, gefoltert und lebensgefährlich verletzt wurde über dessen Recherchen zu verschobenen Grundstücken, bereicherten Günstlingen, geschädigte Alteigentümer und Erben, Rotlichtaffären und Kinderprostitution informiert worden sein.

2007. Die Akten des sächsischen Verfassungsschutzes zum Sachsensumpf gelangen an die Presse. Es wird daraufhin von der Staatsanwaltschaft wegen Strafvereitelung gegen Richter Jürgen Niemayer und Norbert Röger (Ex Staatsanwalt in Leipzig, später Präsident eines sächsischen Landgerichts) als mögliche Kunden des „Jasmin" ermittelt.
Drei Frauen des Jasmin identifizieren Niemayer auf Fotos und Norbert Röger wird von 2 Frauen erkannt.
Die Obrigkeit geht sofort zum Gegenangriff über und lässt gegen Verfassungsschützer, Journalisten und Zeugen ermitteln. Dazu werden Bewegungsprofile erstellt, Handy- und Computerdaten ausgewertet. Von externen Spezialisten werden Verbindungen zwischen einem Journalisten und zwei Landtagsabgeordneten der Linken gesucht, welche durch ihre parlamentarische Immunität geschützt sind.

Mitte 2007. Geert Mackenroth (CDU-Justizminister von Sachsen) setzt Wolfgang Eißer (Richter aus Baden-Württemberg) ein, damit er ein "neutrales Auge" auf das Vorgehen der Justiz wirft, die gegen eigene Beamte ermitteln muss.

Sommer 2007. Der Journalist Jürgen Roth berichtet über die Affäre, unterlässt es jedoch offenbar mit betroffenen Personen zu sprechen und muss Aussagen auf seiner Homepage über einen Unternehmer zurücknehmen. Er wird im Frühjahr 2008 zu einer Geldstrafe wegen übler Nachrede verurteilt.
*D*ie Journalisten Arndt Ginzel (Spiegel) und Thomas Datt (Zeit Online) sind die ersten, die mit Mandy Kopp zusammentrafen. Weil sie sich trauten über den Fall zu berichten wurden sie wegen Verleumdung und übler Nachrede angeklagt weil sie in einem Artikel der auf "Zeit Online" erschienen ist, fragten, ob die Polizisten möglicherweise illegal ermittelten und ob sie wegen der Beschwerde des einflussreichen Vizepräsidenten des

Landgerichts unter Druck gerieten. Die Polizisten wollten daraufhin selber keine Anzeige erstatten. Das hat erst ihr Vorgesetzter Horst Wawrzynski (CDU, Polizeipräsident von Leipzig und Oberbürgermeisterkandidat 2011) erledigt.

Januar 2008. Eißler schreibt nach der ersten Vernehmung der "Jasmin"-Mädchen in einer E- Mail an Mackenroth: „Mein Misstrauen gegen die neuen Angaben wurde durch diese Gespräche bestätigt. Man muss sogar befürchten, dass die neuen Aussagen nicht nur manipuliert, sondern "bestellt" worden sind.

2008. In einem Prozess erklären die Ex-Zwangsprostituierten des „Jasmin“, Mandy Kopp und Beatrice E., dass es sich bei den Juristen Niemeyer und Röger um Ex-Freier handelt. Ihrer Bitte um Zeugenschutz wurde zuvor ohne Begründung abgelehnt , so dass ihr Name und Anschrift bekannt wurde. Martin Kugler (der Zuhälter) sagt aus dass man sich mit dem Gericht auf eine milde Strafe geeinigt hat, wenn er keine "schmutzige Wäsche" wäscht. Das widerruft er später. Die Staatsanwaltschaft erklärt die Aussagen der Frauen für unglaubwürdig. Die Beamten, die sich getraut hatten zu ermitteln wurden versetzt. Das Kommissariat K26 wurde aufgelöst. Georg Wehling (Ex-Leiter des K26) bekommt mehrere Verfahren an den Hals und wurde vom Dienst beurlaubt.

Ende April 2008. Die Ermittlungsverfahren gegen Richter Niemeyer und Röger werden eingestellt. Die beiden bekommen vom Freistaat Sachsen Schmerzensgeld.

2009. Der Untersuchungsausschuss des Sächsischen Landtages, dem Akteneinsicht von der Landesregierung weitgehend verweigert wurde, kommt nicht zu einem einheitlichen Ergebnis. CDU und Mövenpickpartei sehen die Vorwürfe als widerlegt an. Grüne und Linke sehen weder Beweise für noch gegen den Sachsensumpf-Vorwurf.

2009. Bei dem vergeblichen Versuch der Aufklärung eines Brandanschlags, der möglicherweise von Linksextremen verübt wurde, werden 1,1 Mio. Datensätze von Mobilanschlüssen abgefragt.

2009. Der Sächsische Rechnungshof deckt einen nicht gerechtfertigten Subventionsvorteil in Höhe von 1 Mio. Euro zu Gunsten der Rechtsanwältin Siglinde B. beim Kauf der Riemannstraße 52, wo Martin K. 1994 ermittelt hatte, auf. Bei dem Deal hatten unterschiedliche Behörden wie das Regierungspräsidium, das Amt für Stadtsanierung und Wohnungsbau und die Sächsische Aufbaubank mitgewirkt. In Dokumenten wird die Zusammenarbeit zur Subventionserschleichung von Martin K. mit Siglinde B. dokumentiert.

23. April 2009. Durch eine Indiskretion wird bekannt, dass die Staatsanwaltschaft Dresden gegen Karl Nolle (SPD - Beteiligt an der Aufklärung von Korruption) wegen Anfangsverdachts auf Korruption ermittelt.

Juni 2010. Im sächsischen Landtag konstituiert sich ein Untersuchungsausschuss zur Untersuchung der sächsischen politischen Landschaft auf Korruption und mafiöse Verstrickungen.

August 2010. Die freien Journalisten Thomas Datt und Arndt Ginzel, welche für Medien, wie Spiegel, Zeit oder ARD arbeiten werden vom Amtsgericht Dresden wegen Verleumdung zu Geldstrafen von je 50 Tagessätzen à 50 Euro verurteilt. Damit sollten zwei Fragesätze, welche in einem Artikel der Zeit aus dem Jahr 2008 erschienen waren, bestraft werden. Das Verfahren sorgte als "Dresdner Journalistenprozess" für Aufsehen. Die beiden Journalisten haben das Urteil nicht anerkannt.

19. Februar 2011. Die sächsische Polizei schöpft nach Ausschreitungen bei einer Demo in der sogenannten "Handy-Affäre" die Daten von mehr als 250.000 Mobilanschlüssen ab.

26. Mai 2011. Ein sächsischer Journalist wollte von einem Richter des Amtsgerichts Weißwasser wissen, ob er nebenberuflich Thailand-Reisen organisiert und sich durch den Begriff "Spezialreisen" von seinen Wettbewerbern abgrenzt. Statt einer Antwort bekommt er einen Strafbefehl, weil er den Richter beleidigt haben soll. Der Begriff "Spezialreisen" soll demnach den Vorwurf beinhalten dass der Betreffende auf dem Gebiet des Sextourismus tätig wäre.

01. August 2011. Im Spiegel erscheint der Artikel „Sachsen, die Härte des Systems".

Oktober 2011. Karl Nolle attestiert der Dresdner Polizei und Staatsanwaltschaft dass dort Rechtsstaat und Verfassung in Teilen völlig aus dem Ruder gelaufen sind.

15. Dezember 2011. Vor dem Amtsgericht Dresden wird der Prozess gegen Mandy Kopp und Beatrice E. wegen Verleumdung eröffnet.

6. März 2012. Das Verfahren gegen Mandy Kopp und Beatrice E. wegen angeblicher Verleumdung beginnt. Der erste Anlauf scheitert jedoch, weil die beiden vor Gericht zusammenbrechen. Der Staatsanwalt bietet ihnen Straffreiheit an, wenn sie öffentlich erklären, sich bei der Identifizierung der Freier geirrt zu haben. Die beiden Frauen bleiben jedoch bei ihrer Aussage und stimmen einer Einstellung des Verfahrens nicht zu. Sie wollen einen Freispruch.

März 2012. Leipzigs Oberbürgermeister Burkhard Jung (SPD) verspricht im Skandal um den fehlerhaften Umgang der Stadt mit sogenannten "herrenlosen Grundstücken" Aufklärung und Schadensersatz. In 565 Fällen hat das Rechtsamt offenbar keine Erbensuche durchgeführt. In 667 Akten wurden Bearbeitungsmängel festgestellt. Die Staatsanwaltschaft Leipzig ermittelt wegen Verdacht auf Untreue.

08. November 2012. Im Prozess gegen Mandy Kopp und Beatrice E. wird den beiden Frauen vom Staatsanwalt Verleumdung vorgeworfen weil sie hochrangige Justizbeamte als Ex-Freier, darunter Jürgen N. (Ex Vizepräsident des Leipziger Landgerichts und heute Anwalt in München) wiedererkannt haben.

13. November 2012. Prozessauftakt in der 12. Strafkammer des Dresdner Landgerichts unter Vorsitz von Richter Martin Schultze-Griebler wegen der Recherchen der Journalisten Thomas Datt und Arndt Ginzel bezüglich dem "Sachsensumpf" in Dresden. Zufällig zeitgleich mit den beiden Zwangsprostituierten, die bei ihrer Aussage bleiben, dass sie hochrangige Leipziger Justizbeamte als Freier wiedererkannt haben.

21. November 2012. Richter Martin Schultze-Griebler erklärt schriftlich in einer „vorläufigen Rechtsauffassung“, dass sich die beiden verfahrensgegenständlichen Artikel „im Bereich der zulässigen Verdachtsberichterstattung" bewegt haben.
Bei dem Verfahren der beiden ehemaligen

Zwangsprostituierten wurde dagegen das Verfahren für 4 Wochen ausgesetzt, weil die beiden Frauen bei der Gegenüberstellung mit ihrem damaligen Bordellbetreiber zusammengebrochen waren. Sie wurden für verhandlungsunfähig erklärt.
Dezember 2012. Die Staatsanwaltschaft von Dresden zieht ihre Revision gegen das in zweiter Instanz ergangene Urteil im Fall der beiden Journalisten Thomas Datt und Arndt Ginzel zurück.

Die Dresdner Staatsanwaltschaft zog ihre Revision gegen das im Dezember 2012 in zweiter Instanz ergangene Urteil zurück.

18. Januar 2013. Die Schwarzgeldregierung ist zu beschäftigt den Speichel von Lobbyisten zu lecken und zu erlauben, dass Kindern Gewalt angetan werden darf und mit dem LeistungsschutzUNrecht die Wünsche von Springer und Co zu erfüllen. Für die Opfer von Menschenhändlern, die oft extrem jung sind und sexuell ausgebeutet werden ist da keinerlei Zeit mehr (Welt).

März 2013. Simone Kroch (Ex-OK-Referatsleiterin - [OK = Organisierte Kriminalität]) im Sächsischen Landesamt für Verfassungsschutz bestätigt als Hauptzeugin im Untersuchungsausschuss des Landtages Hinweise auf das „Bestehen fortwirkender Strukturen des ehemaligen Ministeriums für Staatssicherheit (MfS) in vielschichtiger Verbindung mit Organisierter Kriminalität". Dabei nennt sie die Bereiche Wirtschaft, öffentliche Verwaltung und das Rotlichtmilieu. Es gibt offenbar Anhaltspunkte dafür, „...dass durch Personen aus dem Bereich der OK bewusst und zielgerichtet Situationen der Erpressbarkeit, teilweise in Verbindung mit Bestechung und Korruption..." herbeigeführt werden. Das Ziel lautet bestimmte Personengruppen (z.B. Angestellte, Beamte, Politiker) in „Abhängigkeitsverhältnisse zu bringen". Frau Kroch sieht sich mit Disziplinar- und Ermittlungsverfahren konfrontiert.

10. Marz 2013. Die ehemalige Zwangsprostituierte Mandy Kopp verarbeitet ihr Leben in dem Buch "Die Zeit des Schweigens ist vorbei". Sie hat später geheiratet und zusammen mit ihrem Lebensgefährten in Westdeutschland eine Firma und war im Elternbeirat in der Schule eines ihrer Kinder.

11. Juli 2013. Der Freispruch für beiden Journalisten Thomas Datt und Arndt Ginzel wurde heute rechtskräftig.[6]

Noch irgendwelche Fragen?!

---

[6] Vgl. ebd.

21. Rocker

Laut Definition von Wikipedia[7] bezeichnet "Rocker" im deutschsprachigen Raum die Mitglieder einer ursprünglich aus den USA stammenden, motorradfahrenden Subkultur, welche sich oft in Motorradclubs, sogenannten Motorcycle Clubs (kurz MCs), organisieren.
In Abgrenzung zu anderen Motorradfahrern stellt das Motorradfahren für Rocker Teil eines gesamten Lebensstils dar, der sich oft bewusst von bürgerlichen Normen und gesellschaftlichen Regeln abgrenzt. Die Abgrenzung geschieht unter anderem durch entsprechendes Auftreten, wie zum Beispiel dem Tragen von Lederwesten, den sogenannten Kutten, mit auffälligen Kennzeichnungen in Clubfarben (Colors), Tätowierungen und der Verwendung von provozierenden Symbolen.

International bezeichnen sich Vertreter des entsprechenden Lebensstils als Biker oder Bikies.
Das Wort "Rocker" ist demnach eine rein deutsche Kreation. Nach soziologischer Auffassung waren vor allem aus Kriegen heimkehrende Soldaten nicht in der Lage, sich wieder in das zivile Leben einzufügen, und bildeten sozial geschlossene Randgruppen. In der Literatur werden für diese Gruppenbildung verschiedene Gründe angegeben. Nach Aussagen früherer Rocker, wie zum Beispiel Sonny Barger, einem prägenden Mitglied der Hells Angels, war dies unter anderem dem Wunsch nach fortdauernder Kameradschaft und starkem Zusammenhalt zuzuschreiben. Oft bezeichneten sich die Mitglieder untereinander als „Brother“ (dt. Bruder). Ein verbindendes Element der Gruppen war das gemeinsame

7 http://de.wikipedia.org/wiki/Rocker

Motorradfahren und das dabei empfundene Gefühl intensiver Lebendigkeit und Freiheit.

Als wichtigstes Ereignis für ihr Selbstverständnis und ihr Bild nach außen sehen viele Rocker heute die Vorgänge beim Motorradtreffen in Hollister am 4. Juli 1947, dem sogenannten „Hollister Bash".

Tatsächlich gab es bei diesem Motorradtreffen Auseinandersetzungen zwischen Mitgliedern verschiedener Gruppen und der Polizei, die aber nach heutigen Maßstäben als harmlos gelten müssten. Selbst damals machten weniger die Bürger von Hollister und die Polizei als vielmehr die Presse den „Hollister Bash" zum Ereignis. Vor allem ein gestelltes Bild im Life-Magazine erregte großes Aufsehen. Es zeigt einen betrunkenen Biker auf seiner Harley, umgeben von Bierflaschen. Die „American Motorcyclist Association" (AMA) soll nach den Ereignissen von Hollister erklärt haben, nur „ein Prozent" der Motorradfahrer sei an den Unruhen beteiligt gewesen, während sich 99% der Motorradfahrer anständig verhalten hätten. Die AMA dementierte 2005 gegenüber der deutschen Zeitschrift Bikers News, diese Nachricht je herausgegeben zu haben. Die Legende von der 99 %-Erklärung wurde aber schon kurz nach den Ereignissen für wahr gehalten. Daraus leitet sich heute der Begriff des „one-percenter 1 %" ab, für jemanden, der kompromisslos nach den Ideen der Rockerszene lebt – mit der entsprechenden Gewaltbereitschaft. Und obwohl sich das Auftreten der Rocker und ihr Bild in der Öffentlichkeit seit den 1950er-Jahren immer wieder verändert hat, sind die damaligen Ereignisse und vor allem ihre mediale Aufbereitung bis heute prägend für den Mythos vom gewaltbereiten Rocker, der seine Freiheit über alles liebt und dabei jenseits aller bürgerlichen Normen lebt.

Einige der ursprünglich nur lose organisierten Motorradfahrer schlossen sich im Laufe der folgenden Jahre bestehenden Clubs an oder gründeten neue. 1948 entstanden die Hells Angels, zunächst in und um San Bernardino (Kalifornien), die heute einen der weltweit bekanntesten Rockerclubs darstellen.

In Deutschland wurden MCs, wie sich die Gruppen nach dem englischen „motorcycle club" auch selbst nennen, ab den 1960er-Jahren gegründet, meist von hier stationierten amerikanischen Soldaten, oder zumindest von ihnen inspiriert. Die deutsche MC-Szene wurde infolge des Zeitgeistes der späten 1960er- und frühen 1970er-Jahre schnell sehr vielfältig. Dies konnte sich die Szene bis in die späten 1990er-Jahre bewahren. Dadurch, dass dann große deutsche MCs zu Unterabteilungen amerikanischer MCs wurden, nahm die Vielfalt stark ab. So wurden im November 1999 die Chapter (regionale Untervereine) des „Bones MC" zu Chartern des „Hells Angels MC Germany" und der („gelbe") Ghostrider's MC wurde zum Bandidos MC.

Die Mitglieder eines MCs verstehen sich als *„brothers"* und fühlen sich einander stark verpflichtet. Daher bestehen Clubs im Allgemeinen auf einem restriktiven Aufnahmeverfahren. MCs verlangen eine Anwartschaft oft in mehreren Stufen, die sich über mehrere Jahre hinziehen kann. Der Ablauf dieser Anwartschaft ist bei den großen Clubs sehr ähnlich. Interessierte Anwärter werden als *Hangaround* bezeichnet und allenfalls geduldet, sie gelten als Anhänger des Clubs. Aus ihnen rekrutieren sich die „ernsthaften" Anwärter auf eine Mitgliedschaft, die als *Prospect* bezeichnet werden. Diese Anwartschaft dauert unterschiedlich lange, kann aber zwei oder mehr Jahre betragen. Nach Ablauf der Anwartschaft können sie Vollmitglieder (engl. *member*) werden oder sie werden ausgeschlossen. Nach Auffassung der MCs soll dies sowohl für den Club selbst als Probe dienen als auch dem Anwärter Bedenkzeit geben, um die komplexen Beziehungen innerhalb eines MCs einzuschätzen und zu entscheiden, ob er sich darauf einlassen will. Diese lange Probezeit, die mit vielen Restriktionen einhergeht, dient der Sicherstellung, dass sich das Neumitglied nicht nach zwei Jahren ein „neues Hobby" sucht. Denn als entscheidendes Bindeglied von Clubs gilt das lebenslange zueinander Gehören und Stehen.

Viele Motorradclubs, die auf eine lange Tradition zurückblicken und dessen Member nach eingeschworenen Werten wie Freiheit, Ehre, Respekt, Zuverlässigkeit und Treue leben, müssen zwangsläufig einer jeden Staatsform ein Dorn im Auge sein, deren Grundwerte eher Konformität, Angepasstheit und Spießertum sind.

Als "Spießer"[8] werden in abwertender Weise engstirnige Personen bezeichnet, die sich durch geistige Unbeweglichkeit, ausgeprägte Konformität mit gesellschaftlichen Normen und Abneigung gegen Veränderungen der gewohnten Lebensumgebung auszeichnen.

Diese Definition trifft auf einen nicht geringen Prozentsatz der Bürger dieses Landes zu.

Der deutsche Staat hat sich schon immer dadurch ausgezeichnet, besonders gründlich, formal und sicherheitsorientiert zu sein.

Das spiegelt sich in der Vorgehensweise und in dem Verhalten seiner Behörden wieder. Polizei und Staatsanwaltschaften vollziehen in vorzüglicher Form das, was man als "bürgernah" und gleichzeitig "rockerfern" bezeichnen kann.

Ein Mann, geschweige denn eine Gruppe von Männern, die nach ihren eigenen Regeln und nach alten Werten leben, sind für einen "modernen" Sicherheitsapparat wie die Bundesrepublik Deutschland untragbar. Seitens des Staates wird nämlich angenommen, dass diese Gruppe gegen den Staat steht und demzufolge auch gefährlich ist.

---

8 Vgl. http://de.wikipedia.org/wiki/Spießbürger

Dass diese Männer zwar nach ihren eigenen Regeln leben bedeutet aber nicht zwangsläufig für sie, dass sie gegen den Staat oder seine Gesetze sind. Besser gesagt, wollen diese Männer so wenig Staat wie möglich, denn sie wollen so frei wie möglich leben. Je mehr Staat, desto mehr Gesetze, Unterwerfung und Einschränkungen.

Die heutige Gesellschaft braucht ein Tierschutzgesetz, Kinderschutzgesetz und Gesetze gegen den sexuellen Missbrauch von Kindern. Und selbst diese Gesetze reichen nicht aus, all dieses Unheil zu verhindern oder einzudämmen. Die kranken Subjekte leben unter uns und frönen ihren abartigen Vorlieben oder perversen Gelüsten.

Motorradclubs werden bundesweit einheitlich in drei Kategorien (A, B, C) eingeteilt, wobei es sich bei der Kategorie C um die so genannten OMCG (Outlaw Motor Cycle Gangs) handelt, zu deren eigenem Selbstverständnis das Handeln nach eigenen, selbstverfassten Regeln außerhalb des Gesetzes (Outlaw) gehört.

Diese Beschreibung stammt von einer Polizeisprecherin, die gleichfalls im selben Tenor auch von zahlreichen Innenministern gepflegt wird.

Was für "eigene" Regeln außerhalb des Gesetzes sollen das denn bitte sehr sein?

Dass die Frau eines Bruders absolut tabu ist? Das der Handel mit Drogen zum Ausschluss führt? Das Pädophile mit Verachtung angesehen werden und sich nicht in der Nähe eines Clubs blicken lassen sollten? Dass ein Wort einzuhalten ist? Dass man nicht zurück weicht, wenn man angegriffen wird? Das Ehrlichkeit zählt und Loyalität?

Natürlich sind Rocker auch nur Menschen und genau so, wie man auf den Toiletten des Bundestages Spuren von Kokain entdeckt hat, so gibt es auch Verfehlungen in den Kreisen der Rocker. Diese werden dann allerdings auch angemessen geregelt. Das wissen die Beteiligten aber auch vorher und wenn eben einer die Frau eines Bruders anfasst, fliegt er raus. Und wahrscheinlich auch im "bad standing".

Wer mit der Polizei redet oder genauer gesagt, eine Aussage macht, wird ebenfalls rausgeschmissen. Aber wer will schon mit einem Verräter weiterhin Umgang pflegen?

Dein Bruder hat zwar nicht immer Recht, aber er ist und bleibt dein Bruder! Oder würden Sie irgendein Familienmitglied verraten oder gegen dieses aussagen? (mit Ausnahme eines Sexualverbrechens, aber dieses Thema habe ich ja einige Zeilen vorher schon beantwortet.)

Dies ist keine Willkür, sondern größtenteils auch Eigenschutz. Schutz der Gruppe und Schutz des Einzelnen. Wer nämlich mit der Polizei redet, kann sich sicher sein, dass alles was er sagt, nicht nur gegen ihn verwendet wird, sondern dass sich die "Kriminalisten" auch ihre Wunschversion zusammenstellen.

Die Polizisten sind in diesen Fällen nun mal kein Freund oder Helfer, sondern schlichtweg Totengräber, die nichts anderes wollen, als den oder die Rocker zu überführen oder einzubuchten.

Die Dämonisierung der Rocker heutzutage, könnte nicht ohne die Kettenhunde des Bürgertums, nämlich gewissen Teilen unserer "Presse" erfolgen. Tumb, sensationshaschend und künstlich Panik erzeugend werden Schlagzeilen wie „Eskalation des Rockerkriegs", „Rocker zwangen Prostituierte zu Schönheits-OPs", „Rocker-Kampf wegen Bonner Edel-Huren?" rausgehauen.

Wer glaubt denn allen Ernstes einen derartigen Blödsinn? Alleine schon der Begriff "Rockerkrieg". In einem Krieg sterben täglich unzählige Menschen. In den letzten Jahren gab es eine Handvoll Todesopfer zwischen den großen Clubs in Deutschland. Jedes dieser Opfer war ein Toter zu viel, das steht außer Frage, aber man kann doch beim besten Willen nicht von einem Krieg sprechen.

Im Laufe eines Tages gibt es bei der Deutschen Bundesbahn in deren Zügen um die dreißig Körperverletzungsdelikte.

Im Jahr 2012 gab es in Deutschland 281 Mordopfer. Kein einziges davon stammt aus einer Auseinandersetzung zwischen den großen Motorradclubs!

Laut Wikipedia waren im Jahr 2010 nach Eigenangaben des Motorradclubs 18 Hells Angels inhaftiert. Geht man von einer Mitgliederzahl von ca. 800 aus, dann sind das ungefähr knapp über 2 Prozent.

Trotzdem sind die großen Clubs für den Staat das personifizierte Böse und Grauen. Es wird ständig über ein bundesweites Verbot gesprochen. Wenn man sich jedoch diese Zahlen anguckt, erkennt man sofort, dass hier etwas ganz bewusst dramatisiert und zum Politikum gemacht wird.
Will man stattdessen von anderen Problemen ablenken?
Was haben denn beispielsweise und angeblich das Hells Angels Charter Mallorca und Ulli Hoeneß gemeinsam? Richtig, der Vorwurf der Steuerhinterziehung in mehrfacher Millionenhöhe. Im Falle der Hells Angels ist der Aufschrei der Empörung riesengroß und täglich werden neue Schreckensnachrichten verbreitet. Bis zu 23 Jahre Haft sollen dem angeblichen Anführer drohen.
Bei Uli Hoeneß stellt sich der Aufsichtsrat geschlossen hinter ihn und deutsche Weltfirmen wie Adidas, Telekom und Volkswagen stützen den Präsidenten des FC Bayern München Uli Hoeneß, der wegen Steuerhinterziehung angeklagt worden ist.
Dazu kann man in Deutschlands größtem Tageblatt lesen, dass der FC Bayern zu seinem Präsidenten hält. Der Aufsichtsrat veröffentlichte bereits kurz nachdem die Anklage publik wurde eine Stellungnahme: „Der Aufsichtsrat der FC Bayern München AG ist einvernehmlich der Meinung, dass Uli

Hoeneß das Amt des Aufsichtsratsvorsitzenden trotz der nun erfolgten Eröffnung des Hauptverfahrens weiter ausüben soll." In dem Schreiben deutet der Aufsichtsrat auch an, bei einer Verurteilung zu Hoeneß halten zu wollen. By the way: ist das nicht auch ein Verhalten gemäß dem Motto „Dein Bruder hat nicht immer Recht, aber er ist und bleibt dein Bruder!"? Dieses Mal in der bürgerlichen Welt angewandt.
Gleichsam war mit absoluter Sicherheit davon auszugehen, dass Uli Hoeneß zwar verurteilt würde, aber mildernde Umstände ihm eben diese erleichtern würden. Ganz egal, dass laut BGH ab 1 Million Euro hinterzogener Steuern eine Gefängnisstrafe ohne Bewährung droht. Bei Hoeneß soll es sich um 3,2 Millionen Euro hinterzogene Steuern handeln. Diese Summe soll durch Börsenzockerei zusammengekommen sein und lag auf einem Schweizer Konto. Besondere Milderungsgründe lagen auch nicht vor, denn Hoeneß soll die Selbstanzeige erst gestellt haben, nachdem er davon Wind bekommen hat, dass die Zeitschrift "Stern" bereits an der Aufdeckung arbeitete.

Aber auch der damalige Postchef Zumwinkel musste keinen Tag hinter Gitter sitzen obwohl auch er 1 Million Euro Steuern aus schlichter Gier hinterzogen hatte.
Das ist Deutschland. Das Land in dem mit zweierlei Maß gemessen wird und in dem sich seit dem Mittelalter nichts gravierendes geändert hat. Der Adel und seine Netzwerke funktionieren weiter und das moderne Ausbeuten des Volkes und der unteren Stände wird heutzutage durch Finanzamt und Steuerschätzungen durchgesetzt. Eine Krähe hackt bekanntlich einer anderen kein Auge aus.
Hinter den Kulissen kennen sich die Beteiligten oder zumindest ist man gemeinsam in Netzwerken, die durch Kungeleien und Gefälligkeiten bewirken, dass jemand mit dem Namen Zumwinkel oder Hoeneß ein anderes Strafmaß zu erwarten hat.

Christoph, ein Russe mit dem ich zusammen in Dortmund einsaß, bekam 9 Jahre für millionenschweren Zigarettenschmuggel.

Auch der Limburger Protz- und Prunkbischof Tebartz-van Elst muss keine strafrechtliche Verfolgung fürchten. Die gegen den Bischof eingegangenen Strafanzeigen ergäben „...keinen strafrechtlichen Anfangsverdacht", sagte der Leitende Oberstaatsanwalt Michael Sagebiel dem Magazin "Focus". Tebartz-van Elst stand seit Wochen in der Kritik. Grund dafür waren vor allem die hohen Baukosten für den neue Limburger Bischofssitz in Höhe von mindestens 31 Millionen Euro. Ursprünglich war ein einstelliger Millionenbetrag veranschlagt worden. Nach Bekanntwerden der Kostenexplosion waren mehrere Strafanzeigen wegen des Verdachts der Untreue gegen den Bischof eingegangen.
Zuvor hatte das Amtsgericht Hamburg das Strafverfahren gegen den Bischof wegen eidesstattlicher Falschaussage eingestellt.[9] Im Gegenzug muss Tebartz-van Elst aber eine Geldstrafe von 20.000 Euro zahlen. In der presserechtlichen Auseinandersetzung mit dem Magazin "Spiegel" ging es um Äußerungen des Bischofs zu einem Erste-Klasse-Flug nach Indien.
Ich führe diese Fälle exemplarisch an, weil sie den Widerspruch und die Heuchelei des Systems widerspiegeln. Der Staat und die Gesellschaft bestimmen die Norm und gleichzeitig Moral und Regeln. Scheinheilig und doppelmoralisch.

Ihr könnt Euren Staat und eure Gesellschaft gerne für Euch behalten, denn ein freier Mann, der wertcorientiert und

---

9 http://www.faz.net/aktuell/politik/verfahren-wird-eingestellt-bischof-tebartz-van-elst-muss-20-000-euro-zahlen-12669697.html

unangepasst ist, kann und wird sich nicht eingliedern und seine Überzeugung opfern.

22. Die moderne Hexenjagd

Der Staat und die Medienlandschaft haben mittlerweile wieder eine neue Art von Staatsfeinden:
Die Rocker.
An ihnen wird eine moderne Hexenjagd betrieben, die scheinbar gezielt und ausgeklügelt vollzogen wird. Dies fängt an mit dem systematischen Aufbau eines neuen Feind- und Schreckensbild für die Gesellschaft, also dem normalen Bürger und seiner Familie.
Glaubt man den Behörden und den Medien, so müssten die großen Clubs wie Hells Angels und Bandidos insgesamt für das gesamte Rotlichtmilieu, den Drogenhandel, die Schutzgelderpressung und den Waffenhandel und aller sonst noch damit einhergehenden Straftaten verantwortlich sein.
Gebiete werden "abgesteckt", Türen vor Diskotheken werden "eingenommen", damit dann hinter diesen der Drogenhandel beherrscht wird. Denn wer die Tür hat, hat die Macht im Club.
Das klingt ja regelrecht nach Krieg.
Wenn dem tatsächlich so ist, wo sind dann die riesigen Drogenfunde? Wo sind all die unzähligen Waffen und die großen Bargeldsummen?

Alle großen Clubs werden systematisch abgehört, observiert, beschattet und die Polizei setzt alles daran, verdeckte Informanten zu gewinnen oder einzuschleusen.
"Bei den Rockergruppierungen handelt es sich um Organisationen mit einem typischen Erscheinungsbild der Organisierten Kriminalität. (...) Der Geldbeschaffung dienen

Schutzgelderpressungen sowie Waffen- und Betäubungsmittelhandel."
Innenministerium Bayern
In der "Beschreibung" fehlt allerdings die ausbeuterische Prostitution und Zwangsprostitution.
Wenn man die sogenannte "Schreckensherrschaft" der großen Rockerclubs genauer analysiert und hierzu auch offizielle Statistiken und Kriminalitätslagebilder heranzieht, so kommt man ganz einfach zu der Erkenntnis, dass das Thema schlichtweg künstlich aufgebauscht wird.
Die großen Rauschgiftgeschäfte werden von ganz anderen Tätergruppen begangen. Auch sonst sind andere ethnische Gruppierungen in den Bereichen der Organisierten Kriminalität tätig.

Auszüge aus dem Lagebild der Organisierten Kriminalität aus dem Jahr 2011:
Über die sogenannten Outlaw Motorcycle Gangs steht dort in der Regel, dass aktuell eine deutliche Expansion sowohl der tradierten OMCG's als auch der Unterstützerszene (sog. „Supporterclubs") festzustellen sei. So hat sich im Berichtsjahr die Anzahl der Charter und Chapter des Hells Angels MC und des Bandidos MC bezogen auf die letzten fünf Jahre verdoppelt. Ziel dieser offensichtlich gesteuerten Entwicklung ist neben der Ansiedlung in milieutypischen Tätigkeitsfeldern auch die sichtbare Präsenz in Regionen, Städten bzw. Stadtteilen, die nicht zuletzt der Demonstration von Macht und Einfluss dient. Konflikte um geografische
Räume und lukrative Geschäftsfelder werden dabei oft mit Gewalt ausgetragen.

Die Tätigkeit von Rockern in der Türsteherszene und im Rotlichtmilieu dokumentiert eine Nähe zu kriminalitätsnahen Handlungsfeldern, die Personen aus der Rockerszene immer

wieder in den Fokus der Dienststellen zur Bekämpfung der OK geraten lassen.
Und wo sind da jetzt die schwerwiegenden Straftaten? Die Tätigkeit von Rockern in der Türsteherszene und im Rotlichtmilieu dokumentiert eine Nähe zu kriminalitätsnahen Handlungsfeldern. Na und? Irgendeiner muss den Job ja wohl machen, damit Millionen von braven Familienvätern, Richtern, Steuerberatern, Apotheker und Polizisten schön der käuflichen Liebe frönen können.

Jeden Tag gibt es neue Horrormeldungen von Razzien und Kontrollen. Bei diesen Kontrollen werden dann auch tatsächlich mal zwei Klappmesser und sogar mal eine Sturmhaube gefunden. Unglaubliche Funde!

Ich kann mich noch gut an das Bild aus den Medien erinnern, als eine Polizistin während einer Razzia den Plastiknachbau eines Sturmgewehres aus dem Clubhaus eines großen Motorradclubs heraustrug.
Das Teil war eine Attrappe aus Kunststoff und konnte natürlich nicht schießen!

Können Sie sich erinnern, dass in den Medien in den vergangenen Monaten einmal über russische Tätergruppen, italienische Mafia, große Drogenringe oder die unsägliche Überschwemmung des Rotlichtmilieus von rumänischen und bulgarischen Frauen berichtet wurde? Nein? Ich auch nicht. Diese Themen sind aber keineswegs nicht existent, ganz im Gegenteil. Es ist aber nicht genehm, über diese Dinge zu berichten.

Es muss ein Feindbild her, das leicht zu identifizieren ist und das als gefährlich und bedrohlich eingestuft wird.
Rocker leben nach ihren eigenen Regeln und tragen ihre eigene

Kleidung, die nach außen hin für den Normalbürger wie eine martialische Uniform aussieht.
Nach eigenen Regeln zu leben bedeutet aber nicht, die Gesetze des Staates nicht zu beachten.
Es handelt sich vielmehr um alte Werte wie Ehre, Zuverlässigkeit, ein Mann ein Wort, Loyalität, die in der Tat in der normalen Gesellschaft keinen großen Stellenwert mehr besitzen.
Wenn sich aber innerhalb eines Staates eine Gemeinschaft von Männern zusammenschließt, die in einer Art Uniform nach ihren eigenen Regeln leben will, so ist dies dem Staat natürlich ein schmerzender Dorn im Auge. Dieses Phänomen gilt es, mit allen Mitteln zu bekämpfen.
Abhören, observieren, kontrollieren, durchsuchen, schikanieren, zermürben, Festnehmen, Einsperren, Verurteilen, Verbieten.
Der normale Verlauf ist, dass nachdem eine Straftat begangen wurde, die Polizei Beweise sammelt und diese dann nach sorgfältiger Bewertung zu einer Anklage oder einer Einstellung des Verfahrens führen. Bei sogenannten "Strukturermittlungen", wie sie bei den Motorradclubs durchgeführt werden, gilt das Motto: „Die Täter haben wir schon und die Tat werden wir noch finden."

Strukturermittlungen finden nicht nach begangenen Straftaten statt, sondern werden durchgeführt, weil den Rockern unterstellt wird, dass sie eben kriminell sind.

Die Krönung der Strafverfolgung gipfelt dann in den sehnlichst erhofften Paragraphen **129 StGB** (Bildung krimineller Vereinigungen). Es ist der Wunsch eines jeden Innenministers, diesen Paragraphen bei einem Rockerclub anzuwenden. Er lautet wie folgt:

(1) Wer eine Vereinigung gründet, deren Zwecke oder deren Tätigkeit darauf gerichtet sind, Straftaten zu begehen, oder wer sich an einer solchen Vereinigung als Mitglied beteiligt, für sie um Mitglieder oder Unterstützer wirbt oder sie unterstützt, wird mit Freiheitsstrafe bis zu fünf Jahren oder mit Geldstrafe bestraft.

Es soll nicht unerwähnt bleiben, dass dieser Paragraph eine Erfindung des Faschismus ist. Er wurde im Dritten Reich eingeführt, um den Strafverfolgungsbehörden Beweiserleichterungen zu gewährleisten. Der Nachweis einer individuellen Straftat war nicht mehr erforderlich, sondern die Unterstützung einer kriminellen Vereinigung war ausreichend. Und das waren damals Kommunisten oder andere Gruppen, die dem Regime missfielen.

23. Der Präsident ist tot

Es gehört sich nicht, über Tote ein schlechtes Wort zu verlieren. Außerdem liegt mir das ohnehin fern. Ich gebe deshalb nur den Artikel der lokalen Zeitung wider, die über die Beerdigung von J. M. berichtete, der in meinem Buch "Treibjagd" mit "Brummbär" gemeint war.

Er war Heiligabend 2012 in Folge einer geplatzten Bauchspeicheldrüse gestorben.

Das Westfalenblatt berichtete am 7.1.2013 folgendes:
1000 Hells Angels nehmen Abschied[10]

Präsident J. M. stirbt mit 44 Jahren – Klubmitglieder geleiten Sarg zum Sennefriedhof – keine Zwischenfälle
Geleit für den B-Städter Präsidenten der Hells Angels:

Knapp 1000 Mitglieder des Motorrad- und Rockerklubs aus Deutschland, Europa und
den USA haben am Samstag mit einer Trauerfeier Abschied von J. M. genommen. Der
Präsident der B-Städter Ortsgruppe (Charter) des Klubs war Heiligabend im Alter von 44
Jahren nach langer schwerer Krankheit gestorben. Von zehn Uhr an trafen die Trauergäste, darunter mit Frank Hanebuth aus Hannover auch einer bekanntesten deutschen Hells Angels, im Vereinsheim an der Erpestraße in Ummeln ein. Dort wurde die Abschiedszeremonie abgehalten und der weiße Sarg des Verstorbenen aufgebahrt. Im Anschluss an die Trauerfeier hievten Hells-Angels-Mitglieder den Sarg, den die Buchstaben AFFA zierten, auf einen offenen, schwarzen Pickup. Die Initialen stehen für »Angels Forever, Forever Angels«. In einem Motorrad- und Autokonvoi geleiteten die Rocker J. M zum Sennefriedhof, wo der Verstorbene im Krematorium eingeäschert wurde. Die Urne soll diese Woche beigesetzt werden. Die Hells Angels hatten im Vorfeld eine Sondergenehmigung für den Konvoi beantragt.
Die Polizei begleitete die Rocker auf der Route von Ummeln

---

10 Vgl. http://www.rockerportal.de/rp/content.php?2365-Hells-Angels-nehmen-Abschied-vom-Bielefelder-Präsidenten

bis nach Senne über die Erpe-, Brockhagener, Steinhagener, Ummelner, Karl-Triebold-, Friedrichsdorfer, Brink- und die Friedhofstraße. Die Beamten verzeichneten keinerlei Zwischenfälle. »Alles verlief friedlich und völlig entspannt«, sagte Einsatzleiter Heinz-Jürgen Flügge dem WESTFALEN-BLATT.

J. M., der wegen seiner breiten, platten Nase den Spitznamen »NasenJ.« trug, war vor gut einem Jahr in die Schlagzeilen geraten. Der ehemalige Polizist Tim K. aus Detmold hatte den Hells-Angels-Präsidenten in seinem Buch »Treibjagd – vom Cop zum Outlaw« als V-Mann der B-Städter Polizei dargestellt – und damit aus Sicht der Hells Angels als einen Verräter. J. M. aus Bad Salzuflen, der in Rockerkreisen als eine der Führungspersönlichkeiten galt, verklagte Tim K. daraufhin wegen Verleumdung und gewann den Prozess. Nach Ansicht des B-Städter Landgerichts hatte Tim K. die Persönlichkeitsrechte des Hells-Angels-Präsidenten verletzt. J. M. sei in dem Buch als »Nasenbär« bezeichnet worden und damit identifizierbar. Zudem sei nicht bewiesen, dass er ein V-Mann sei, argumentierte das Gericht. J. M. hatte die Behauptung damals mit einer eidesstattlichen Versicherung bestritten.

Die Hells Angels, die in mehr als 30 Ländern vertreten sind, richten sich nach eigenen Angaben nach vier Werten: Ehrlichkeit, Zuverlässigkeit, Respekt, Freiheit. Tatsächlich aber werden sie immer wieder mit Straftaten in Verbindung gebracht, unter anderem mit Gewalt und Drogendelikten, Schutzgelderpressungen und Prostitution. In einigen Städten wurden die Klubs verboten. In Pforzheim müssen sich von heute an zehn Mitglieder und Sympathisanten des inzwischen verbotenen Hells-Angels-Clubs »Borderland« vor Gericht verantworten. Sie sind wegen gefährlicher Körperverletzung,

Landfriedensbruch und Bildung bewaffneter Gruppen angeklagt. Die B-Städter Untergruppe des 1948 in den USA gegründeten Motorrad- und Rockerklubs, die seit knapp fünf Jahren besteht, gilt hingegen als unauffällig. Einen Nachfolger für J. M. haben die Hells Angels unterdessen schon gefunden. Dominik N. soll dem Vernehmen nach als neuer Präsident den B-Städter Charter leiten.

24. Ein Kopfgeld, das beschämt!

Wie ich nach der Beerdigung aus verschiedenen Kreisen erfuhr, durfte ich mich mittlerweile auch zu einem besonderen Kreis der Auserwählten zählen. Der Kreis derer, auf die angeblich ein Kopfgeld ausgesetzt wurde. Dieser Kreis bestand aus Bad Boy Ulli, Tom P. und mir.

Auf die beiden sollte angeblich seitens der Hells Angels ein Kopfgeld ausgesetzt worden sein. Belege oder gar Beweise gibt es dafür natürlich keine.
In meinem Fall soll es sich bei den Auftraggebern um einen kleinen Kreis von engen Freunden des "Nasenbären" gehandelt haben, die mich für sein Ableben verantwortlich machten. Seit meinem Buch "Treibjagd" hätte sich "Nasenbär" nur noch sinnlos besoffen und exzessiv die Nase gepudert, was dann irgendwann zu seinem gesundheitlichen Zusammenbruch geführt hätte.
Ich kann und werde das nicht beurteilen.

Auf Bad Boy Ullis Kopf soll ein hohes Kopfgeld ausgesetzt worden sein, weil er gegen seine ehemaligen Brüder bei der Polizei ausgesagt hat und mit der Staatsanwaltschaft einen Deal aushandelte, der ihn in das Zeugenschutzprogramm verhalf.

Des weiteren schrieb Bad Boy Ulli das viel verkaufte Buch "Höllenritt", in dem er über sein Leben bei den Hells Angels auspackt.
In der ersten Zeit nach seiner Aussage hatte er Personenschutzklasse eins, die höchste Stufe. Im Februar 2008 wurde der Polizeischutz eingestellt.

Von dem Mordauftrag gegen ihn erfuhr er, nachdem er zusammen mit seiner Schwester aufs Polizeipräsidium in Kassel bestellt wurde. Zwei Beamte teilten ihnen mit, dass in Frankfurt führende Hells Angels beschlossen hätten, ihn ermorden zu lassen. Es wurde auch bereits das Kopfgeld ausgezahlt. Diese Infos sollen von einem V-Mann stammen, den die Polizei bei den Angels etabliert hatte.

Ich meine zu wissen, um wen es sich dabei gehandelt hat.
Die Leute, die den Mordauftrag ausführen sollen, sind laut Polizei zwei Russen, die bei der Speznas-Sondereinheit waren. Der andere ist Tom P. Ebenfalls ein Buchautor, der das Buch „Der Racheengel - Ich bin der Kronzeuge gegen die Hells Angels", geschrieben hat.
Thomas P. weiß, wie es sich anfühlt, wenn der mächtigste Rockerclub Deutschlands den eigenen Kopf will. 500 000 Euro ist seiner angeblich wert. Dies erfuhr er vom LKA. Nach einem ebenso feigen wie brutalen Überfall mit anderen Hells Angels auf Bandidos im Jahre 2006 wurde Thomas P. 2008 festgenommen und hat in der Untersuchungshaft über seine Kollegen ausgepackt. Er bekam zwei Jahre Haft auf Bewährung. Seit 2008 befindet sich P. in einem Zeugenschutzprogramm des niedersächsischen Landeskriminalamtes.

Natürlich freute ich mich nicht darüber, dass ich damals auch zu diesem "erlauchten" Kreis gehörte. Bad Boy Ulli und Tom P.

sind Verräter, die sich durch ihre Aussagen Straferleichterung und Schutz erkauft hatten.
Womit es mich jedoch erfüllte ist einfach gesagt: mit Beschämung!

Den Grund dafür möchte ich nachfolgend erklären.
Ich hatte bereits zuvor schon von Mordplänen gegen mich erfahren. Die Angels aus B. waren in dieser Hinsicht auch nicht gerade diskret, wenn man bedenkt, dass einer von ihnen lautstark und in aller Öffentlichkeit in einem Möbelhaus erklärte, dass "man den Bullen schlachten würde!"
Eben dieser Angel wurde danach auch aus dem Club geworfen. Er hatte ganz "brüderlich" die Frau eines anderen Bruders gevögelt.
Ebenfalls verirrten sich Droh-SMS auf mein Handy. Abgeschickt von einer öffentlichen Telefonzelle. Der Wortlaut war auch in ihrem Fall eindeutig: Wir vergessen Dich nicht, usw.
Dann wurde aus Szenekreisen berichtet, dass bereits ein Kopfgeld auf mich ausgesetzt worden wäre.
Dies wurde irgendwann auch von einem engen Vertrauten bestätigt, der genau dieses im Rahmen der Beerdigung von John M. (Namensänderung durch den Autoren) erfahren hatte.
Der Grund für das Kopfgeld war eindeutig: Ich war an dem Tod des Angels-Präsidenten aus B-Stadt schuld. Nachdem mein Buch erschienen sei, hätte John M. schwer daran zu knacken gehabt. Seitdem wäre er nicht mehr der selbe gewesen. Er habe sich nur noch betrunken und zugekokst, was zur Folge gehabt hätte, dass seine gesundheitliche Situation sich rapide verschlechtert und letztendlich zu seinem Tod geführte hätte.

Es liegt mir fern gegen einen Verstorbenen nachzutreten oder schlecht zu schreiben, deshalb lasse ich dieses einfach unkommentiert.

Was ich jedoch nicht unkommentiert lasse, ist die Höhe des Kopfgeldes, welches bereits gesammelt worden wäre. Haltet euch fest: 10000,- Euro! In Worten: Zehntausend Euro!
Als ich diesen Betrag hörte, wusste ich nicht, ob ich lachen oder weinen sollte. Das war nun wirklich beschämend!
10.000,- Euro? Entschuldigt, aber das ist ja ein regelrechtes "Hartz4- Kopfgeld".

Es stellt sich mir ohnehin die Frage, wie man ein solches Kopfgeld beurteilen oder verstehen soll. Ist das eine „öffentlich-verbale Ausschreibung"? Meldet sich dann jemand darauf? Anders kann ich es mir nicht erklären. Wozu ruft man ein Kopfgeld aus? Warum tut man es nicht selber?
Ich muss zugeben, dass ich von vielen Seiten mehrmals gewarnt worden bin, dass "er" (John M.) irgendwann kommen würde. Damit habe ich aber immer gerechnet.
Aus einer gesicherten Quelle, von einem damaligen engen Vertrauten von ihm, wurde mir dann auch im Nachhinein nochmal bestätig, dass "Nasenbär" mich tatsächlich beseitigen lassen wollte. Entweder persönlich oder durch andere.
Als er dann aber gegen mich vor Gericht zog und die Öffentlichkeit herstellte, wusste ich, dass er niemals kommen würde.

Schon eigenartig. Wenn ich in seiner Lage gewesen wäre und an dem ganzen V-Mann-Verdacht wäre in Wirklichkeit nichts dran gewesen, dann hätte ich laut aufgelacht und den ganzen Schwachsinn als guten Scherz abgetan. Irgendwann später hätte ich mich dann um den "Verleumder" gekümmert, denn Rache wird bekanntlich kalt serviert. Aber nichts dergleichen. John M. zog vor Gericht. Die Gründe dafür, wie ich sie sehe, habe ich bereits dargelegt.
Es ist nicht so, dass ich die Morddrohungen gegen mich damals nicht ernst genommen hätte. Sie brachten mich aber auch nicht

um den Schlaf.
Heutzutage sehe ich es absolut gelassen. Wer meint kommen zu müssen, der soll kommen. Ganz gleich aus welchem Antriebsgrund.

25. Kommt bald die gelbe Armbinde für Rocker?

Gestern waren es Menschen anderen Glaubens, heute sind es Menschen mit einer anderen Lebenseinstellung. Sie hatten und haben eines gemeinsam: Sie gelten für den Staat als nicht gesellschaftskonform.

Vier Jahre sind vorbei und das Volk hat wieder neu gewählt. Die große Koalition aus CDU/CSU und SPD hat bereits den Koalitionsvertrag aufgesetzt und die Rocker haben es auch hinein geschafft.
Und so steht es im Vertrag:

Vereinsrecht verschärfen

Die Passage zu Rockern im Koalitionsvertrag lautet: „Rocker-Clubs bieten einen Deckmantel für vielfältige Formen der Schwerkriminalität, wie z. B. Menschenhandel und Drogengeschäfte. Dieser organisierten Kriminalität kann durch den Entzug der Privilegien des Vereinsrechts entgegen getreten werden.

Wir werden dazu das Vereinsrecht verschärfen, die

Verbotsfolgen bei Rockergruppierungen verstärken und bei Verboten jegliche Neugründung in den betroffenen Städten und Kreisen ausschließen. Die Kennzeichen verbotener Rockergruppen dürfen von anderen Gruppierungen im Bundesgebiet nicht weiter genutzt werden."

Schon der Anfangssatz ist mehr als fragwürdig, unterstellt er doch Straftatbestände in einer Verallgemeinerung und die Organisierte Kriminalität insgesamt.
Was aber noch bedeutender für die Szene werden könnte, sind die Auswirkungen eines Chapter-Verbotes auf andere Chapter, wie im letzten Satz geregelt, in dem es heißt, dass die "Kennzeichen verbotener Rockergruppen (...) von anderen Gruppierungen im Bundesgebiet nicht weiter genutzt werden (dürfen)." Das dürfte übersetzt heißen, dass das komplette Colour, sofern in einem Bundesland verboten, von allen anderen Chaptern nicht mehr getragen werden dürfte.
Dies käme bereits einem bundesweiten Clubverbot gleich.
Die Polizei-Gewerkschaft GdP begrüßt selbstverständlich den Vorstoß. Klar, dass dies dem Polizeistaat mehr als gefällt.

Die Politik habe endlich erkannt, dass es sich bei den großen Rockerclubs um Organisierte Kriminalität handeln würde und nicht um Motorradfahrer, so ein Sprecher des blau-weißen Clans.
„Das Verbot einzelner Niederlassungen der Rocker-Clubs ist grundsätzlich ein sinnvolles Instrument. So zerschlagen wir Strukturen, aber damit sind die Kriminellen noch längst nicht weg", sagt ein Gewerkschaftssprecher. Schon bedenklich, wenn universell alle Member als Kriminelle gebrandmarkt werden.
Doch man müsse die Rocker dort treffen, wo es wirklich weh tue: beim Geld. Hier könne das Vereinsrecht tatsächlich helfen, so ein GdP-Sprecher weiter. „Wenn ein Verein verboten wird,

wird das Vereinsvermögen eingezogen. Wenn ich den Rocker-Clubs dic 'Kriegskasse' wegnehme, schwäche ich sie erheblich." Bislang erschwere die Gesetzeslage dies jedoch. Findet die Polizei bei einer Razzia im Rocker-Milieu mehrere Millionen Euro Bargeld, muss derzeit der Staat nachweisen, dass es sich um Geld aus illegalen Quellen handelt. Gelingt dies nicht, darf das Geld nicht eingezogen werden.„Daher fordern wir im Bereich der organisierten Kriminalität eine Umkehrung der Beweislast". Künftig sollten Rocker nachweisen müssen, dass ihr Geld legal erworben wurde. Derlei Gesetzesänderungen hätten in Italien bei der Bekämpfung der Mafia schon sehr geholfen.

Kriegskasse? Millionen Euro Bargeld? Italien? Mafia? „Was erlaube Strunz?"

Spaß beiseite. Wenn es nicht so ernst wäre, dann müsste man wirklich über diese überdimensionale Panikmache lachen. Inzwischen werden Rockern auch schon normale Bürgerrechte abgesprochen.
Member bestimmter Rockerklubs sind nach Urteilen des Bayerischen Verwaltungsgerichtshofs waffenrechtlich „unzuverlässig" und dürfen somit keine Waffe besitzen oder tragen. Führende Mitglieder bestimmter aktiver Klubs seien auch dann ungeeignet, wenn sie selbst bisher strafrechtlich nicht in Erscheinung getreten seien, teilte das höchste Verwaltungsgericht in Bayern mit.
Entscheidend war für das Gericht die Zugehörigkeit der Klubs zu den „Outlaw Motorcycle Gangs".
Als Türsteher sollen "Rocker" bald auch nicht mehr arbeiten dürfen.
Das neue bundesweite Prostitutionsgesetz, das in den nächsten Wochen verabschiedet werden soll sieht ähnliche Regelungen vor. Rocker und deren Angehörige sollen in Zukunft keine

Bordelle mehr führen können. Über Entziehung der Fahrerlaubnis aufgrund charakterlich-sittlicher Mängel wurde auch schon in bestimmten Fällen diskutiert. Dreht die Politik jetzt vollkommen durch?
Die Vorreiter für die neuen "Nürnberger Rockergesetze" werden vermutlich derzeitig schon in Australien geschmiedet.

Das Parlament des australischen Bundesstaates Queensland behandelt einen strengen Gesetzentwurf, der sich gegen die Bikergangs richtet, denen Gewalt und Drogenhandel vorgeworfen werden.
Als Strafe für einige Verbrechen soll das Motorrad des Angeklagten vernichtet werden.
Die Gesetzgeber wollen den Bikern verbieten, in großen Gruppen zu fahren, die Farben ihrer Bikerclubs in der Öffentlichkeit zu tragen und Tatoostudios zu besitzen.
Die verurteilten Gangmitglieder sollen in spezielle Gefängnisse gebracht werden, wo sie 24 Stunden in ihren Zellen gehalten werden. Dieses Gesetz wird weltweit am strengsten sein, sagte Premier des Bundesstaates Campbell Newman.

Pinke Häftlingsanzüge statt schwarze Rockerkluft: Inhaftierte Mitglieder von Motorradclubs sollen zusätzlich mit rosafarbener Kleidung bestraft werden. Premierminister Campbell Newman verwies auf positive Erfahrungen in US-Gefängnissen, wo die schweren Jungs aus der Rockerszene mancherorts bereits Rosa tragen müssen.

„Das sind Rabauken. Sie tragen gerne furchteinflößende Klamotten, Lederjacken, haben Tätowierungen und ihre Erkennungsfarben", begründete Newman den geplanten Verzicht auf die traditionell olivgrüne Häftlingsmontur. „Wir wissen, wie peinlich es ihnen sein wird, Pink zu tragen."
Bikern drohen nun 15 Jahre Gefängnis zusätzlich zu jeder

verhängten Haftstrafe.
In Victoria ist es der Polizei erlaubt, Befestigungsanlagen und Videoüberwachung von Clubhäusern zu entfernen.[11]

Und wenn diese Art von Gesetzen dort jetzt schon eingeführt werden, ist es nur noch eine Frage der Zeit bis sie auch hier zu Lande kommen.
In Übersee will man diese Entwicklung aber nicht so einfach hinnehmen.
Tausende Motorradfahrer haben an einer über ganz Australien verteilten Protestveranstaltungen gegen die Anti-Rocker-Gesetze in Queensland teilgenommen, die sie für eine Beeinträchtigung der Rechte aller gesetzeskonformen Biker halten.

Gabriel Buckley, der Organisator der Protestveranstaltungen in Queensland sagt, das Gesetz schade allen Bürgern. „Manch einer ist auf seinem Arbeitsweg dreimal angehalten worden. Mittlerweile können wir uns gut vorstellen, warum sich diese Jungs gegen die Regierung auflehnen."

Um Druck auf Rockergruppen auszuüben wurde beispielsweise ein Gesetz verabschiedet, dass Mitglieder der geächteten MCs nicht mehr in Gruppen von mehr als zwei Personen unterwegs sein dürfen.

Pedro Pederson von der "Brothers Twin Group" sagt: „Wir fahren, um Geld für die Kinder zu erwirtschaften, um verschiedene Schulen zu unterstützen. Warum macht uns die Regierung da einen Strich durch die Rechnung? Wie sollen wir unsere Charity Runs jetzt durchführen können?"

---

[11] Vgl. http://de.sputniknews.com/german.ruvr.ru/news/2013_10_15/Australien-Queensland-schlagt-Gesetz-gegen-Rocker-vor-4718/

Der Ministerpräsident von Queensland, Campell Newman, verteidigt sein Gesetz damit, dass bereits mindestens 10 kriminelle Rocker verhaftet worden seien, seit es verabschiedet wurde.

„Trotzdem uns die Gesetze als zielgerichteter Schlag gegen organisierte kriminelle Banden verkauft wurden, sind sie so breit auslegbar verfasst, dass sie gegen so gut wie jede Gruppe anwendbar sind," reklamiert Buckley.

Travis Windsor von der Australischen Motorrad Handelskammer hob gleichfalls hervor, die gesamte Hysterie habe ökonomische Auswirkungen. "In Queensland gibt es ca. 1500 Unternehmen, die von Motorradfahrerbedarf leben. Wir sprechen von etwa 1 Milliarde AUS $ (entspricht etwa 673 Millionen Euro, der Autor) Gesamtumsatz und etwas mehr als 10 000 Arbeitsplätzen. Seit der Verabschiedung der Gesetze würde ein Verlust von etwa 5 Millionen AUS $ wöchentlich beziffert worden.

Newman bleibt bei seiner unnachgiebigen Haltung in der Angelegenheit.
„Diese Gesetze sind gegen Banden. Banden die Drogen herstellen und an Kinder verkaufen. Banden die für eine Unmenge an Leid und Elend in unserer Gesellschaft verantwortlich sind. Kein gesetzestreuer Motorradfahrer muss sich über diese Gesetze den Kopf zerbrechen. Diese Gesetze sind hart, aber sie sind angemessen."[12]
Eine ungefähre oder ähnliche Formulierung und Bewertung konnte man vermutlich auch schon vor 60 Jahren von damaligen Funktionären in Deutschland hören.
Wehret den Anfängen!

[12] http://de.sputniknews.com/german.ruvr.ru/news/2013_10_15/Australien-Queensland-schlagt-Gesetz-gegen-Rocker-vor-4718/

Auf der einen Seite reißerisch agierend und auf der anderen Seite fromm wie ein Lamm, parteiisch und passiv.

Zuerst wollte die Journaille den Rockern rechtsradikale Tendenzen unterstellen und dann kritisiert eben diese den hohen Anteil von Rockern mit Migrationshintergrund. Diese wären noch gefährlicher und unberechenbarer.
Der Staat in Form seiner Staatsanwälte heuchelt ständig ein Gutmenschen-Denken der Öffentlichkeit vor.

Auf der Grundlage des Rechts würde man objektiv und neutral ermitteln und anklagen.
Eine Doktorarbeit einer Juristin der Technischen Universität Dresden kam zu einem anderen durchaus interessanten Ergebnis. Für ihre Doktorarbeit untersuchte sie 120 Straftaten in Sachsen, die vom Landeskriminalamt als eindeutig rechtsmotiviert eingestuft worden waren. Nur in 15 Fällen wurde der rechte Tathintergrund in das Urteil einbezogen; häufig unterschlugen bereits die Staatsanwälte eine mögliche nazistische Motivation der Täter. In einem Fall wurde ein schwarzer Jugendlicher als „dreckiger Nigger" und „schwarzes Vieh" beschimpft und mit einer Bierflasche verletzt. In der Anklage spielte das mutmaßlich rechte Motiv keine Rolle, obwohl die Angreifer der Polizei als Mitglieder der rechten Szene bekannt waren.

Das sind die Fakten. Trotz hartem Durchgreifen auf der einen Seite bleiben Polizei und Staatsanwälte auf dem anderen Auge blind.
Die Mixtur aus Polizei und Staatsanwaltschaft kommt meiner Ansicht nach in vielen Fällen einer kriminellen Vereinigung gleich. Lügen, betrügen, unterschlagen und manipulieren.
Wenn aber einer oder eine der Ihrigen betroffen ist und diese Tat nicht schon im Vorfeld unter den Tisch gefallen lassen werden konnte, so wird freigesprochen oder mit besonderer Milde geurteilt.

Die Richter am Landgericht Verden (Niedersachsen) mussten entscheiden ob es Mord aus niedrigen Beweggründen war?

Eine Polizistin vor Gericht. Sie hatte ihr Neugeborenes mit einer Schere erstochen. Sie schwieg, wollte sich erst am nächsten Verhandlungstag äußern.

Das schreckliche Geschehen wurde rekonstruiert:

Am 10. Juli 2010 brachte die Polizistin heimlich einen Jungen zur Welt. Dafür schlich sie sich nachts im Haus, das sie mit ihrem Verlobten bewohnt, ins Gästezimmer, legte Fußboden und Bett mit Tüchern aus.

Nach der Niederkunft schnitt sie mit einer Schere die Nabelschnur durch, brachte dann das Neugeborene mit geschlossener Schere um. Die anklagende Staatsanwältin beschrieb die Tat so, dass die Polizistin ruckartig auf ihr Baby eingestochen habe.

Anschließend legte sie das Neugeborene in eine Plastikschale und versteckte es unter dem Gästebett.

Fünf Tage später holte sie den Leichnam raus, wickelte das tote Baby in ein Drahtgeflecht und beschwerte es mit einem Stein.

Dann stopfte sie es in ihren Rucksack, fuhr mit dem toten Kind auf dem Rücken mit ihrem Motorrad zu einem Seitenarm eines Flusses. Dort grub sie es mit bloßen Händen am Ufer ein.

Noch am selben Tag soll sie sich ihrem Verlobten offenbart haben. Er brachte sie zu ihrer Dienststelle in Rotenburg. Ihre Chefin brachte sie zur Staatsanwaltschaft. Dort machte die Polizistin eine 30-minütige Aussage.

Laut Anklage habe sie ihren „bis dahin hohen Lebensstandard" nicht habe einschränken wollen. „Sie hatte Sorgen, nicht mehr voll arbeiten zu können", sagte die Staatsanwältin.

Die Polizeibeamtin hatte sich gerade erst einen Ford Mustang Cabrio angeschafft. Sie hatte Angst, mit einem Kind aus finanziellen Gründen auf ihr Cabriolet, ihr Motorrad und eine geplante Reise mit ihrem Verlobten nach Frankreich verzichten zu müssen.

Die Frau soll die ungewollte Schwangerschaft überall geleugnet haben.

Auch soll das Kind nicht von ihrem Verlobten stammen, sondern von einem Ex-Freund.

Im Fall einer Verurteilung drohte der Frau eine lebenslange Haftstrafe.

Sie wollen wissen was dieser Teufel in Frauengestalt für ein Urteil bekommen hat?

Viereinhalb Jahre Haft wegen Totschlags in einem minderschweren Fall!

Das Landgericht Verden sah es als erwiesen an, dass die junge Frau das Kind im Juli 2010 nach einer verdrängten Schwangerschaft in ihrem Haus im niedersächsischen Scheeßel tötete. Ursprünglich angeklagt worden war die junge Frau wegen Mordes. Doch niedere Beweggründe wurden während des Prozesses nicht deutlich, sodass auch die Staatsanwaltschaft auf Totschlag plädiert hatte.

Vielmehr ging der Vorsitzende Richter, wie er in seiner Urteilsbegründung sagte, davon aus, dass die Polizeibeamtin Angst hatte, ihren Freund zu verlieren. Er war nicht der Vater des Kindes. Warum sie aber aus „persönlich und wirtschaftlich geordneten Verhältnissen“ heraus eine solch schwerwiegende Tat beging, blieb am Ende offen. Die Familie der jungen Frau hatte auch nach der Tat zu ihr gestanden und im Zuschauerraum die Verhandlung verfolgt.

Noch bevor das Kind da war, habe sie beschlossen, es zu töten, gab der Richter seine Einschätzung wieder.

Die Angeklagte hatte angegeben, womöglich sei sie beim Durchtrennen der Nabelschnur mit der Schere ausgerutscht. Sie könne sich aber an die Situation nicht mehr erinnern. Doch das Gericht schloss einen Unfall aus. „Es gab keine

Rettungsbemühungen". Das Baby war durch einen Stich in den Bauch gestorben.

Anschließend hatte die Angeklagte sämtliche Spuren der Geburt beseitigt und das Kind, eingewickelt in ein Handtuch und eine Plastiktüte, unter dem Bett verstaut. Am nächsten Tag ging sie zusammen mit ihrem Freund auf eine Geburtstagsfeier. Zeugen sagten aus, sie sei an dem Abend „wie immer" gewesen. Später versteckte sie den Leichnam in einer Katzenbox in der Abstellkammer, vier Tage nach der Geburt fuhr sie mit dem Motorrad und dem toten Kind im Rucksack zu einem Seitenarm der Wümme und vergrub dort die Leiche.

Als sie zu ihrem Freund nach Hause zurückkehrte, brach sie zusammen und erzählte alles. Beide gingen zur Polizei. Das Geständnis und die Selbstanzeige der Angeklagten wirkten sich strafmildernd aus, sagte der Richter. Andernfalls wäre die Tat nie ans Licht gekommen. Sie habe Reue gezeigt und sei „glaubwürdig erschüttert, über das, was sie getan hat". Zudem habe die Tat schwerwiegende berufliche Konsequenzen. „Sie wird ihren Beamtenstatus verlieren", sagte der Richter.

Die Verteidigung kündigte Revision an. Sie hatte auf eine Bewährungsstrafe wegen Körperverletzung mit Todesfolge plädiert. Der Haftbefehl wurde aufgehoben. Es bestehe keine Fluchtgefahr, sagte der Vorsitzende Richter. Vermutlich werde sie nur noch zwei Jahre absitzen müssen. „Das ist ein relativ überschaubarer Rahmen", sagte der Richter. Auch hier gilt scheinbar „Gleiches Recht (nicht) für alle." Der Haftbefehl wurde aufgehoben!

Im Falle eines Präsidenten der Hells Angels Reutlingen, der angeblich einen Gastwirt mit einem Hammer bedroht und Geld von diesem gefordert haben soll, weil einer seiner Freunde in dessen Kneipe schwer verletzt wurde, erfolgt die sofortige Festnahme und U-Haft. Standesgemäß mindestens 6 Monate.

Die Erklärung der Verteidigung: Auslöser der Aktion sei eine Auseinandersetzung in einem Lokal Mitte April 2014 gewesen, bei der ein Nicht-Hells-Angel schwerste Verletzungen „durch Tritte und Schläge" davontrug und "nur durch eine Notoperation gerettet werden konnte". Dieses Opfer sei regelrecht "zerlegt" worden. Der Präsident, sowohl mit diesem Opfer als auch mit dem Wirt befreundet, wurde „um Vermittlung zwischen den beiden gebeten", so sein Anwalt. Bei der Suche nach Ausgleich sei weder gedroht worden noch ein Hammer oder ähnliches im Spiel gewesen, versicherte der Anwalt: „Die Suche nach der Wahrheit" will die Verteidigung auf dieser Gegenerklärung basieren.

Auch im Falle des Hells Angel Präsidenten Frank Hanebuth wurde eine martialische Festnahme durchgesetzt und die sofortige U-Haft angeordnet. Die Anklagepunkte sind vielseitig aber was am Ende davon übrig bleibt wird sich zeigen. Wie lange er im spanischen Gefängnis auf seine Verhandlung warten muss steht in den Sternen.

Frank Hanebuth wurde der Auftrag eines Bombenanschlages auf einen "Geschäftsmann" vorgeworfen. Dieser sollte dazu dienen, ihn dazu zu bewegen, betrügerisch erworbene Gelder zurückzuzahlen.

Einige Zeit später wurde dann der mutmaßliche Bombenleger gefasst.

Die Staatsanwaltschaft Traunstein ließ einen 51-jährigen Österreicher mit Wohnsitz in Deutschland verhaften. Er soll im März den Anschlag auf eine Angehörige eines angeblichen Anlagebetrügers in Herrsching am Ammersee verübt haben. Unter dem Auto der Frau waren ein Brandsatz und eine Bombe deponiert worden; zur Explosion kam es nicht. Der Brand wurde schnell entdeckt und gelöscht. Die Aktion wird als Einschüchterungsversuch gegen Christian H. gewertet, der mit der Firma APL Tausende Anleger um insgesamt rund 138 Millionen Euro gebracht haben soll. Spanische Ermittler hatten die Rockertruppe Hells Angels der Tat verdächtigt. Der nun verhaftete Österreicher hat allerdings laut Staatsanwalt Andreas Miller „rein gar nichts" mit den Rockern zu tun. Der Verdächtige habe sich bislang nicht zu den Vorwürfen geäußert.

„Rein gar nichts" mit den Rockern zu tun!

Ich kann mich noch gut an die Schlagzeilen der Presse erinnern:

Frank Hanebuth: Hells-Angels-Boss soll für Bombenanschlag verantwortlich sein[13]

---

[13] Vgl. http://www.spiegel.de/panorama/justiz/hells-angels-hanebuth-soll-fuer-bombenanschlag-verantwortlich-sein-a-930490.html

Drohungen, Messerangriffe, Briefbombenattrappen: Spanische Ermittler werfen Hells-Angels-Boss Frank Hanebuth vor, Angehörige und Geschäftspartner eines mutmaßlichen Millionenbetrügers terrorisiert zu haben. Dabei wurde in Bayern sogar ein Sprengsatz unter ein Auto montiert.

Der Vollständigkeit halber, bei einem anderen "Geschäftsmann", mit dem die geprellten Anleger mit Hilfe der Angels angeblich ihr Geld zurückbekommen wollten, handelt es sich um einen gewissen Jürgen Prinz zu Hohenlohe. Der saß 2012 neun Monate in Palmas Gefängnis, weil er zusammen mit seiner Frau Beatriz zig Anleger mit einem Schneeballsystem um rund neun Millionen Euro betrogen haben soll. Mit Hilfe der Hells Angels haben einige der Geschädigten offensichtlich versucht, ihr verlorenes Geld, das sie in Steuerparadiesen wie Dubai oder Gibraltar vermuten, zurückzuholen.

In beiden Fällen, ganz egal ob Rockerbeteiligung oder nicht, ist im Gegensatz zu den anderen beiden Fällen, der eine folgt zugleich, kein Mensch ums Leben gekommen.

Im Falle des Gastwirtes in Reutlingen handelt es sich vielmehr um einen Mann mit einem langen Vorstrafenregister. Er genießt inzwischen das Zeugenschutzprogramm und lebt auf Staatskosten.

Wie unser Rechtsstaat aber bei "seinen" Leuten tickt und verfährt erfahren sie jetzt zum erneuten Male.

Gericht verurteilt Polizisten wegen Totschlag

Im Prozess gegen einen Berliner Polizisten, der in der Silvesternacht 2008 den Kleinkriminellen Dennis J. im brandenburgischen Schönfließ erschossen hatte, ist am Sonnabend das Urteil gesprochen worden. Der Beamte wurde zu zwei Jahren Gefängnis auf Bewährung verurteilt. Das Landgericht Neuruppin sah den Vorwurf des Totschlags in einem minderschweren Fall als erwiesen an. Der damals 36 Jahre alte Kommissar habe bedingten Tötungswillen gehabt, sagte der Richter bei der Urteilsverkündung.

Die Staatsanwaltschaft hatte in dem Verfahren am Landgericht Neuruppin drei Jahre und sechs Monate Haft für den Angeklagten gefordert. Nach Ansicht der Ankläger hat sich der Beamte des Totschlages in einem minderschweren Fall schuldig gemacht. Die acht Schüsse des Polizisten auf den 26-jährigen Straftäter seien nicht gerechtfertigt und unverhältnismäßig gewesen. Der Mann habe nicht in Notwehr gehandelt, sondern aus einem übersteigerten Verfolgungsdrang.

Was genau passierte, konnte das Gericht auch deswegen nicht klären, weil die brandenburgischen Polizisten Spuren der Kollegen schlecht sicherten. Nach den Schüssen durften die drei Berliner Polizisten stundenlang alleine zusammensitzen - und sich womöglich absprechen. Ein Anwalt der Familie beklagte ein „Gefühl der Ohnmacht bei den Bürgern, weil Sie sich gegenseitig decken".

Für eine solche Anklage und Rechtsprechung muss man sich

schämen. Umso größer ist mein Stolz, gegen Euch zu stehen!

26. Der Verdacht erhärtet sich

Ein Schwerstkrimineller, der möglicherweise ein V-Mann war? Ein Mord, der bis heute ungesühnt blieb, weil möglicherweise ein Unschuldiger dafür im Gefängnis sitzt? Was geschah wirklich im Sommer 2005, als ein Mann mit Kopfschüssen regelrecht hingerichtet wurde? Es macht den Anschein, als wenn sich alles irgendwann aufklären wird. Dafür benötigt es aber immer eines Anstoßes. Und dieser sollte kommen.

„Die Lüge braucht die Stütze der Staatsgewalt, die Wahrheit steht für sich alleine."

Es scheint doch noch Wunder zu geben. Und auch bei der Polizei gute und anständige Charaktere, die möglicherweise nicht mit ihrem Gewissen vereinbaren können, wenn Ungerechtigkeit, Lügen und Vertuschung am Ende doch siegen sollten. Anders ist es nicht zu erklären, was aus heiterem Himmel geschah.
Eines Tages meldete sich Rechtsanwalt Ahrend telefonisch und berichtete mir von einem anonymen Schreiben, welches in seine Kanzlei gesendet wurde und an ihn persönlich adressiert war. Das Schreiben wird im Folgenden identisch wiedergegeben.

Sehr geehrter Herr "Ahrend",

mit großem Interesse habe ich das Enthüllungsbuch "Tim K." gelesen, indem Sie den Autor als Mandanten seinerzeit

vertreten haben.
Warum melde ich mich bei Ihnen?
Ich finde es extrem wichtig, dass in die Machenschaften der hiesigen Polizeibehörde, im Bereich V-Leute und Strafvereitelung, Licht gebracht wird.
Es ist Ihnen hoch anzurechnen, dass sie, als ehemaliger Vertreter dieser Behörde, den Mut haben, auf diese z.T. ungeheuerlichen Missstände, hinzuweisen.
Der richtige Ansprechpartner für Sie ist, in diesem Fall, Herr C. B.
Dieser wurde 2009 in einem spektakulären Indizienprozess, vom Landgericht B-Stadt, wegen Mordes verurteilt.
Seit dieser Zeit arbeitet er mit seinen Anwälten an einer Wiederaufnahme des Verfahrens.
Was hat dies mit Ihnen zu tun?
Einer der engsten Freunde des Herrn B. ist der "Nasenbär", Herr J. M. aus B.S.
Beide kennen sich seit fast 20 Jahren. Herr B. und Herr M. haben zusammen an unzähligen Straftaten teilgenommen, die zum Großteil bis heute nicht bekannt sind.
Herr B. war dabei eher der Kopf, der Planer - Herr M. das Werkzeug.
Ohne Herrn B. wäre Herr M. z.B. 1999 nie an die 60.000,- DM gekommen, die er für seine Harley benötigte, die in L. gebaut wurde.
In dem Mordverfahren wurden Hunderte von Zeugen vernommen und auch geladen.
Leiter der Mordkommission war Herr R. Ö. Raten Sie mal, wer gedeckt wurde? Wer wurde nicht einmal vernommen? Wer war massiv vorbestraft und gegen wen liefen gemeinsame Ermittlungsverfahren mit Herrn B.?
Richtig! Herr M.! Er hat kein Alibi für die Tatnacht. Er hat ebenfalls mit dem Mordopfer Straftaten begangen, was bis heute nicht bekannt ist.

Herr B. wurde von den Behörden regelrecht vorgeführt und verkauft.
Es gibt also zwei Leute, die wissen, dass Herr M. ein V-Mann ist. Dies schon seit mindestens 2005!
Versuchen Sie mit Herrn B. in Kontakt zu kommen. Sie könnten so zwei Dinge auf einen Schlag klären.
Die Machenschaften der Polizei- und Ermittlungsbehörden aufdecken und eine unschuldige Person aus der Haft holen.
Viel Glück und weiter so.....

Das Schreiben war weder unterschrieben noch datiert. Rechtsanwalt Ahrend, der selber noch über sehr gute Kontakte zu einzelnen Personen innerhalb der Polizei verfügte, nahm umgehend mit diesen Kontakt auf und recherchierte jedes einzelne Detail des Schreibens nach.

Er kam zu dem Ergebnis, dass alles vollkommen passte und übereinstimmte. Ich selber konnte mich daran erinnern, dass Toni mir erzählte hatte, dass die Maschine von "Nasenbär" damals einmal 30.000,- Euro gekostet habe. Also passten sogar die 60.000,- DM in dem Schreiben.
Summarisch kamen wir unausweichlich zu dem Schluss, dass es sich bei dem anonymen Absender des Schreibens um einen Polizeibeamten handeln musste, dem selber die Methoden und Verfahrensweisen einer kleinen Gruppe von eingeweihten Polizisten zuwider war. So wie es aussah, schien es sich möglicherweise um einen unglaublichen Polizeiskandal zu handeln, den es in der Geschichte Deutschlands noch nicht einmal annähernd jemals so gegeben hatte.

Eine kleine Gruppe von hochrangigen Spezialermittlern mit Kontakt zu einem wichtigen aber schwerstkriminellen V-Mann bei den Hells Angels, decken diesen in einem Mordverfahren und lassen zu, dass ein Unschuldiger eine lebenslange

Haftstrafe dafür absitzen muss.
Unglaublich, unvorstellbar und unfassbar sind die Begriffe die einem jeden dazu einfallen.

Aber ebenso unfassbar ist auch die Geschichte, die ich zu erzählen habe und alles deckt sich mit dem Verdacht, den ich ursprünglich aufwarf und wegen dem ich mundtot gemacht werden sollte.
Ich stach in eben dieses Hornissennest und sollte deswegen bis zu 15 Jahre hinter Gitter!
Aber irgendwann kommt die Wahrheit immer ans Licht.

Rechtsanwalt Ahrend nahm umgehend Kontakt mit dem verurteilten "Mörder" auf. Auf einmal ging alles sehr schnell und schon einige Zeit später besuchte er ihn in der JVA B-Stadt-Brackwede, in der er seine lebenslange Haftstrafe absitzt.

Als Rechtsanwalt Ahrend ihm wortlos das Schreiben über den Tisch im Besucherraum schob und Carsten B. es gelesen hatte, kam dieser aus dem Staunen nicht mehr heraus. Er war wie versteinert und seine Augen feucht. Mehr als verständlich wie ich meine. Man stelle sich nur einmal vor, unschuldig wegen Mordes lebenslang einzusitzen und auf einmal kommt "aus heiterem Himmel" ein Rechtsanwalt, der einem so einen Brief vorlegt. Es muss ihm vorgekommen sein wie ein Wunder. Ein Wink des Schicksals.

Von dem Tag an besuchte Rechtsanwalt Ahrend den Inhaftierten daraufhin öfter und erwarb mehr und mehr sein Vertrauen. Nach geraumer Zeit vertrat Ahrend ihn dann zusätzlich und war dabei, ein Wiederaufnahmeverfahren vorzubereiten.
Wie so vieles zuvor sollte es aber ganz anders kommen.

27. Der Mordfall G.

Der Mordfall G. spielt eine zentrale Rolle in diesem Buch. Wegen dieses Mordes ereigneten sich im Nachhinein Dinge, die Dank meines ersten Buches "Treibjagd" nicht in Vergessenheit gerieten und zudem viele Fragen beantworteten.

Es sollte sich etwas in Bewegung setzen, womit niemand in diesem derartigen Ausmaß jemals gerechnet hätte.

Aber zuvor Auszüge aus Zeitungsartikeln der Neuen Westfälischen[14] und des Mindener Tageblatts[15] aus dem Jahre 2009:

Die Fassade des freundlichen jungen Mannes, der aus heiterem Himmel Opfer eines Mordes wurde, hielt nur Stunden den Ermittlungen der Mordkommission (MK) "Kanal" stand: Karsten G. (20) aus Petershagen war Mitglied einer mindestens vierköpfigen Einbrecherbande. Auf dem Weg zu einem Beutezug im August 2005 wurde er erschossen und in Maschendraht eingewickelt in einem Weser-Kanal versenkt.

Anklage nach 1200 Vernehmungen und Analyse von mehr als 800 Spuren / Beide Tatverdächtige schweigen

---

14 http://www.nw.de/lokal/kreis_minden_luebbecke/bad_oeynhausen/bad_oeynhausen/3062280_Angeklagte-schweigen-zum-Mordvorwurf.html

15 Vgl.http://www.mt.de/lokales/minden/3275005_Lebenslang_fuer_Mord_an_Gieseking.html

Minden/Petershagen/Bielefeld (nw). Ein Fall mit vielen Wendungen beschäftigt die Ermittler seit dem 15. August 2005. Damals war die Leiche des 28-jährigen Karsten G. im Weserseitenkanal bei Petershagen entdeckt worden. Eine Abrechnung unter Kriminellen? Seit gestern wird der Fall vor Gericht verhandelt.

Für die Kripo deuteten die Umstände, unter denen die Leiche des 28-Jährigen entdeckt wurde, klar auf eine Abrechnung hin. Dem Toten war zweimal in die rechte Schläfe geschossen worden, die Leiche war in Maschendraht eingerollt und mit Flacheisen beschwert worden.

Einen Tatverdächtigen hatte die Ermittlungskommission "Kanal", die in der Folgezeit 800 Spuren nachging und 1.200 Zeugen vernahm, von Anfang an im Visier: den heute 44-jährigen Carsten B. aus Bad Oeynhausen. Es fehlte jedoch an Beweisen, und so blieb der Mann fast dreieinhalb Jahre unbehelligt.

Anfang dieses Jahres dann die Wende. Seit gestern müssen sich Carsten B. und der 35-jährige B-Städter Johannes B. wegen Verdeckungsmordes vor dem B-Städter Schwurgericht verantworten. Zum Prozessauftakt erklärten die Angeklagten, sich nicht zur Sache äußern zu wollen. Beide machten aber Angaben zu ihren Lebensläufen.

Die Vorgeschichte: Das Mordopfer G. galt als Kopf einer Einbrecherbande, zu deren Kern außer den Angeklagten noch sein Halbbruder gehörte. Die Gruppe unternahm ausgedehnte Raubzüge in Ostwestfalen sowie im angrenzenden Hessen und Niedersachsen.

In der Zeit vom 9. Juli 2004 bis zum 1. August 2005 gingen die

Täter bei zahlreichen Einbrüchen in Firmengebäude mit großer Professionalität und Kaltblütigkeit vor. Sie erbeuteten unter anderem Reitsportartikel, Motorsägen, Gartenmöbel und Autoreifen im Gesamtwert von 150.000 Euro. Im Herbst 2005 wurden die Angeklagten und der Halbbruder Giesekings festgenommen. Der Prozess gegen die Einbrecher endete, wie berichtet, am 7. Juni 2006 mit der Verurteilung von Carsten B. zu sechs Jahren und neun Monaten, für Johannes B. zu zwei Jahren und drei Monaten Haft.

Im Gefängnis vom Mord erzählt

In der Justizvollzugsanstalt B-Stadt- Brackwede I soll Carsten B. seinem Zellengenossen Walther U. von dem Mord an Gieseking erzählt und dabei auch das Motiv genannt haben: Gieseking habe von den Angeklagten Geld verlangt, um Schulden begleichen zu können und gedroht, auszupacken, wenn sie nicht zahlen würden.

Unter dem Vorwand, einen neuen Einbruch begehen zu wollen, soll Johannes B. das Opfer zu einem Schießstand bei Petershagen-Windheim gelockt haben. Dort soll Carsten B. die tödlichen Pistolenschüsse auf G. abgefeuert haben.

Um sich bessere Haftbedingungen zu verschaffen, gab der Zeuge sein Wissen an die Polizei weiter, die Staatsanwaltschaft erhob Anklage. Die Verteidigung bezweifelt die Angaben des Mithäftlings. Carsten B. wird von den Rechtsanwälten Dirk B., Herford, und Matthias D., Hannover, verteidigt.

Johannes B. von den B-Städter Anwälten Dr. Christoph F. und Dr. Hans G.. Sie alle bezweifeln die Richtigkeit der Angaben des Belastungszeugen, der wegen Eigentumsdelikten im Gefängnis saß. Das Schwurgericht will ihn am kommenden

Dienstag vernehmen.

Lebenslang für Mord an Gieseking

B-Städter Landgericht stellt besondere Schwere der Schuld fest / Angeklagter bricht Schweigen

Petershagen/ Bielefeld (nim). Um 19.30 Uhr ist nach 24 Verhandlungstagen am Freitagabend der Prozess gegen Carsten B. aus Bad Oeynhausen zu Ende gegangen. Das B-Städter Landgericht verurteilte den 44-Jährigen wegen Mords zu einer lebenslangen Freiheitsstrafe.

Am 15. August 2005 war im Weserseitenkanal bei Petershagen die Leiche des 28-jährigen Karsten G. entdeckt worden. Sie wies zwei Einschüsse in der rechten Schläfe auf, war in Maschendraht eingerollt und mit Flacheisen beschwert worden. Einige Zeit später fand man in der Weser das Auto des Opfers.

Für die Ermittler deutete schon damals viel auf eine Abrechnung unter Kriminellen hin. Bald stellte sich heraus, dass G. Kopf einer Einbrecherbande gewesen war, zu der auch B. gehörte. Letzterer geriet schnell als Tatverdächtiger ins Visier der Fahnder, eine Beteiligung an dem Mord war ihm jedoch nicht nachzuweisen. So wurde B. lediglich wegen der Einbruchsdiebstähle zu sechs Jahren und neun Monaten Haft verurteilt. Im Gefängnis erzählte B. einem Zellengenossen später von der Bluttat. Unter einem Vorwand hatte B. sein Opfer am 5. August 2005 zu einem entlegenen Ort gelockt, wo er die tödlichen Schüsse abfeuerte. B.s Zellengenosse gab sein Wissen an die Polizei weiter, das Verfahren wurde eingeleitet.

Die alles entscheidende Frage, die den Prozess vor dem Schwurgericht prägte, war die nach der Glaubwürdigkeit des Belastungszeugen. Um dessen Ruf ist es nicht sonderlich gut bestellt, handelt es sich doch um einen verurteilten Betrüger, der keinen Hehl daraus macht, dass er sich von seiner Aussage bessere Haftbedingungen versprach.

Am letzten Verhandlungstag ergriff Carsten B., der bislang zu den Vorwürfen geschwiegen hatte, erstmals das Wort. Zunächst verlas er eine mehr als 50 Seiten starke schriftliche Erklärung. In seinem letzten Wort nahm er ebenfalls knapp eine Stunde Stellung zu dem gegen ihn gerichteten Verfahren und betonte: „Ich habe mit dem Mord an G. nichts zu tun, weder direkt noch indirekt." Das Gericht beurteilte dies jedoch anders.
G. hätte, so die Vorsitzende Richterin Jutta A., unter dem Druck seiner getrennt von ihm lebenden Frau gestanden. Diese drohte, ihn zu verpfeifen. G. sei somit ein Sicherheitsrisiko für die Bande gewesen, das verschwinden musste. Das Gericht verurteilte B. unter Feststellung der besonderen Schwere der Schuld zu lebenslanger Haft.

28. "Operation Befreiung" beginnt

Wenn ich mich einer Sache verschrieben habe, dann gibt es kein Halten für mich. Meine Ungeduld treibt mich um und ich würde am liebsten alles auf einmal und gleichzeitig tun. Das raubte mir sogar den Schlaf.

Es ging darum, einen Unschuldigen aus der lebenslangen Haft zu befreien und mir gleichzeitig zu meinem Recht und meiner Genugtuung zu verhelfen. Carsten B. sitzt unschuldig im

Gefängnis und ich tat es Jahre zuvor auch. Wohlgemerkt, alles möglicherweise wegen derselben kleinen Gruppe von korrupten und rechtsbeugenden Polizisten, die mit einem Schwerverbrecher wie "Nasenbär" kooperierten und diesen mit allen nur erdenklichen Mitteln schützten und deckten. Ohne Rücksicht darauf, dass Unschuldige dabei draufgehen konnten.

Inzwischen pflegten Carsten und ich schon einen regen Briefkontakt. Uns beiden war klar, dass das Schicksal uns miteinander verband und zueinander geführt hatte.
Ich nahm also Kontakt zu einem mir wohlbekannten und vertrauenswürdigen jungen Journalisten auf, der bereits in der Vergangenheit immer sein Wort mir gegenüber gehalten hatte. Er war leider die einzige Ausnahme unter all den mir bekannten Journalisten, die erst um mich buhlten, um sich dann nicht mehr zu melden. Ein selbsternannter "Rocker-Experte", trat hingegen sogar noch gegen mich nach, indem er mich in seinem "Rocker-Buch" erwähnte und in einem Artikel schrieb, dass „manchmal Ordnungshütern sogar Outlaws werden - wie in dem Fall des Berliners Thorsten S. oder des Streifenbeamten Tim K. aus Detmold. Letzterer träumte nach einer Banklehre und einer Ausbildung bei der Polizei jahrelang davon, einem Spezialeinsatzkommando anzugehören, er trainierte hart, doch letztlich reichte es nicht. Am Ende brach er mit der Rechtsstaat - und landete bei den Rockern."

Genau der, der sagte, dass er beim besten Willen nicht glaube, dass "Nasenbär" ein V-Mann sein könne. Die Polizei würde schließlich ja wohl kaum mit so einem Schwerkriminellen zusammenarbeiten. Tja, soviel zu seiner "Spürnase". Das kommt dabei raus, wenn Pseudo-Experten sowohl bei der Polizei auf dem Schoß sitzen, um Informationen zu erhalten und dann noch den kumpelhaften Typen bei gewissen einzelnen angeblichen Rockerbekannten raushängen lassen.

Eine Komödie sondergleichen.

Und mit dem Rechtsstaat habe ich auch nicht gebrochen, im Gegenteil, ich trage einen großen Teil dazu bei, dass er so funktioniert, wie er funktionieren sollte. In meinen Augen ein Schreiberling, der niemals richtigen Zugang erhielt, sich aber als Kenner aufspielt. Egal, Haken dran. Am Ende behalte ich sowieso recht, wie die Ereignisse zeigen.

Aber kommen wir zurück zu dem vertrauenswürdigen Journalisten. Man erntet immer was man sät und deshalb stand für mich fest, dass er die Story "bekommen" sollte. Die anderen "Großen" würden ohnehin nachziehen müssen. Ich verabredete mich abends mit ihm in einer Lokalität in Hannover. Zuvor hatte ich ihm bereits angekündigt, dass ich eine Story im Gepäck haben würde, die ihn sprachlos machen werde. Möglicherweise Deutschlands größten Polizeiskandal nach dem Kriege.

Als wir uns dann persönlich gegenüber saßen trug ich ihm alles ausführlich vor.
"Nasenbär" war ein V-Mann. Dies stünde inzwischen fest. Des Weiteren stünde er im dringenden Tatverdacht, einen Mann ermordet zu haben. Für diesen Mord wurde ein anderer in einem spektakulären Indizienprozess zu einer lebenslangen Haftstrafe verurteilt. Wohin gegen "Nasenbär" aus allen Ermittlungen ausdrücklich herausgehalten wurde.

Ursprung war eine vierköpfige Bande, zu der der unschuldig Verurteilte, "Nasenbär", das Opfer und ein weiterer Mann gehörten. Diese Bande verübte gemeinsam zahlreiche Straftaten. Wahrscheinlich weil ein Mitglied unbequem wurde oder sogar jemanden aus der Gruppe erpresst hatte, musste dieser sterben. "Nasenbär" hatte für die Tatnacht kein Alibi.

Eine weitere Stimme meldete sich nachträglich, die zugab eine Waffe, die "Nasenbär" ihm zuvor gegeben hatte, für diesen entsorgt zu haben. Aus Angst vor einer möglichen Strafverfolgung hatte er sich aber noch nicht offiziell zu Wort gemeldet. Jetzt geht es darum, diese Stimme zu finden und für den Prozess hörbar zu machen.

"Nasenbär" wurde während einer Observation sogar bei einer der Straftaten gefilmt und war unmissverständlich und polizeibekannt Mitglied dieser Bande. Trotzdem wurde laut einer Aktennotiz in den Ermittlungsakten der Mordkommission unter der Leitung von PHK Ö. offenbar, dass "Nasenbär" aus allen Ermittlungen herauszuhalten sei. Er wurde noch nicht einmal befragt, geschweige denn vernommen.
All diese Fakten gingen aus der anonymen Anzeige hervor, die gegen den Leiter Ö. erstattet wurde. Schon bald würde auch ich diese Anzeige endlich lesen können.
Nachdem alles bei meinem journalistischen Gegenüber angekommen war, war dieser in der Tat völlig baff.

Wir beschlossen, die Sache in Angriff zu nehmen und in Ruhe zu erwägen, wie die beste Vorgehensweise aussehen würde. Als wir uns verabschiedeten sagte er noch zu mir: „Ich muss jetzt erst mal zuhause ein Bier darauf trinken."

29. Der richtige Sargnagel - Endlich

Nach dem Treffen mit dem mir bekannten Journalisten war ich mehr als aufgedreht. Sollte ich nun endlich zu meinem Recht kommen? Endlich meine Genugtuung erhalten, die darauf begründet war, dass ich mit all meinen, anscheinend so

unglaublichen Behauptungen und Einschätzungen von Anfang an Recht behalten sollte?
Es sah ganz danach aus. Trotzdem fehlte noch ein entscheidendes Schriftstück. Die anonyme Anzeige, die vor Monaten bereits gegen den ehemaligen Leiter der Mordkommission aus B-Stadt, erstattet worden war. Ich war die ganze Nacht so aufgedreht und konnte kaum ein Auge zu tun. Mein Plan war es, die Anzeige, die Rechtsanwalt Ahrend beim nächsten Besuch von Carsten B. erhalten sollte, so schnell wie möglich zu "sichern". Da ich nicht wusste, wann Herr Ahrend für einen Besuch Zeit finden würde, erwog ich sogar, die Kopie der Anzeige direkt und persönlich vom Rechtsanwalt B.'s im Auftrag von RA Ahrend abzuholen.

Irgendwann übermannte mich aber die Müdigkeit und ich schlief doch noch für ein paar Stunden, um dann schnellstmöglich zu Herrn Ahrend zu fahren, um ihn über mein Vorhaben zu unterrichten.
Ahrend, der immer und jederzeit für eine Überraschung gut ist, schlug mir seinerseits spontan vor, B. gleich heute noch zu besuchen.

Ich war begeistert und voller Erwartung und Spannung.

So fuhren wir an einem wunderbaren Sonnentag erneut Richtung Justizvollzugsanstalt B-Stadt. Telefonisch hatte ich den Besuch des Rechtsanwalts Ahrend für den Inhaftierten B. bereits angekündigt. Alles schien wie am Schnürchen zu laufen.
Vor der JVA angekommen, richtete ich Carsten herzliche Grüße aus und entließ Herrn Ahrend in die JVA.

Gute eineinhalb Stunden später kam er wieder aus der schweren Glaseingangstür heraus und hielt etwas sehr verheißungsvolles in den Händen. Ich eilte ihm entgegen und fragte ihn, ob er die Anzeige bekommen hätte. Er bejahte! Ich fragte trotzdem noch einmal und erhielt ein noch lauteres „Ja". „Das habe ich Ihnen doch bereits gesagt!" Die Rückfahrt verlief ruhig, zufrieden und mehr als zuversichtlich. Ich löcherte Herrn Ahrend nicht mit Fragen und warf auch noch keinen Blick auf die Blätter, die laut Ahrend "mehr als eine Granate" seien. In der Nähe seines Wohnhause gab es ein vorzügliches Restaurant, in dem wir schon des Öfteren fürstlich diniert hatten. Pommes rot weiß und Currywurst. Diese Tradition wollten wir heute wieder einmal aufleben lassen und uns dabei in Ruhe über den Besuch unterhalten.

Carsten war mehr als überrascht und glücklich, Herrn Ahrend so schnell wiedergesehen zu haben. Es hatte sich mit ihm, Ahrend und mir eine Verbindung getroffen, die wohl ein Erdbeben auslösen könnte. Und womöglich allen Beteiligten, allen voran dem zu Unrecht verurteilten "Mörder", ihr Recht wiederbeschaffen könnte.

Endlich legte ich die anonyme Anzeige vor mir auf den Tisch und bekam folgendes zu lesen:
Aus datenschutzrechtlichen Gründen werden die Namen der Beteiligten nur abgekürzt und obliegen der Verschwiegenheit.(Anmerkung des Autors)

Staatsanwaltschaft Hannover
Volgersweg 67

30175 Hannover

Hannover, den 11. Oktober 2012

STRAFANZEIGE

Sehr geehrte Damen und Herren,

hiermit stelle ich Strafanzeige gegen den B-Städter Polizeihauptkommissar Rulf Ö. wegen Strafvereitelung im Amt nach §258a.

Herr Ö. hat in einem Mordverfahren, dessen Ermittlungsleiter er war, wichtige Tatsachen bewusst verschwiegen, belastende Indizien vorsätzlich unterschlagen, Zeugen manipuliert und unter Druck gesetzt sowie mögliche Täter vor der Verfolgung geschützt. Konkret geht es um die MK-Kanal aus dem Jahr 2005, den Mordfall Gieseking. Die MK wurde 2007 ohne Ergebnisse aufgelöst und dem Jahr 2008 nach Zeugenaussagen erneut aufgenommen. Es erfolgte eine Anklage wegen gemeinschaftlichen Mordes gegen Herrn B. und Herrn Ba.. Ende 2009 wurde Herr B. in einem Indizienprozess zu einer lebenslangen Haftstrafe verurteilt. Dieses Urteil entbehrt jeder rechtsstaatlichen Grundlage.

Zur Sache: schon früh standen viele mögliche Tatverdächtige im Raum, die zum Umfeld der Diebesbande um Gieseking gehörten. Ein Name stand dabei ganz oben auf der Liste. J. M., aus Bad Salzuflen. Dieser war zum Zeitpunkt der Ermittlungen ein führendes Mitglied der Hells Angels Hannover aus dem Umfeld des Präsidenten Frank Hanebuth. Seit einiger Zeit ist M. der Präsident des Charters B-Stadt. Laut Weisung Ö. durfte der Name M. nicht im Zusammenhang mit den Ermittlungen genannt werden. Nach Möglichkeit sollte der Name M. komplett aus den Ermittlungen/Akten herausgehalten werden. Ob diese "Weisungen" von Ö. kamen, bzw. er auf Weisung Dritter gehandelt hat, darüber lassen sich Vermutungen anstellen.
Folgende Fakten standen nach umfangreichen Ermittlungen fest:

M. stand im privaten und kriminellen Umfeld von Gieseking, B. und Ba.. Mit B. gab es bereits zwei Ermittlungsverfahren mit hoher krimineller Energie. Dies war im gesamten Ermittlungskomplex einzigartig unter allen Beteiligten. M. hatte, im Gegensatz zu allen anderen, erst gerade eine längere Haftstrafe abgesessen. Er war seitdem ohne Fahrerlaubnis und Kfz und somit auf Dritte angewiesen. Ferner ohne feste Einkünfte. Damit hatten die Straftaten der Gruppe (Eigentumsdelikte) für ihn eine besonders hohe Relevanz. All diese Fakten durften nicht aktenkundig werden. Auch wurde der Belastungszeuge W. genötigt, den Namen M. nicht zu erwähnen bzw. keinesfalls die Beteiligung M.s. an gemeinsamen Straftaten öffentlich zu machen. Nach der Verhaftung von B. und Ba. gab es zwischen W. und M. mehrere konspirative Treffen, bei denen sich gegenseitiges Stillschweigen versichert wurde. Eine Vernehmung von M. als Tatverdächtiger durfte nicht erfolgen, obwohl gerade ein fehlendes Alibi und der Tattag deutlich gegen ihn sprachen. Im Gegensatz zu B. und Ba., war M. nicht in einem festen Familienverbund eingebunden, so dass für ihn auch Straftaten am Wochenende möglich waren. Ferner gab es deutliche Hinweise auf die Motivlage der Tat, die in der unkontrollierten Gewalt und den Machtanspruch von M. lag. All diese Fakten sind überprüfbar und bis heute nicht aktenkundig, da von Herr Ö. aktiv Strafvereitelung betrieben wurde. Es kann und darf nicht sein, dass führende Köpfe aus der Rockerszene bei der Aufklärung von Kapitalverbrechen besonders "geschützt" werden. M. ist der wahre Mörder Giesekings!

Verteiler
STA Hannover
STA Bielefeld
Hannoversche Allgemeine Zeitung

Als ich fertig mit Lesen war, musste ich erst einmal tief und lange durchatmen. Das war selbst für mich viel mehr als ich erwartet hatte.

Ich wusste sofort, dass das reichen würde! Zu viele Details, Fakten, Interna, die ungeheuerlich, aber vor allem, durchgängig überprüfbar waren. Genau wie in meinem Fall waren zudem die identischen Muster erkennbar. Beweise vernichten, Zeugen nötigen, erpressen und den Fall dahin steuern, so wie es den Herrschaften genehm ist.

Sollte alles der Wahrheit entsprechen, und daran hege ich nicht den geringsten Zweifel, dann wäre dies eine schwerstkriminelle und verwerfliche Handlung einiger weniger Polizisten, die ihren Informanten deckten und gleichzeitig in Kauf nahmen, dass ein Unschuldiger dafür zur Schlachtbank geführt wurde.

Ich bin mir sicher, dass dies einer, wenn nicht sogar der größte Polizeiskandal sein dürfte, den dieses Land jemals erlebt hat.

Die Zeit war nun endlich reif, um zum Angriff überzugehen.

Rechtsanwalt Ahrends und meine Taktik war klar:
Bei diesen Ungeheuerlichkeiten musste die Öffentlichkeit hergestellt werden. Wenn die schweren Granaten erst einmal einschlagen, würden die Verantwortlichen schon aus ihrer Deckung herausgetrieben werden. Schon allein, weil andere übergeordnete Stellen eine Aufklärungspflicht innehaben und diese auch wahrnehmen müssen. Eine andere mir bekannte Verhaltensweise von Polizisten ist zudem folgende: Es wird solange zusammengehalten und gedeckt, bis der eigene Kopf nicht auf dem Spiel steht. Ist der Punkt aber erreicht, dann gibt

es kein Halten mehr. Dann rettet sich jeder, der kann. Ergo, es würden Köpfe rollen müssen.

Das war aber noch lange nicht alles. Rechtsanwalt Ahrend diktierte mir dann noch sein Gedächtnisprotokoll des Besuchs mit Carsten B. Und dieses war unwesentlich weniger schockierend.
Ich habe es in Stichpunkten zusammengefasst:

24.12.2012 John M. „Nasenbär" verstirbt.

Die Todesursache: er soll an einem Organversagen gestorben sein. Tatsache ist aber, dass er hochgradig heroinabhängig war. Darüber hinaus im großen Maße kokainabhängig. „Bis zur Oberkante war er immer voll." waren die Aussagen seiner Vertrauten.

M. wurde eingeäschert. Die Einäscherung ist bei den Hells Angels verpönt und wird im Regelfall durchgängig abgelehnt. Während des Krankenhausaufenthaltes wurde M. in ein künstliches Koma gelegt (aufgrund von Rauschgiftabhängigkeit). Belegt ist aber nicht das Organversagen, es wurde aber als Todesursache angegeben.

M. ist aus dem künstlichen Koma erwacht und erklärte sich gegenüber den beiden Wachleuten, dass er sich gegenüber B. erklären wollte. Er hat eingeräumt, dass ihm die Sache mit B. leid tue und er Polizeibeamte sprechen wolle. Dazu ist es nicht gekommen, denn M. wurde wieder in das künstliche Koma gelegt.

M. soll ermordet worden sein. Für den Mord kommen nur Hells Angels als Täter oder Anstifter in Betracht.

In dieses Muster passt auch die Auflösung des Haushaltes von M. durch die Hells Angels. Und zwar 14 Tage nach seiner Einweisung in das Krankenhaus wurde der Haushalt komplett aufgelöst. Das Motorrad (Harley Davidson) ist verkauft worden.

Nach dem Buch „Treibjagd – Vom Cop zum Outlaw“ und den in diesem aufgeführten Nachweisen, Belegen und Anstößen hatte dies zur Folge, dass in allen Hells Angels Kreisen bekannt gewesen sei, dass M. V-Mann der Polizei war. Selbstverständlich hatte Frank Hanebuth auch Kenntnis davon gehabt.

M. war Mitglied einer Einbrecherbande und kannte alle Mitglieder in und auswendig. Er hat von den Streifzügen kräftig profitiert. Diese kriminelle Vereinigung wurde im Regelfall mit drei Personen tätig. Und zwar ein Funker, der die Polizeifahrzeuge rechtzeitig erkennen sollte/ konnte und seine einbrechenden Mittäter warnen sollte/ konnte.

B. war der Kopf und M. das Werkzeug. Nur durch B. ist M. immer zu größeren Summen von Geld gekommen. Unter anderem mittels Zigarettenschmuggels. M. selber habe in kleinen Mengen, wohl unter den Augen der Polizei, gedealt und habe sich mit Türsteherjobs verdingt.

B. und eine weitere Person haben die Waffen von M.

aufbewahrt und gelagert.

M. soll von den Hells Angels eine Auszeichnung erhalten haben, und zwar Weihnachten 2005. Diese Auszeichnung wird nur von den Hells Angels vergeben, wenn der Ausgezeichnete eine Tötung vorgenommen hat. Der Mord, der B. angedichtet wurde, fand wohlgemerkt 2005 statt.

M. kannte den Ermordeten sehr gut. M. kannte auch den Zeugen gut. Eben den Zeugen, der gegen B. belastend ausgesagt hatte. M. kannte auch den Bruder des Ermordeten.

M. wurde ausdrücklich aus sämtlichen den Mordfall betreffenden Ermittlungen herausgehalten, obwohl noch eine mit B. gemeinsam begangene Tat (Räuberische Erpressung) anhängig war. Bei einer zuvor bereits durchgeführten Gegenüberstellung wurde M. von dem Geschädigten wiedererkannt, B. aber nicht. Auch diese Tat blieb offensichtlich ohne Folgen für M.

Es existiert eine Person, die bereits verlauten hat lassen, dass sie für M. im Jahre 2005 eine Schusswaffe entsorgt habe. Diese Person traut sich jedoch nicht, sich zu Wort zu melden, aus Angst vor einer möglichen Strafverfolgung.

M. besuchte B. noch Anfang 2012 im Gefängnis in B-Stadt. B., der aus der Presse von der Gerichtsverhandlung vor dem Landgericht B-Stadt erfahren hatte, in dem Tim K. von ihm verklagt wurde. B. konfrontierte M. mit dem Thema. „Du sollst ein V-Mann sein? Kümmer Dich mal um den.“ Woraufhin M. abgewiegelt habe und erklärte, dass er sich darum nicht kümmern werde und wolle. B. war darüber mehr als erstaunt, denn er kannte M. als brutalen und skrupellosen Agitator, der sich so etwas niemals und unter keinen Umständen jemals habe bieten lassen.

Rechtsanwalt B. aus Herford bat M. vor geraumer Zeit in seine Kanzlei, um diesen um etwas zu bitten. Es ging darum, auszusagen, dass M. bei den gemeinsamen Einbrüchen beteiligt war. Auf Grund der Tatsache, dass die Straftaten verjährt wären, würde M. nichts zu befürchten haben. „Es würde um Carsten gehen und M. müsste helfen.“ M. geriet in Zorn und hatte einen Wutanfall in der Kanzlei. Er schrie wie außer sich vor Wut, dass er keine Aussage machen würde. Es wäre ihm egal. Er verließ wutentbrannt die Kanzlei.

Wir hatten bereits aufgegessen und ich konnte es kaum noch abwarten den Journalisten anzurufen. Ich berichtete ihm von dem ungeheuerlichen Material und wir verabredeten uns gleich für den Abend des nächsten Tages. Und wieder einmal sollte mein Tatendrang und meine Ambitionen enttäuscht werden.
Obwohl der Journalist es für eine unglaubliche Story hielt, fehlte ihm dennoch ein sicherer Beweis, um die Geschichte groß raus zu bringen. Ich wusste beim besten Willen auch nicht mehr, was er noch benötigen würde. Es war mir dann aber auch egal, denn mit oder ohne ihn würden Rechtsanwalt Ahrend und ich alles für Carsten unternehmen.

30. Ich hatte mit allem recht - Er war ein V-Mann!

Am 28.02.2013 war es dann soweit. Die Tür der JVA B-Stadt öffnete sich für RA Ahrend und mich, um jemanden zu besuchen, der allem Anschein nach für einen Mord einsaß, den er nicht begangen hatte.

RA Ahrend, der Carsten B. inzwischen anwaltlich vertrat, war auf Grund seiner gesundheitlichen Beschaffenheit über eine lange Zeit nicht in der Lage, B. zu besuchen.
Deshalb schrieb ich B. irgendwann und teilte ihm mit, dass er nicht vergessen sei und dass ihn RA Ahrend bald wieder besuchen kommen würde. Wenn er es möchte, könnte ich ihn auch besuchen.
Es vergingen kaum zwei Tage und ich hatte eine Antwort in meinem Briefkasten.
B. freute sich von mir gelesen zu haben und war erleichtert, über mich auch etwas von RA Ahrend gehört zu haben.

Er schrieb, dass wir unbedingt reden müssten und dass sich die Ereignisse schlichtweg überschlagen.

Es gäbe noch einen Besuchstermin im Februar und den könnte ich wahrnehmen. Gesagt, getan. Der Termin wurde am nächsten Tag festgemacht und gemeinsam mit Herrn Ahrend fuhren wir nach B-Stadt.

Dort wurde die gewohnte Einlassprozedur hinter sich gebracht und wir wurden in den Besuchsraum geführt, in dem B. schon auf uns wartete.
Carsten B. ist ein großgewachsener Mann von kräftiger Statur, der jedoch auch über Intellekt und Benimmregeln verfügt.

Um alles noch einmal kurz zusammen zu fassen und

aufzufrischen:

Er war Bestandteil einer Bande, gemeinsam mit "Nasenbär", die eine große Anzahl von Straftaten gemeinsam begangen hatte. In den überwiegenden Fällen handelte es sich hierbei um Diebstähle. Irgendwann wurde ein Mitglied der Bande erschossen, vielmehr regelrecht hingerichtet. Der Leichnam wurde in Draht gewickelt, beschwert und dann in der Weser versenkt, wo er wieder auftauchte und dann von einem Ehepaar entdeckt wurde, welches sofort die Polizei verständigte. Carsten B. und die anderen Mitglieder wurden der Diebstähle überführt und B. wurde zu einer mehrjährigen Haftstrafe verurteilt. "Nasenbär" tauchte weder in den Akten auf noch wurde er vernommen.

Während seiner Haftzeit hatte B. des Öfteren Umschluss mit einem verurteilten Betrüger, mit dem er sich zumindest auf intellektueller Ebene ganz gut verstand. Dieser Mann hieß Walther U. U.. war im ganzen Knast als "Zinker" bekannt, also ein Häftling, der andere anschwärzt, um Vorteile wie beispielsweise Hafterleichterungen oder Haftverkürzungen zu erhalten. B. war dies bekannt, jedoch verstand er sich mit ihm. So geschah es, dass der Zinker Kontakt zu der Polizei aufnahm, um eine ungeheuerliche Nachricht zu verkünden. Er wurde in das PP B-Stadt geladen und erzählte dort, dass B. ihm im Vertrauen berichtet habe, dass er das getötete Bandenmitglied "umgeputzt" habe. Das hatte zur Folge, dass die Mordkommission unter der Leitung von PHK Ö. das Verfahren neu aufrollte und B. in einem spektakulären Indizienprozess zu einer lebenslangen Haftstrafe mit besonderer Schwere der Schuld verurteilt wurde.

Angebliche Beweise der Staatsanwaltschaft und der Polizei: Indizien und die Aussage eines hinreichend bekannten und

verlogenen Kronzeugen.
"Nasenbär", der bekanntermaßen Mitglied der Bande war und gemeinsam die Straftaten mit begangen hatte, wurde noch nicht einmal vernommen. Er hatte weder ein Alibi in besagter Tatnacht und er hatte mit das Motiv, dass der Getötete den Rest der Bande erpresst hatte. "Nasenbär" tauchte noch nicht einmal in den Polizeiakten auf.

Die schwere Glastür öffnete sich und B. stand von dem Besuchstisch auf und schritt auf Herr Ahrend zu, um diesen erfreut die Hand zu schütteln. Danach begrüßten wir uns.
Was wir nun erfahren sollten war mehr als die Definition „die Ereignisse überschlagen sich" wieder gespiegelt hatte.

"Nasenbär" war tatsächlich ein V-Mann gewesen und das ist mittlerweile auch Frank Hanebuth und den Hells Angels bekannt.
Die große Beerdigungsshow wurde zwar inszeniert, aber insgeheim war bekannt, dass er eine "Ratte" war. Deshalb wurde er auch eingeäschert. Hanebuth und seine Leute wollten die ganze Angelegenheit unter den Tisch kehren, um nicht noch mehr in die Öffentlichkeit zu geraten. Das stört bekanntermaßen nur das Geschäft.

Woher Carsten B. das alles weiß? Er saß zum damaligen Zeitpunkt mit einem ehemaligen Hells Angel aus dem Charter West End (Frankfurt) ein, der ihn über diese Interna informierte. Normalerweise ist seitens der Angels die Losung ausgegeben worden, kein Kontakt zu Carsten B., aber die Aufrichtigkeit in diesem Einzelfall zählt wohl mehr. Glücklicherweise.

Während der letzten Wochen seiner langwierigen Krankheitsphase war "Nasenbär" nur noch im künstlichen

Koma gewesen. Ihm war die Bauchspeicheldrüse geplatzt und mehrere Operationen konnten ihn nicht retten. Als er einmal für wenige Stunden bei Bewusstsein gewesen war, hätte er zwei Vertraute zu sich gerufen, um sich vor diesen sein Gewissen zu erleichtern. Ihnen habe er offenbart, dass er tatsächlich ein V-Mann gewesen war.
Bei den Hells Angels Hannover waren zudem mehrere unerklärliche Vorfälle und Ergebnisse hinsichtlich polizeilicher Ermittlungen ebenfalls inzwischen zu erklären. "Nasenbär" hatte gegenüber seinem VP-Führer ganze Arbeit geleistet und gute Infos übermittelt.

Anzumerken ist auch, dass es bei den Hells Angels eine Spange gibt, die Membern verliehen wird, die bereits getötet haben. Ich muss selber eingestehen, dass ich nicht weiß, ob es sich in diesem Fall um das bekannte "Filthy Few" handelt oder um eine geheime zusätzliche Auszeichnung. "Nasenbär" habe diese jedenfalls erhalten.

Das war aber noch lange nicht alles, wie Carsten B. immer wieder zu sagen pflegte, um noch weitere Ungeheuerlichkeiten zu berichten. Einiges wußte ich ja schon bereits von RA Ahrend, dem B. im Vorfeld schon von einigen Dingen berichtet hatte. Jetzt erzählte er mir aber auch noch einmal persönlich. Die anonyme Anzeige gegen den ehemaligen Leiter der Mordkommission Ö. wurde bei der Staatsanwaltschaft B-Stadt erstattet und eine Kopie dieser zeitgleich an die HAZ geschickt. Eben die Zeitung (Hannoversche Allgemeine Zeitung) , die den ersten großen Bericht über mein Buch "Treibjagd" brachte.

Diese anonyme Anzeige ist voll von Insiderwissen, dass nur aus direkten Kreisen der Polizei stammen kann. (siehe vorheriges Kapitel)

Carsten B. wusste lange Zeit nicht einmal, dass "Nasenbär" für den Mord ebenfalls in Betracht gekommen wäre. Alles was er wusste war, dass er ihn nicht begangen hatte. B. kannte auch nicht mein Buch, ehe er selbst von "Nasenbär" und der Verhandlung vor dem LG B-Stadt erfahren hatte. "Nasenbär" besuchte sogar B. noch Anfang letzten Jahres und berichtete ihm von dem V-Mann-Verdacht gegen ihn.
Damals sagte B. noch wörtlich zu ihm: „Du sollst ein V-Mann sein? Wer sagt denn sowas. Kümmer dich mal um den."
"Nasenbär" wiegelte nur ab und sagte, dass er da nichts machen wolle. Diese Reaktion war B. mehr als fremd, denn "Nasenbär" war nie als eins Kind von Traurigkeit bekannt.
Im Nachhinein kam immer mehr ans Tageslicht.

"Nasenbär" hatte hinter den Kulissen einen der Mittäter in Begleitung von mehreren üblen Typen besucht, um diesen zu warnen: „Fällt mein Name in dem Prozess (gegen B.), dann fällst du!"
Die immanente Angst vor dem brutalen und skrupellosen "Nasenbär" brachte ihn dann auch zum Schweigen. Ebenso saß "Nasenbär" bei jedem Prozesstag in einer der hinteren Besucherreihen, um jedes Wort der Zeugen genau mitzuhören. So versicherte er sich, dass wirklich zu keinem Zeitpunkt sein Name fiel.

Der Höhepunkt des Ganzen ist es, dass es eine Aktennotiz geben soll, aus der hervorgeht, dass die Polizei ausdrücklich hinweist, dass gegen John M. (Nasenbär) nicht ermittelt wird und er aus allen Ermittlungen herauszuhalten ist. Erstaunlich, oder?

Während der gemeinsam begangenen Straftaten ist "Nasenbär" sogar von Ermittlern observiert worden. Demzufolge war es der Polizei bekannt, dass "Nasenbär" ein Bestandteil der Bande

war, aus der ein Mitglied ermordet wurde. Trotzdem wurde er aus allen Ermittlungen herausgehalten!
Inzwischen, da "Nasenbär" tot ist und somit auch die Angst vor ihm und seiner möglichen Rache verschwunden, hat sich sogar jemand zu Wort gemeldet, der damals die Tatwaffe für ihn entsorgt haben will.

Sie haben richtig gelesen. "Nasenbär" hat den Mord begangen, für den ein Unschuldiger lebenslang einsitzt.

Ein Mord, der gedeckt wurde von höchsten Polizeikreisen, damit ihr so wichtiger Hells Angels-V-Mann, nicht verurteilt wird und für sie verloren geht.
John M. war nach meiner felsenfesten Überzeugung V-Mann. Mir kamen schon oft vorher die Zeilen von "Bad Boy Ulli" in den Sinn, der seinerseits in seinem Buch behauptete, dass die Polizei definitiv einen V-Mann in den höheren Reihen der Angels haben muss. Wie sonst hätten sie von dem Mordauftrag gegen ihn erfahren sollen? Und wer das war, lag nunmehr auf der Hand. Alles ergab einen Sinn.

Ich hatte mit allem recht. So wie mit Carsten B. ein Unschuldiger aufgrund von widerwärtigsten Subjekten der Polizei unschuldig einsitzt, so sollte auch ich mit einer langjährigen Haftstrafe unschuldig kaltgestellt werden.

Nicht mit mir! Die Gerechtigkeit wird siegen und die Wahrheit ans Tageslicht kommen.
Und dann werden die Verantwortlichen dafür bezahlen.

Alles in allem: Jeder bekommt das, was und wie er es verdient!

RA Ahrend war sich zu dem damaligen Zeitpunkt bereits sicher, dass er nach sorgfältiger Akteneinsicht, ein

Wiederaufnahmeverfahren in B.`s Fall hinbekommen würde. Dafür benötigte er von B. noch eine Versicherung an Eides statt, dass M. damals Mitglied der Einbrecherbande gewesen war.
Diese Versicherung an Eides statt wurde von C.B. geschrieben und unterschrieben an Ra Ahrend übergeben. Sie sollte irgendwann der Startschuss für das Wiederaufnahmeverfahren werden.

31. Der Zeuge U.

Um noch einmal genauer auf die Machenschaften von Staatsanwaltschaften und Polizei einzugehen, bietet sich das Beispiel des vermeintlich unschuldig einsitzenden Carsten B. wie kein zweites an.

Anscheinend ist es keine Seltenheit, dass kriminelle Machenschaften angewandt werden, um spezielle Fälle in eine gewisse Richtung zu lancieren und die gewünschten Verurteilungen zu bekommen. Das wiederum hat im Fall von Carsten B. zur Folge, dass der vermeintliche und hochrangige V-Mann der Polizei straffrei ausgeht. Vorerst zumindest, denn meine innere Triebfeder ließ mich gerade deswegen dieses zweite Buch schreiben.

Hans Walther U. war ein gewöhnlicher Krimineller, der wegen Eigentumsdelikte eine mehrjährige Haftstrafe verbüßen musste. Dies war für ihn umso schmerzlicher, da er sich nicht sicher sein konnte, ob seine damalige Lebensgefährtin draußen auch auf ihn warten würde.

Er musste auf jeden Fall aus dem Gefängnis, egal wie. U. war

der Justiz kein Unbekannter. Er wurde bereits wegen Falschaussage verurteilt und galt als notorischer und überführter Lügner.
Zur damaligen Zeit begab es sich, dass Hans Walther U. im Gefängnis den Volljuristen S. kennenlernte. Ein Mann, der durch kriminelle Aktivitäten selbst hinter Gitter musste. Die beide verstanden sich gut und verbrachten viel Zeit innerhalb der Gefängnismauern miteinander.

U. hatte nur ein Ziel vor Augen, so schnell wie möglich wieder freizukommen. Er konfrontierte S. damit und frage ihn wie er hier raus käme?
S. antwortete ihm kurz und knapp, dass er dafür schon mehrere Millionen aufdecken oder den Strafverfolgungsbehörden einen Mörder bringen müsste.

Verurteilte Mörder saßen genug in der Justizvollzugsanstalt B-Stadt-Brackwede I. Die Wahl Us. fiel auf Carsten B. Die beiden verstanden sich, denn wie Carsten mir während eines Besuches sagte, war U. ein Mensch, mit dem man sich auf einem gewissen Niveau angenehm unterhalten konnte. Fürwahr keine Regel in einer JVA. Die beiden machten nun regelmäßig Umschluss miteinander. Das stellt sich so dar, dass die Gefangenen sich nach getaner Arbeit wahlweise in einer anderen Zelle für ein paar Stunden mit einem anderen Gefangenen einschließen lassen können, um mit diesem die Zeit zu verbringen. Man spielt Karten, Schach, guckt Fernsehen oder unterhält sich eben.

Nach einiger Zeit, B. und U. hatten inzwischen viel Zeit während der vielen gemeinsamen Umschlüsse miteinander verbracht, wendete sich U. an die Staatsanwaltschaft B-Stadt. Er könnte Angaben zu einem ungeklärten Mordfall machen. Die Polizei schwärmte aus und erschien in Person des Leiters

der Mordkommission Kriminalhauptkommissar Ö.. Nur zu Ihrer Information: Unter KHK Ö. gibt es bereits einige Mordfälle, die unter seiner Leitung nicht aufgeklärt wurden. So etwa der Mord an Nelli Graf 2011 in Halle. Status: nicht aufgeklärt / KHK Herr Ö. und der Mord an Frauke Liebs 2006 in Paderborn / Status nicht aufgeklärt / KHK Ö.
KHK Ö. brauchte wieder einmal einen Erfolg.
Er nimmt mit U. Kontakt auf und es dauert nicht lange bis Ö. konsequent den Informanten U. zur Aussage gegen B. nötigt.
U. fordert im Gegenzug Hafterleichterungen, sprich wenn möglich eine Haftverkürzung oder besser noch Haftverschonung.
Nach Rücksprache mit der Staatsanwaltschaft machen der Staatsanwalt V. und der Kripobeamte Ö. an U. die Zusage, dass dieser in den offenen Vollzug kommen werde.
Das reicht U., dann könnte er sich endlich wieder in Freiheit bewegen und ist wieder bei seiner Lebensgefährtin.

U. berichtet nun ausgiebig davon, dass ihm sein Zellengenosse B. detailliert von dem Mord an Gieseking erzählt und dabei auch das Motiv genannt hätte: Gieseking habe von den Angeklagten Geld verlangt, um Schulden begleichen zu können und gedroht, auszupacken, wenn sie nicht zahlen würden.

Das reichte dem gewieften Mordermittler und seinem emsigen Staatsanwalt.
Die Staatsanwaltschaft erhob Anklage wegen Mordes gegen Carsten B., der damals noch seine 6 Jahre und 9 Monate wegen zahlreicher gemeinschaftlicher Einbrüche absitzt.
Carsten B. fand sich danach wegen Mordes vor Gericht wieder. Gemeinsam mit dem Mitangeklagten Johannes B. Letzterer wird nach einigen Verhandlungstagen freigesprochen. Zuvor wurde das Verfahren gegen Johannes B. abgetrennt.

Letzten Endes reichte die Aussage des Zeugen U. nicht aus, um ihn des Mordes zu überführen. Weitere Beweise darüber hinaus gab es nicht. Darüber hinaus hatte B. ein Alibi beigebracht, das nach Ansicht des Staatsanwalts zwar konstruiert wirkte, aber nicht zu widerlegen war.

Carsten B. blieb Angeklagter.

Während einer Sitzung wurde U. mit dem Wortlaut seiner Aussage bei der Polizei konfrontiert. Der aus Hannover stammende Verteidiger Carsten B.s, Matthias D., widersprach jedoch der Verwertung der polizeilichen Vernehmungsprotokolle.

Wortlaut und Satzbau entsprächen nicht der Ausdrucksweise U.s. Dieses, so D., lege die Vermutung nahe, dass die Aussagen U. von der Polizei in den Mund gelegt worden seien.
Die Verteidigung und Carsten B. rechneten fest mit einem Freispruch, so dünn oder besser gesagt nicht vorhanden war die Beweislage für die Verurteilung von B.

Nur aufgrund von Indizien und ohne handfeste Beweise, letztendlich einzig und allein wegen der Aussage des verurteilten Falschaussagers U. wurde Carsten B. zu einer lebenslangen Haftstrafe wegen Mordes mit besonderer Schwere der Schuld verurteilt.

U., der bereits in der Vergangenheit immer und immer wieder gelogen und getäuscht hatte, wurde theatralisch im Gerichtssaal nochmal vereidigt und musste mit erhobener Hand schwören, dass er in diesem Fall nichts als die reine Wahrheit sagen würde.

Die Begründung des Gerichts zu seiner Person und Aussage

war:

Wenn jemand auch zehnmal gelogen hat, so heißt das schon lange nicht, dass er beim elften Mal nicht die Wahrheit spricht. Dem Belastungszeugen U. wurde geglaubt.
Nach der Verurteilung von B. verblieb U. entgegen der ihm gemachten Zusage weiterhin in Haft.
Die Zusage wurde schlichtweg nicht eingehalten. U. tobte und gab mehrmals von sich, dass er unter diesen Umständen die Aussage gar nicht erst getätigt hätte. Wörtlich: "Hätte ich gewusst, dass ich nichts bekomme, hätte ich diese Aussage gar nicht erst gemacht!"

Pikant war vorher noch, dass während der Verhandlung ein Schreiben zum Vorschein kam, indem der Zeuge U. den abgeschlossenen Deal anspricht. In dem Schreiben steht, bezogen auf die Vereinbarung mit Staatsanwaltschaft und Polizei, dass er nunmehr in Hagen wäre und gemäß Vereinbarung darauf wartet, in den offenen Vollzug zu kommen.
Das Schreiben befand sich in einer Akte des Verfassungsschutzes. Dies wiederum ist ein Indiz dafür, dass U. tatsächlich für ein Zeugenschutzprogramm vorgesehen war. Der Verfassungsschutz ist die Behörde, die in der Regel für ein Zeugenschutzprogramm zuständig ist.
Nur wegen dieses "Zeugen" und seiner "Aussage" sitzt C.B. lebenslang im Gefängnis! Die Frage ist nur, wie lange noch?

M. - der "Nasenbär"

Wenn ich heute über den Mann schreibe, der Ursache für all das Unglück war und ist, so bin ich frei von Zorn und Rache.

Ich werde nicht schlecht über einen Toten schreiben oder diesen verunglimpfen. Das gehört sich einfach nicht. Ich halte mich nüchtern und sachlich an die Fakten und die wahren Begebenheiten. Dieses schulde ich der Wahrheit und der Gerechtigkeit.

Wie ich im Nachhinein aus vertraulichen und zuverlässigen Kreisen noch erfuhr, hatte M. noch auf dem Krankenhausbett darum gebeten, den Rechtsanwalt von Carsten B. sprechen zu müssen. Dies war kurz bevor er sein Bewusstsein verlor und sein Zustand bereits so schlecht war, dass der Tod unmittelbar bevor stand.

Er hatte sein Gewissen bereits zuvor zu erleichtern versucht, in dem er wörtlich sagte, dass er eine schwere Schuld auf sich geladen habe. Er habe ein Menschenleben genommen und ein weiteres zerstört.

Gleichfalls war es für ihn Sorge und angenommene Gewissheit, dass der, der für ihn lebenslang einsitzen würde, sich nach seiner Entlassung dafür an ihm rächen würde.
M. hatte nie ein schlechtes Wort über mich verloren. Es schien regelrecht, dass ich ihm durch das von mir geschriebene Buch „Treibjagd" eine große Last genommen hatte. Endlich war es raus und endlich gab es womöglich einen Weg raus aus dem Leben, das nur noch von Druck, Schuld und Belastung erfüllt war.

Ich schreibe diese Zeilen nicht aus einer Vermutung, sondern auf Grund des Wissens von Menschen, die ihn gut kannten und ihm auch nahe standen. Dies ist sowohl C.B., sowie eine enge Freundin von M, die während seiner letzten Tage oft an seinem Krankenbett war als auch ehemalige Freunde von ihm.
Ganz gleich wer auch immer das nicht wahrhaben will oder

leugnet, alle Fakten passen.

Dies soll und ist keine Abrechnung, im Gegenteil. Es ist die Fortführung von Ereignissen, die irgendwann einmal durch M. in Bewegung gesetzt wurden.

Am Ende wird jede Rechnung bezahlt und jede Aktion hat irgendwann einmal eine Reaktion zur Folge. Es ist wie eine unsichtbare Formel, die uns ein Leben lang begleitet und auf die wir uns immer verlassen können.

Ich trage keine Wut in mir und es ist auch nicht wie in meinem Vorgängerwerk so, dass ich emotional geladen bin. Alles was ich möchte ist es, einen Unschuldigen aus dem Gefängnis zu holen und der Gerechtigkeit zum Sieg zu verhelfen.

Niemand hat es verdient, für etwas zu zahlen, das er nicht getan hat.

Das Grab des vermutlichen Täters M., des V-Mannes der Polizei, liegt im Ruhrgebiet, seiner ursprünglichen Heimat. Es verwest und niemand kümmert sich darum. Der eigentliche Vater ist ein hochrangiger Beamter in Berlin möchte mit der Familie nichts mehr zu tun haben.

Der Ziehvater von ihm wurde vor einigen Jahren "zufälligerweise" mit einer Drogenlieferung im Auto an der heimischen Autobahnabfahrt von der Polizei gefasst.
Zwei Personen wussten von dem Transport. Dreimal dürfen sie raten wer.
Der Ziehvater und sein Ziehsohn.

Frank Hanebuth hat seinen langjährigen Bruder und Weggefährten, zu dessen großer Enttäuschung, nicht ein einziges Mal im Krankenhaus besucht. Er wird seine Gründe gehabt haben.

32. Daten und Fakten aus erster Hand

Ich gebe hier einfach die Daten und Fakten wieder, die ich von dem Verurteilten Carsten B. in Schriftform übersandt bekommen habe. Es sind seine eigenen Worte und sie hellen den ganzen Skandal umso mehr auf.

„Die Mordkommission wurde nach zwei Jahren 2007 ohne Ergebnisse aufgelöst und ein Abschlussbericht geschrieben."
Anfang 2008 meldete sich mein ehemaliger Umschlusspartner U. bei der Staatsanwaltschaft als Zeuge. „Ich hätte ihm den Mord gestanden."
Die Ermittlungen wurden gegen mich und meinen ehemaligen Partner, Herrn B., wieder aufgenommen.
Es kam 2009 zu Anklage wegen gemeinschaftlichen Mordes gegen B. und mich.
Von Sommer 2009 bis Dezember 2009 kam es zu ca. 25 Prozesstagen.
Herr B. wurde nach sechs Prozesstagen, mangels Beweisen, freigesprochen. Herr U. konnte zu ihm keine Angaben machen, da er ihn nicht kannte.
Ich wurde am 4.12. 2009 schuldig gesprochen!

Worum ging es im Prozess?

Da es keine Beweise oder sonstige Anhaltspunkte gab, ging es nur um die Glaubwürdigkeit von U.
Das Ziel der Verteidigung war es, U. als Lügner zu überführen

und seine Glaubwürdigkeit infrage zu stellen.
Dies ist uns in ca. zehn Fällen gelungen. U. hat mehrfach unter Eid gelogen, falsche Angaben gemacht, oder wurde von vielen Zeugen als Lügner und Betrüger dargestellt.
Er wurde erst im Frühjahr 2008, unter anderem wegen falscher eidesstattlicher Versicherung, vom AG Bad Oeynhausen verurteilt!

Laut Urteil neigt er deliktbedingt (Berufsbetrüger) dazu, die Unwahrheit zu sagen!
Am drittletzten Verhandlungstag musste der Leiter der Mordkommission, Herr Ralf Ö., in einer weiteren Befragung als Zeuge einräumen, dass es auch nach der Aussage von U. nichts Neues gab, was den Ermittlern nicht auch schon bei Einstellung der Ermittlungen bekannt gewesen wäre!
Zum Ende des Prozesses wurde U. mehrfach vom Gericht belehrt, die Wahrheit zu sagen. Ihm wurden die Konsequenzen einer Falschaussage mehrfach vor Augen geführt.

Dann wurde er in einer Artzeremonie gefragt, ob er unter Eid schwören würde, dass ich ihm die Tat gestanden hätte. Dies wurde dann auch so durchgeführt.

Es kam dann recht schnell zu einem Urteil, obwohl noch Verhandlungstage angesetzt waren. Das Urteil wurde unerwartet an einem Tag gesprochen, an dem mein zweiter Anwalt, Herr D., Nicht da war. Ein Protest, Ablehnung des Gerichts, usw., Wurden als unbegründet verworfen und abgelehnt, obwohl Herr D. Nicht Pflicht- sondern Wahlverteidiger war. Eine Beschwerde beim Verfassungsgericht wurde nicht zugelassen!
Obwohl alle Seiten, auch die Anklage, davon ausgingen, dass ich freigesprochen werde, wurde ich verurteilt!

Revision:
Die Revision wurde abgelehnt und als unbegründet verworfen! Aufgrund der Fülle von Beweis- und Ablehnungsanträgen konnten wir belegen, dass ich nicht fair behandelt wurde. Außerdem gab es Verstöße gegen mein Recht auf ein faires Verfahren.
Der ganze Prozess wurde wie ein großes Schauspiel geführt. Das Ergebnis stand für das Gericht schon vorher fest. Ohne den "Zeugen U." wäre es erst gar nicht zu einer Anklage gekommen. Aus diesem Grund musste die Anklage und auch das Gericht um jeden Preis an U. festhalten.

Wiederaufnahme:

Für die Wiederaufnahme musste erstmal das schriftliche Urteil genau gelesen und geprüft werden. Entscheidend für das Urteil, die Begründung, waren zwei Dinge:

1. U. ist glaubwürdig

2. Die "Bande" um G. bestand nur aus 4 Personen. Infolgedessen muss auch der Täter aus diesem Umfeld kommen, da es ja in der Tatnacht klar um einen Einbruch geht. Da B. und W. ein Alibi haben, das "glaubhaft" ist, bleibt einzig B. als Täter übrig.

Wo liegen die Schwierigkeiten in der Wiederaufnahme?

Die Schwierigkeiten liegen in dem Fall darin, dass es keinerlei Spuren oder Zeugen gibt. Alles beruht auf Indizien oder Vermutungen.
Das größte Problem ist U.! Wie will man gegen U. vorgehen? Das Gericht selbst räumte ein, dass er ein Lügner und Betrüger ist. Selbst, dass er wegen dieser Delikte rechtskräftig

verurteilt ist, nimmt das Gericht billigend hin.

Es macht also keinen Sinn gegen U. vorzugehen, da alle schon wissen, dass er ein Lügner ist! Was will man Neues bringen, was das Gericht nicht schon weiß? In dem Moment, als das Gericht sagt, dass er zumindest in der Schilderung meines angeblichen Geständnisses, glaubwürdig ist, hat man keine Möglichkeit mehr das Gegenteil vorzubringen oder zu beweisen. Wie auch?
Dazu kommt, dass er unter massiver Androhung von Strafe dies vor dem Gericht unter Eid geschworen hat.

Ohne U. gäbe es das Verfahren ja überhaupt nicht. Dadurch, dass man ihn als unantastbar hingestellt hat, bleibt kein Angriffspunkt in seiner Sache!

Zweiter Punkt des Urteils:
Das Gericht arbeitet mit dem Ausschlussverfahren. Die Bande besteht oder bestand nur aus vier Tätern - nur ich bin übrig.

Bringt man jetzt neue Täter, mit neuen bisher unbekannten Taten, hebt man das Urteil in diesem Punkt auf.

Was bedeutet dies? Man kann also sagen, dass das Urteil in diesem Punkt fehlerhaft war und auf falschen Annahmen beruhte. Es bedeutet jedoch nicht, dass ich als Täter damit ausgeschlossen bin! Selbst wenn man die Aussagen der Neuen durch Fakten belegen kann, so bedeutet dass ja nicht das einer der Neuen auch der Täter ist, oder zumindest ein möglicher Täter. Nach fast 8 Jahren braucht man keine Alibis mehr zu prüfen. Wie auch? Und woran? Es gibt ja keine Spuren oder Tatzeugen.

Was wird also passieren? Im günstigsten Fall wird das Urteil

aufgehoben und zur neuen Verhandlung ausgesetzt. Die StA wird alles tun, um U. nochmals unter Eid zu bringen. Er wird natürlich trotzdem weiter schwören, dass ich ihm die Tat gestanden habe. Ansonsten träfe ihn ja eine massive Strafe wg. Falschaussage unter Eid, usw., usw. was wird er also tun?
Er wird seine Aussage wiederholen, da ihm die StA versichern wird, dass die neuen Zeugen ja nichts gegen ihn und seine Person vorbringen können - alles bleibt wie es ist!
Ansätze + Chancen:
Welche Ansätze und Chancen führen zu einem Erfolg bei der Wiederaufnahme?
1. Der wahre Täter gesteht die Tat, oder es gibt zum Beispiel ein Video, das den Täter bei der Tat zeigt. Chance 100 %;

2. U. gibt zu, dass er alles erfunden und gelogen hat - oder er von den Behörden dazu "überredet" wurde. Chance 100 %;

3. es findet sich jemand, dem U. seine Geschichte gestanden hat, bzw. bei dem er sich verkörpert hat. Oder ein Video, oder aufgezeichnetes Gespräch davon. Je nach Person + Glaubwürdigkeit: Chance 80-100 %;

4. es finden sich ein oder zwei Mittäter, die bei der Tat dabei waren. Allen ist bekannt, auch dem Gericht, dass G. alle Taten immer mit mindestens drei Personen begangen hat, oft sogar vier Leuten. Je nach Schilderung und Glaubwürdigkeit: Chance 70-100 %;

5. sollte ein Mittäter unbekanntes Täterwissen haben, zum Beispiel Tatwaffe, Tatort, Verpackungsmaterial, Fahrzeuge, etc., Spuren die zur Akte passen: Chance 100 %;

6. es stellt sich heraus, dass M. der Täter war. Durch Aussagen oder Hinweise. Er selbst kann nicht mehr befragt werden, gegen Tote wird nicht mehr ermittelt. Keine Nachweise möglich: Chance 20-30 %;

7. die Behörden geben zu, dass M. bewusst vor Ermittlungen geschützt wurde, er als Täter in Frage kam: Chance 90-100 %;

8. es melden sich Mittäter, die ebenfalls zugeben, mit G. Straftaten begangen zu haben. Ich bleibe nicht als einziger Tatverdächtiger übrig. Sollten diese Person ein Alibi für die Tatnacht haben: Chance 10-20 %, sollten Sie damals kein Alibi für die Tatnacht gehabt haben, oder dazu nicht von der Polizei befragt worden sein: Chance 70-80 %;

9. ein Mitglied von Polizei, Staatsanwaltschaft, o.ä., gibt zu, dass ich bewusst „vorgeführt" wurde. Chance 100 %.

Fazit:
Man hat in der Regel nur eine echte Chance für eine Wiederaufnahme.
Man sollte daher genau überlegen, wann man und womit man "startet".
Je mehr man hat, desto besser. Man sollte seine Chancen - siehe oben - vorher genau einschätzen. Richtig Sinn macht es aber nur, wenn man Dinge in der Tasche hat, über die das Gericht nicht mehr hinwegsehen kann. Eine Krähe hackt der anderen kein Auge aus. Dieser Fall wäre für die Justiz in B-Stadt, für die Polizei, eine Riesenblamage.
Man wird also dementsprechend auch zu allen Mitteln greifen, um dies zu verhindern!

Wo sind die Ansätze?
Ich sehe die einzige echte Chance zur Zeit nur in Punkt 4+5!
U. Ist Profi. Warum sollte er etwas tun, bei der Strafandrohung?

Die Behörden halten zusammen. Alle anderen wären "Nestbeschmutzer".

M. ist tot, ihn kann man nicht mehr in die Mangel nehmen!

"Ungerechtigkeit an irgendeinem Ort bedroht die Gerechtigkeit an jedem anderen."

Martin Luther King

Hinter diesen Mauern sitzt Carsten B. noch heute ein.

34. Die größtc Gang Deutschlands

Im Gegensatz zu der andersartigen Ausrichtung und der angeblichen Aura des Bösen der großen Rockerclubs wirbt "die größte Gang" Deutschlands mit ganz anderen Werten und Anforderungsprofilen.

Ihre Polizei - professionell, bürgerorientiert, rechtsstaatlich.

Wenn ich es nicht besser wüsste, würde ich das sogar glauben. Das sollte ein jeder auch, handelt es sich doch schließlich um die Exekutive der Bundesrepublik Deutschland.

Ich will und werde mich in diesem Folgewerk nicht mehr ausgiebig über die Polizei auslassen. Das habe ich bereits im ersten Buch getan.

Trotzdem ist ein Nachtrag durchaus angebracht. So wie die großen Rockerclubs bestimmte Persönlichkeiten anziehen, so tut das auch die Polizei. Den Meisten geht es heutzutage um einen sicheren Arbeitsplatz und so schlittert der Durchschnittsabiturient in das große Abenteuer "Polizei". Viele junge Mädchen, deren Vater lieber einen Sohn gehabt hätten, ergänzen die Neueinsteiger. Ich finde es immer wieder aufs Neue erstaunlich, wie die Polizei es im Laufe der Zeit schafft, eine derartige Gleichschaltung, abgesehen von Alter und Herkunft, zu erreichen.

Nach all dem, was ich am eigenen Leib erlebt habe, ebenso wie mein Rechtsanwalt Herr Ahrend und auch, was mir bekannte Anwälte über ihre Erfahrungen mit Polizeibeamten berichtet haben, so drängt sich mir förmlich die skandalöse Behauptung auf, es handele sich durchaus um organisierte Kriminalität.

Nun werden sicherlich viele aufschreien und sich fragen, was ich denn hier behaupte. Denjenigen, denen es abwegig und vollkommen übertrieben erscheint, möchte ich entgegnen, dass diese Behauptung gar nicht so abwegig ist. Machen Sie sich ein eigenes Bild! Vielleicht ändert sich ihre Sichtweise, nachdem ich Ihnen einige Fakten eröffne und erläutere, was unter organisierter Kriminalität zu verstehen ist.

Organisierte Kriminalität (fachliche Abkürzung *OK*) bezeichnet Gruppierungen, die kriminelle Ziele systematisch verfolgen.

In Deutschland wird der Tatbestand wie folgt definiert:

„*Organisierte Kriminalität* ist die von Gewinn- oder Machtstreben bestimmte planmäßige Begehung von Straftaten, die einzeln oder in ihrer Gesamtheit von erheblicher Bedeutung sind, wenn mehr als zwei Beteiligte auf längere oder unbestimmte Dauer arbeitsteilig

> a) unter Verwendung gewerblicher oder geschäftsähnlicher Strukturen,
> b) unter Anwendung von Gewalt oder anderer zur Einschüchterung geeigneter Mittel oder
> c) unter Einflussnahme auf Politik, Massenmedien, öffentliche Verwaltung, Justiz oder Wirtschaft

zusammenwirken. Der Begriff umfasst nicht Straftaten des Terrorismus."[16]

---

16 http://www.bka.de/nn_205932/DE/ThemenABisZ/Deliktsbereiche/OrganisierteKriminalitaet/ok__node.html?__nnn=true

Ich habe es selbst als aktiver Polizist erlebt, genau wie Anwälte mir berichteten, dass Polizisten beispielsweise vor Gericht regelrechte Berufslügner wären.

Wenn Polizisten Strafanzeigen fertigen, werden diese so gefertigt, dass sie in gewünschter Art und Weise und Richtung passen. Ebenso wird entsprechend vor Gericht ausgesagt, indem man sich die vorab gefertigten Texte nochmal durchliest, sich mit dem Kollegen oder der Kollegin abspricht und das dann genau so vor dem Richter wiedergibt.

Das Traurige ist, dass einem Polizisten vor Gericht immer geglaubt wird. Selbst, wenn mehrere glaubwürdige Zeugen das Gegenteil behaupten.

Worin unterscheidet sich derartiges zu einem gemeinsam abgelegten Meineid oder dem Tatbestand einen Beschuldigten derartig zu belügen, ihn unter Druck zu setzten und ihn somit regelrecht nötigt? Und es gibt durchaus Polizisten und Polizistinnen, die dieses Muster ständig anwenden. Das planmäßige Begehen von Straftaten, wenn mehr als zwei Beteiligte auf längere oder unbestimmte Dauer arbeitsteilig, unter Verwendung gewerblicher Strukturen, Anwendung anderer zur Einschüchterung geeigneter Mittel zusammenwirken.

Nichts anderes ist mir widerfahren, als das KK21 eben nach genau dem o.g. Muster gegen mich vorgegangen ist. Ein ganzes Kommissariat, das im Nachhinein noch von anderen unterstützt wurde.

Dass sich in fast allen Fällen des von Polizisten/Polizistinnen begangenen Unrechts diese auf die Unterstützung ihrer Kollegen/Kolleginnen verlassen können, zählt zu dem ungeschriebenen Kodex untereinander. Dieser gilt jedoch nur solange, bis das es "an den eigenen Arsch" geht. Dann endet die falsche und verwerfliche Solidarität schneller als man gucken kann.

Zuvor wird sich gemeinsam abgesprochen, gelogen, gemeineidet und ausgesagt. In schriftlicher Form werden stets die immer anwendbaren Formulierungen wie „der Adressat nahm eine bedrohliche Haltung ein" oder „unternahm einen gezielten Kopfstoß in Richtung des Beamten" gebraucht. Dieser "Kopfstoß" wird selbstverständlich in den physisch unmöglichsten Weisen und meist zudem noch gefesselt unternommen.

An dieser Stelle seien ein paar unabhängige Stimmen eingefügt, die ich als ehemaliger Polizist vollkommen bestätigen und unterstützen kann.

Ron Steinke weitet in seinem Kommentar in der taz vom 22.12.2009[17] dabei den Blick auf die systemimmanente Korruption in den Ermittlungsbehörden aus:

Das Einstellen von Verfahren gegen tatverdächtige Polizeibeamte aber ist die Regel. Während etwa in

---

17 http://www.taz.de/!5150573/

Großbritannien, Frankreich oder Portugal unabhängige Kommissionen für Ermittlungen nach polizeilichen Übergriffen verantwortlich sind, bleibt in Deutschland die Polizei auch bei Strafverfahren in eigener Sache zuständig.

Für die beteiligten Polizisten ist die Ausgangslage denkbar günstig: Die Vernehmenden teilen die polizeiliche Perspektive der Vernommenen, sie kennen deren Alltag und Sachzwänge und schätzen die Kollegen als glaubwürdig ein.
„*Eine unabhängige Kontrolle der Polizei findet in der Bundesrepublik Deutschland nicht statt*", resümierte der Menschenrechtsausschuss der UN bereits im Jahr 1996 – und wies damit auch auf ein
Problem der juristischen Strukturen hin, das seitdem ungelöst ist. [...]

Als Behörde, die täglich auf die gute Zusammenarbeit mit der Polizei angewiesen ist, ist die Staatsanwaltschaft gegenüber tatverdächtigen Polizeibeamten mitnichten unabhängig. Ein Großteil der Verfahren gegen Beschuldigte in Uniform bleibt daher spätestens auf dem Schreibtisch eines Staatsanwalts liegen.

Somit wird deutlich, dass es in Deutschland auch keine unabhängige Kontrolle der Justiz gibt. Wer da das Recht beugt, wird in aller Regel von einem Kollegen (wiederum rechtsbeugend) weißgewaschen.

In Berlin ergab eine parlamentarische Anfrage, dass von jährlich etwa 1.000 Ermittlungsverfahren wegen "*Körperverletzung im Amt*" satte 98 Prozent eingestellt werden, bevor sie je vor einen Richter kommen – wie nun in Regensburg. Ein Beitrag zur Lösung wäre die Einrichtung von unabhängigen Ermittlungskommissionen. Bürgerrechtler fordern sie seit langem – passiert ist noch nichts.

Bei Spiegel-Online am 14.12.2009[18] thematisierte Dietmar Hipp die Forderung nach unabhängigen Ermittlungsbehörden für Delinquenten in Uniform:

Es ist eine fragwürdige Solidarität unter Polizisten, die entweder schweigen oder ihre Aussagen untereinander abstimmen.
„*Solche Fälle lassen sich immer wieder auf bestimmte Muster zurückführen*", sagt der Hamburger Polizeiwissenschaftler Rafael Behr.
Die "*Obstruktionsmechanismen*" reichten vom "*Sich-nicht-erinnern-Können*" über das Zurückhalten von Aussagen wider besseren Wissens bis zur Falschaussage.
Das Motiv bei diesem "Gefahrgemeinschaftssyndrom" sei vor allem der "Schutz des kollegialen Nahraums": „Selbst wenn der Kollege etwas falsch gemacht hat, wir halten zusammen, wir liefern den nicht aus." Oft genug seien die Beamten aber auch heimlich davon überzeugt, dass das Opfer die Behandlung verdient hätte.

---

[18] http://www.spiegel.de/spiegel/a-667026.html

Nur selten sagen Polizisten gegen Polizisten aus – am ehesten noch dann, wenn sie nicht zum selben Team gehören. [...]
Die Erfolgsrate der Polizei bei internen Untersuchungen ist auffallend gering.
So wurde allein im Jahr 2008 gegen Berliner Polizisten in 636 Fällen wegen Körperverletzung im Amt ermittelt. In 615 Fällen stellte die Staatsanwaltschaft die Verfahren ein, sechs beschuldigte Beamte wurden in einem Prozess freigesprochen, verurteilt wurde nicht einer.
Oft steht Aussage gegen Aussage. Ein Betroffener zeigt den Beamten wegen Körperverletzung an, der Polizist reagiert mit einer Gegenanzeige wegen Widerstands gegen die Staatsgewalt. Ohne weitere Zeugen oder Beweise werden beide Verfahren eingestellt.

Die Einen stellen sich als freiheitsliebende Motorradfahrer dar, welche sie nicht sind und die Anderen reklamieren für sich, nach Recht und Gesetz zu leben sowie für Recht und Ordnung zu sorgen und handeln in nicht wenigen Fällen genau diesem zuwider.

Für beide Gruppen, die Rocker und die Polizei, gilt aber, dass es bei beiden schwarze Schafe gibt, wobei die Definition eines schwarzen Schafes durchaus noch genauer zu bewerten ist. Bei den Rockern kann ich es noch nachvollziehen, dass sie anders handeln als konventionell, denn die Szene ist und bleibt ein Sammelbecken für Rebellen, Aussteiger und Draufgänger. Ein derartiger Menschenschlag handelt nun einmal aufgrund seiner

Natur anders als der Normalbürger. Ein Polizeibeamter jedoch, der sich dem Recht und dem Gesetz verschrieben hat, darf dieses unter keinen Umständen brechen oder missbrauchen. Dies ist in doppelter Hinsicht verwerflich und scheinheilig.

Sei einfach der, der Du bist und dann handele auch genau so!

35. Das SEK im Einsatz

Ich kann mir einfach nicht helfen, aber die Spezies der Mitglieder der Spezialeinsatzkommandos, verdient in jedem meiner Bücher eine besondere Würdigung. Es gibt unzählige Fälle, in denen diese "Hobby-Rambos" ihre Fähigkeiten und Verhaltensweisen transparent an den Tag legen, wenn es darum geht, wehrlose Haustiere symbolisch durch Schüsse aus Schrotflinten zu zerfetzen (s. R.I.P. Püppi), unschuldige Menschen zusammenzuschlagen oder zu treten, wahllos und willkürlich Gegenstände zu zerstören und zusammengefasst oft einfach nur kopflos und dilettantisch vorzugehen.

Wenn ihr abends Eure Actionfilme guckt oder Euch vermummt auf irgendeiner Fortbildung wie richtige "Elite-Cops" fühlt, dann lasst euch etwas gesagt sein:
Spezialeinheiten sind für mich die Navy Seals, das KSK, die GSG 9 und diverse andere wahrhaftige Profis. Ihr jedoch spiegelt in euren Einsätzen das wieder, was ihr für mich und nicht wenige andere seid:
Amateure, die harmlose Tiere erschießen, Frauen und Kinder in den frühen Morgenstunden erschrecken und traumatisieren,

indem man bewusst eine Tür gewaltsam aufbricht, obwohl man diese problemlos und leise mit einem Spezialschlüssel viel besser und einfacher hätte öffnen können.

Das amateurhafte Verhalten spiegeln Euer Verhalten und Eure Einstellung wieder, genau so, wie der nachfolgende exemplarische Fall.
Eine schmerzliche Lektion in Sachen Rechtsstaat mussten zwei unbescholtene Bürger vor vielen Jahren in Essen erleben. Der Fall ist so brutal und unvorstellbar, dass er in diesem Buch noch einmal Erwähnung finden muss.

Im Jahre 1993 wurden zwei junge Männer von Mitgliedern eines Sondereinsatzkommandos der Essener Polizei brutal zusammengeschlagen. Einer der Beiden schwebte 10 Tage in Lebensgefahr. Grund: Offener Schädelbruch durch Polizeitritte. Der andere erlitt einen Oberarmdurchschuss und Prellungen am gesamten Körper. Der Grund: Die Männer wurden fälschlicherweise verdächtigt, eine Tankstelle überfallen und dabei einen Polizisten erschossen zu haben. Der getötete Beamte war eng befreundet mit dem Leiter des Sondereinsatzkommandos, das später die beiden Männer verprügelt hatte.
Das Leben der beiden jungen Männer war danach nicht mehr das selbe. Verfolgungswahn und die schiere Angst, alleine noch auf die Straße zu gehen, waren die Folgen.
Die Verfahren gegen die SEK-Beamten wegen Körperverletzung im Amt wurden durchgehend eingestellt.

Ein anonymer Hinweisgeber hatte irrtümlicherweise die Aufmerksamkeit der Polizei auf die beiden Männer gelenkt. Der eine fuhr nämlich einen ähnlichen Wagen, wie das Fluchtfahrzeug des eigentlichen Polizistenmörders.
An dem besagten Tag fuhr der eine irrtümlich Verdächtige mit

seinem Freund zum Sport und der andere befand sich in seiner Wohnung.

Während sieben SEK-Männer die Verfolgung des Autos des Einen aufnahmen, stürmte der Rest der Truppe zeitgleich die Wohnung des anderen Opfers.
Das Fahrzeug wurde in Gelsenkirchen von einem BMW des SEK gestoppt. SEK-Beamte sprangen aus dem Fahrzeug und liefen mit gezogenen Pistolen auf das Auto zu.
Die beiden Insassen dachten an einen Überfall und verriegelten das Auto.
In Panik versuchten sie zu fliehen. Das SEK eröffnete das Feuer und ein Projektil durchschlug die Windschutzscheibe und den Oberarm des Fahrers.

Eine wilde Verfolgungsfahrt begann, wobei zweimal die zivilen Kräfte des SEK den Wagen zu stoppen versuchten. Beide Male scheiterte das Unterfangen, denn aus Todesangst fuhr der Fahrer des Wagens den Polizisten immer wieder davon.
Zu keinem Zeitpunkt war ihm klar, dass es sich um Polizisten handelte.

Die Beamten logen danach, dass sie sich bereits beim ersten Stoppversuch als Polizei ausgegeben hätten.
Schließlich wurde der Geländewagen auf einer Kreuzung von mehreren Polizeifahrzeugen eingekeilt und gestoppt.
Der Fahrer hob die Hände und rief: „Ist in Ordnung. Wir kommen raus. Tut uns nichts!"
Er öffnete die Verriegelungsknöpfe. Urplötzlich wurden alle Türen von außen geöffnet und die beiden wurden brutal aus dem Auto gezogen, auf den Boden geschmissen und gefesselt.
Danach wurde wie wild in sie hineingetreten.

Unbeteiligte Zeugen berichteten im Anschluss, dass mehrere

Männer, die aufgrund ihrer zivilen Kleidung nicht als Polizisten zu erkennen waren, hemmungslos in die am Boden liegenden Männer eingetreten hätten.
Erst jetzt, als die Tritte immer heftiger wurden und beide beschimpft wurden, ahnten die Opfer, dass es sich bei den Schlägern um Polizisten handeln musste.
Einer von beiden schrie nach seiner Mutter und fleht, dass man von bitte von ihm ablassen solle. Er hätte doch nichts getan. Einer von beiden wird sich später im Krankenhaus an nichts mehr erinnern können, so brutal wurde an ihm gewütet. Drei Wochen später wurde er entlassen, um sich dann in Kur zu begeben und die Spätfolgen des Wütens weiter behandeln zu lassen.

Für die Staatsanwaltschaft Essen war der Einsatz dennoch korrekt.
Zitat aus der Einstellungsverfügung:

„Unbeteiligte Zeugen, die das Verhalten der Beschuldigten beobachtet haben stehen nicht zur Verfügung."
Weiter heißt es: *„Auch ist nicht festzustellen, dass die eingesetzte körperliche Gewalt unverhältnismäßig war."*

Das Ermittlungsverfahren wegen des Verdachts der Körperverletzung im Amt musste daher bezüglich aller Beschuldigter eingestellt werden.
Darunter die Unterschrift des Staatsanwaltes.

Zeugenaussagen, die die Gewalt der Polizisten bestätigten und von der Polizei aufgenommen wurden, fanden den Weg zur Staatsanwaltschaft danach nicht und tauchten nicht mehr auf. Vier Tage nach ihrem Gewaltexzess wurden die SEK-Beamten in den Innendienst versetzt. Vorsichtshalber. Zu Unrecht, wie sie meinten. Ihre Opfer hätten sich zu sehr gewehrt.

Der spätere Vorsitzende der Gewerkschaft der Polizei in Nordrhein Westfalen sagte in einem Fernsehbeitrag von Spiegel TV dazu, dass sie der Meinung seien, insbesondere nach der Einstellung des Verfahrens gegen die Beamten, dass die Männer sofort wieder in das SEK zurück müssten, auch mit Außenwirkung.
Gegen die beiden Opfer wurde ein Strafverfahren wegen gefährlichen Eingriff in den Straßenverkehr und Widerstand gegen die Staatsgewalt eingeleitet.

Die Kooperation von Staatsanwaltschaft und Polizei hat wieder einmal ganze Arbeit geleistet.
Es drängt sich immer wieder die Frage auf, warum es keine unabhängige Stelle gibt, welche in diesen Fällen von Polizeigewalt übergeordnet und rechtsstaatlich untersucht und aufklärt.
Polizisten sind Hilfsbeamte der Staatsanwaltschaft und da ja bekanntlich eine Krähe der anderen kein Auge aushackt, dürfte der Fall klar sein.

Die Verfahrensweisen und Methoden, mit denen immer wieder Straftäter aus den eigenen Reihen geschützt werden, sind schlichtweg kriminell und verwerflich.

Ich bleibe bei meiner Auffassung, dass derartige Elemente innerhalb von Staatsanwaltschaft und Polizei Formen der organisierten Kriminalität darstellen und als solche anzusehen sind.

36. 109 Schüsse aus Notwehr

Ich habe eine einfache und gerechtfertigte Meinung über diese sogenannten Spezialisten: Es sind gemeingefährliche Rambos. Und wieder liefert ein symptomatischer Fall aus dem reichhaltigen Fundus der Stümpereien dieser angeblichen "Elite-Krieger" Erschreckendes, der durch seine amateurhafte Vorgehensweise ebenso eine regelrechte Beleidigung der wahren Eliteverbände darstellt.
Schwer verletzt überlebt ein Kölner Kaufmann 2011 die chaotische Festnahme durch ein Spezialeinsatzkommando der Polizei. Ein Video von der Aktion legt nahe, dass die „Elitecops" vollkommen unkontrolliert auf den Mann geschossen hatten. Die Staatsanwaltschaft rollte den Fall auf.

Dieser Vorfall war ein weiterer Skandal bei den Spezialeinheiten der nordrhein-westfälischen Polizei: Wie ein Justizsprecher im Anschluss bestätigte, untersuchte die Staatsanwaltschaft Aachen einen Einsatz eines Spezialeinsatzkommandos (SEK) vom 19. Juni 2011 auf dem Kölner Großmarkt. „Die Ermittlungen dauern an.", sagte damals ein Staatsanwalt, „Der Tatvorwurf lautet versuchter Totschlag."

Es war ein Einsatz gegen einen Gemüsehändler.[19]

Am Abend des 19. Juni 2011 sollte ein SEK-Team einen Gemüsehändler festnehmen. Seine Frau, die von ihm getrennt

---

19 Kölner Express (www.express.de) (Berichts-Serie) siehe online. / und focus.de

lebte, hatte den Geschäftsmann wegen einer angeblichen Morddrohung bei der Kölner Polizei angezeigt. Der Einsatz endete in einem Fiasko.

Kaum war der Ehemann in sein Auto eingestiegen, erging der Befehl zu einem so genannten „Notzugriff". Den Ermittlungen zufolge feuerten die Beamten dabei 109 Schüsse auf das Auto des Verdächtigen ab. Schwerverletzt gelang es dem Händler mit dem Wagen zunächst zu flüchten. Ein paar hundert Meter weiter wurde er schließlich gestoppt.

Der R8 des vermeintlichen Täters und späteren Opfers wurde regelrecht durchsiebt.

Die entstandenen Verletzungen: Zerrissene Wangen, Kieferbruch, Teilamputation der Nase, Durchschüsse in Oberarm, Unterarm und Unterschenkel: Blutüberströmt trat der Gemüsehändler Karim Panahi die Flucht vor dem SEK an. Doch der gebürtige Iraner kam nicht weit.

Nach dem Fiasko stellte sich die Frage: Wer schoss zuerst?

Die Polizei Köln stellte den Schusseinsatz der SEK-Einheit seinerzeit als Notwehr dar. Demnach habe der Gemüsehändler als erster geschossen. Dabei stützte sich die Kölner Polizei vor allem auf die Aussagen der eingesetzten SEK-Schützen. Diese Version war im Nachhinein nicht mehr haltbar. Ein Video einer Überwachungskamera am Großmarkt, das den Einsatz aufzeichnete, widersprach und widerlegte massiv die Aussagen der Beamten.

Dasselbe galt für ein Schmauchspurgutachten, das die damalige Mordkommission der Kölner Polizei anforderte. Dies legte nahe, dass die SEK-Beamten vorschnell das Feuer eröffnet hatten. „Der SEK-Zugriff ist damals aus dem Ruder gelaufen", erläutert der Anwalt des Kaufmanns, „In dem Fall haben die Einsatzkräfte massiv gelogen".

Prozess fand bis heute nicht statt

Sein Mandant wurde wegen versuchten Totschlags 2012 angeklagt. Ein Prozess fand bis zum Jahr 2015 nicht statt. Vielmehr hob die Staatsanwaltschaft damals den Haftbefehl gegen den angeklagten Großhändler auf. Sein Anwalt glaubte, auch den Grund zu kennen: „Da will keiner heran, der Fall ist zu heikel." Der Anwalt wollte in der Causa das Land NRW auf Schadenersatz in sechsstelliger Höhe verklagen.

Nun endlich, im Jahr 2015 kommt es doch noch zu einem Prozess. Es geht um die Schadensersatzklage des Kaufmanns und Opfers Panahi gegen die Rambo-Truppe.

Vier Jahre ist es her, da verwandelte das Düsseldorfer Spezialeinsatzkommando (SEK) den Großmarkt und die Bonner Straße in ein Schlachtfeld. Über 100 mal ballerten die Elite-Beamten auf einen Kölner Geschäftsmann und seinen Audi R8. Jetzt erst ermittelt die Staatsanwaltschaft gegen die

Polizisten![20]

Im Fall des am Kölner Großmarkt beschossenen Gemüsehändlers, auf den 109 Mal gefeuert wurde, kristallisiert sich immer mehr ein handfester Polizei-Skandal heraus.

Das SEK Düsseldorf, das den Einsatz durchführte, soll sehr leichtsinnig mit der Schusswaffe umgehen, laut der Aussage eines Insiders. Der Zugriff soll zudem äußerst dilettantisch vorbereitet gewesen sein.

Ein erst jetzt öffentlich gewordenes Video im Netz dokumentiert den äußerst umstrittenen Einsatz am 19. Juni 2011 auf dem Großmarkt im Kölner Süden. Es zeigt, wie der verdächtigte Gemüsehändler Karim Panahi (heute 53) in seinen Audi R8 steigt, offenbar verdeckt beobachtet von Beamten des Spezialeinsatzkommandos.

Die Situation eskalierte

Dann laufen drei Polizisten los. Der erste versucht erfolglos die Seitenscheibe des Audis einzuschlagen, läuft dann am Auto vorbei. Ebenso der zweite Beamte. Der dritte zieht eine Waffe und zielt damit auf den Fahrer. Dann fallen Schüsse, die Scheibe des Fahrers zersplittert. Wahrscheinlich ist, dass der Audi-Fahrer von innen heraus geschossen hat. Der Beamte weicht zurück, stolpert dabei.

Offenbar im Glauben, ihr Kollege sei getroffen, eröffnen die beiden anderen SEKler das Sperrfeuer auf den Audi-Fahrer.

---

20 Kölner express (www.express.de) (Berichts-Serie) siehe online. / und focus.de

Obwohl schwer im Gesicht getroffen, gelingt Karim Panahi die Flucht. Auf der Bonner Straße wirft er seine eigene Waffe aus dem Fenster und wird schwerst verletzt festgenommen.

„Das Vorgehen der Beamten war äußerst dilettantisch", sagte ein ehemaliger SEK-Mann aus NRW der örtlichen Presse. Die Beamten hätten es versäumt, den Audi des Verdächtigen zu blockieren, etwa mit einem Polizei-Van. Auch hätten die SEKler damit rechnen müssen, dass die Scheiben des Luxus-Audis verstärkt waren und sich nicht so einfach zerschlagen ließen.

Die Wild-West-Methoden waren bekannt

Offenbar sind die Beamten des SEK Düsseldorf für ihre Wild-West-Methoden bekannt. Bei ihnen soll es in den vergangenen Jahren zu mehr Schussabgaben gekommen sein als in den anderen fünf SEK-Standorten in NRW zusammen. Zu Ausbildungszwecken sollen die Düsseldorfer in den USA SWAT-Teams besucht haben.

Die Behörde bezeichnete das Vorgehen als gerechtfertigte Notwehr. Der nicht vorbestrafte Gemüsehändler will vor Gericht das Gegenteil beweisen.

Der Verdacht: Der gesamte Einsatz ging völlig schief - und der Ex-Gastronom Karim P. (53) wurde zu einem gefährlichen Täter erklärt, obwohl er unschuldig war. Wie die lokale Presse berichtete, ermittelte die Staatsanwaltschaft Aachen als „neutrale" Nachbarbehörde gegen die beteiligten Beamten. Das SEK war eingesetzt, weil Karim P. angeblich kurz zuvor seine

Ehefrau bedroht haben sollte - sie gab einen Hinweis auf eine Schusswaffe.

Karim P. überlebte den Einsatz nur knapp, auch weil sein Audi über gehärtete Scheiben verfügte – der Geschäftsmann erlitt dennoch schwere Schusswunden im Gesicht. Erst vor kurzem wurde dem Kölner eine neue Nase geformt.

Top-Strafverteidiger Gottfried Reims: „Die Beamten waren nicht in üblicher Montur am Großmarkt aufgetaucht. Dann hätte mein Mandant sie erkennen können.“ Stattdessen schlug ein Beamter gegen die Seitenscheibe des noblen Audi R8, als Karim P. gerade eingestiegen war.

Der 53-Jährige sah einen weiteren Mann von der Seite auf ihn zukommen, glaubte an einen Überfall und floh. Doch zunächst schossen die Beamten über 100 mal auf seinen Wagen – angeblich, weil er sofort das Feuer aus einem Revolver eröffnet hatte. Doch Videoaufnahmen beweisen: Das war gelogen!

Der Anwalt des Opfers zur örtlichen Presse: „Ich habe im November Strafanzeige gegen die Beamten wegen versuchten Totschlags, Freiheitsberaubung und Falschaussagen erstattet.“ Es gibt Hinweise, dass die Beamten falsche Aussagen machten und der Einsatz anders ablief, als dargestellt.

Auffällig auch: Karim P. selbst wurde bis heute nicht angeklagt.

37. Kronzeugen

Wie spitzfindig, objektiv und gewiett die Spezialermittler oft vorgehen, möchte ich in den darauffolgenden Kapiteln wiedergeben. Die Verurteilung des oder der "Tatverdächtigen" ist für die Polizeibeamten selbstverständlich das höchste Ziel ihrer Arbeit.
Ein geheimes Polizei-Protokoll zeigt, wie ein Informant die Hells Angels-Ermittler austrickste und nach Strich und Faden an der Nase herum geführt hat.

Der Frankfurter Dachdecker Daniel M. hatte 2010 die hessische Polizei in ihren größten Feldzug gegen die Frankfurter Hells Angels geführt. Dann kam heraus, dass der Mann ein Hochstapler und ein mit Haftbefehlen gesuchter Betrüger ist. Das hinderte die Polizei jedoch nicht daran, den Mann im Zeugenschutzprogramm zu belassen. Er behielt seine Tarnidentität, eine geheime Wohnung und seine monatlichen finanziellen Aufwendungen. Die ganze Angelegenheit sollte bewusst vor der Öffentlichkeit geheim gehalten werden.

Der Kronzeuge der Polizei Hessen gegen die Hells Angels lebte in einer kleinen Ferienwohnung im Herzen von Bad Kreuznach. Auf Bitte des LKA Hessen hatte das LKA Rheinland-Pfalz den Mann in einer Art Nachbarschaftshilfe in der Kurstadt untergebracht. In dem gelbfarbigen Gebäudekomplex mieten Mainzer Zeugenschützer regelmäßig Wohnungen an, in denen sie gefährdete Zeugen aus Deutschland wie auch dem benachbarten Ausland verstecken.

Der Hells-Angels-Informant aus Frankfurt, für den man umgehend eine komplette Tarnidentität auf den Namen „Daniel Messer“ besorgt hatte, sollte um jeden Preis bei Laune gehalten werden, damit er weiter aussagt. Deshalb bekam er auch, was er wollte. Ein Auto? Kein Problem! Ein richtig schickes Auto sollte es sein? Auch kein Problem: Zeugenschützer buchten mit einer Behördenkreditkarte beim Autoverleih „Europcar“ mal einen luxuriösen Sportwagen, mal ein Cabrio, und stellten dem Zeugen die Fahrzeuge vor die Tür.

Dass in den bundeseinheitlichen Bestimmungen zur Aufnahme in das Zeugenschutzprogramm „aus Sicherheitsgründen“ und „grundsätzlich“ davon abgeraten wird, „ein auffälliges Kraftfahrzeug an den neuen Aufenthaltsort mitzunehmen“, störte offenbar keinen.
„Anfangs haben wir für den Kronzeugen regelmäßig Bargeld in Mainz abgeliefert“, erinnert sich ein Wiesbadener Beamter. Später wurde das Geld zur freien Verwendung der Mainzer Zeugenschützer auf ein Konto überwiesen. Auf diese Weise konnten die ihrem Schützling regelmäßig etwas „Taschengeld“ zukommen lassen. Mal gab’s 100, mal 200 Euro auf die Hand – so stockte man sein karges „Hartz-I V-Gehalt“ etwas auf, verstieß aber zugleich gegen Bestimmungen der Arbeitsagentur: Zusatzverdienste müssen nun mal gemeldet werden.

Als verantwortlich für all die Freigiebigkeit und Nachlässigkeiten, die jeder erfahrene Kripobeamte als unkalkulierbares Sicherheitsrisiko einstuft, wird der Chef des Mainzer Zeugenschutzdezernats genannt. Erwin Owtscharenko, lange Jahre CDU-Bürgermeister in einem 2700-Seelen-Dörfchen namens Weiler, ein Drei-Tage-Bartträger mit öffentlich erklärten und durchaus ernst gemeinten Ambitionen auf einen Platz im Bundestag, mindestens aber im Landtag. In vertrauter Runde gab der begeisterte Büttenredner schon mal zum Besten, er müsse einen äußerst wichtigen Zeugen betreuen, dem er immer neue Aussagen entlocke, was seinem

Ruf als erfolgreichen Kriminalisten nur förderlich sein könne.

Anfangs kümmerte sich der Dezernatsleiter persönlich um den Kronzeugen. Das ging dann so: Daniel M. erzählte, ein Gastwirt aus Wiesbaden-Nordenstadt – nennen wir ihn hier Gerd K. – sei der Waffenlieferant der Hells Angels, habe ihm schon mal ein Kleinkalibergewehr mit 15 Schuss Munition für 1200 Euro verkauft.[21]

Die Ermittler glaubten die heiße Story und leiteten umgehend ein Ermittlungsverfahren gegen den Gastwirt ein: Aktenzeichen 6310 Js 226898/10 – Verdacht des Verstoßes gegen das Waffengesetz.

Um die etwas dürftige Info wasserdicht zu machen, wurde Daniel M. noch einmal in das Restaurant geschickt – unsichtbar verkabelt von den Spezialisten des LKA: Er sollte den Gastwirt zu weiteren Waffengeschäften animieren, während draußen Beamte jedes Wort mithören wollten. Für seinen Einsatz (...) kassierte der Kronzeuge nach Informationen dieser Zeitung 3000 Euro „Honorar". Leider brachte die Lausch-Aktion nicht den gewünschten Erfolg: Die Übertragungsqualität war miserabel. Dafür wusste Daniel M. hinterher eine spannende Geschichte zu erzählen: Gastwirt Gerd K. habe ihm eine Waffe gezeigt.

Hier ein Auszug aus dem polizeilichen Vernehmungsprotokoll:

Frage: „Hat Gerd die Waffe aus der Schublade herausgeholt und sie ihnen gezeigt?"

---

[21] http://www.fnp.de/rhein-main/specials_kronzeugen_affaere/Kronzeuge-ausser-Kontrolle;art3179,36509

Antwort: „Nein, er hat nur die Schublade aufgemacht, so dass ich die Waffe sehen konnte."

Frage: „War auch Munition in der Schublade?"

Antwort: „Ich weiß es nicht, ich habe nicht darauf geachtet?"

Frage: „Wie sah die Waffe aus?"

Antwort: „Es war ein schwarzer Revolver, neuartiges Aussehen, komplett schwarz, auch die Griffstücke. Der Revolver hatte einen langen Lauf und sah aus wie eine „Westernwaffe". Ich glaube, es war eine Waffe mit dem Kaliber 45. Zu Gerd sagte ich noch: „Mit dem Ding kannst du doch nicht zielen." Er antwortete, er würde auf das Knie zielen und den Oberkörper treffen.
Diese Aussagen des Kronzeugen führten dazu, dass die Frankfurter Amtsrichterin Gudrun St. einen Durchsuchungsbefehl unterzeichnete. Wörtlich heißt es darin: „Nach den bisherigen Ermittlungen ist zu vermuten, dass die Durchsuchung zur Auffindung folgender Beweismittel führen wird: Revolver Long Colt, Kaliber 45, ‚Long John", über den der Beschuldigte illegal verfügt, weitere Schusswaffen, Unterlagen und sonstige Hinweise auf den Waffenlieferanten R. etc."

Mit diesem richterlichen Papier ging es dann zur Sache: Zu nachtschlafender Stunde stürmten schwerbewaffnete Polizisten das Restaurant und die Wohnung des Gastwirts und durchsuchten alle Räume. Der Sachschaden war enorm, der Erfolg gleich null: Zwar fand man ein längliches Lederfutteral auf einem Schrank, darin waren aber nur Angelruten enthalten. Das Verfahren gegen den Gastwirt musste komplett eingestellt werden.

Auch in diesem Fall, sagt ein Beamter, hätten die Kollegen in Mainz gegen eine zentrale Vorschrift des Zeugenschutzes verstoßen: (...) Aber bei Daniel M. waren offensichtlich sämtliche Regeln und Vorschriften außer Kraft gesetzt. „Er fuhr nachts nach Frankfurt und traf sich mit seinen Kumpeln", erzählt ein Kripo-Mann. Dabei war die Main-Metropole als „Gefährdergebiet" eingestuft, in dem einem Zeugen Gefahr droht und dass er deshalb unbedingt zu meiden hat.
Daniel M. störte sich daran nicht. Er übernachtete in seiner alten Wohnung, er traf sich mit seiner Mutter, die in Bad Vilbel lebt. „Bei jedem anderen Zeugen hätte ein einziger Verstoß gereicht, und er wäre aus dem Programm gefeuert worden", sagt ein Beamter. „Hier drückte man beide Augen zu. Man wollte mit dem Zeugen ja den ganz großen Schlag landen."

Erst nach Monaten dämmerte den Ermittlern, dass der Informant sie wohl gelinkt hatte: Fast all seine Informationen hatten sich als heiße Luft entpuppt. Und nun? Den Mann umgehend aus dem Zeugenschutzprogramm entlassen, wie es die Bestimmungen vorsehen?
So einfach ging das nicht: Viel zu lange war der Mann bereits als Zeuge betreut worden – dies gegen den erklärten Willen der Staatsanwaltschaft. Zudem wurde er von Gläubigern gejagt: Würde man ihn laufen lassen, würde er nicht lange dicht halten, plaudern und nicht nur die Ermittlungen gegen die Hells Angels verraten, sondern auch die nicht genehmigten Zeugenschutzmaßnahmen.

Anfangs versuchten die Ermittler, die Staatsanwaltschaft von der Notwendigkeit eines offiziellen Zeugenschutzes zu überzeugen. Am 24. August sprachen sie noch einmal in der Frankfurter Behörde vor. Vergebens: Die Vertreter der Anklagebehörde wollten sich nicht auf Daniel M. einlassen.

Am 25. August 2010 traf man sich im Wiesbadener LKA zu einer Krisensitzung. Das „Ergebnisprotokoll“ nennt als Teilnehmer neun Kripobeamte aus Wiesbaden und Mainz, ihr Gespräch dauerte von 10.20 Uhr bis 12.40 Uhr. Unisono beklagten sie eine „brisante Situation mit dem Kronzeugen“, der „immer noch nicht führbar“ sei. Die Arbeit mit ihm bringe die Ermittlungen nicht voran, „der Mehrwert der durchgeführten Vernehmungen habe mit zunehmender Zeit abgenommen“. Ein Kassenbuch der Hells Angels, das er vorgebe zu besitzen und mit dem man den Rockern schwere Verbrechen nachweisen wollte, existiere nur in „Erinnerungen und eigenen Aufzeichnungen“.

Kurzum: Der Mann sei „äußerst labil“, er drohe immer wieder, sich abzusetzen, unterzutauchen, sich zu offenbaren. Er sei in dieser Verfassung eine „akute Gefahr“ für das Ermittlungsverfahren gegen die Hells Angels. In dem LKA-Protokoll, das dieser Zeitung vorliegt, spiegelt sich das ganze Dilemma der Beamten wieder: Da führten sie seit Monaten einen Mann im Zeugenschutzprogramm – und dann erklärt die Staatsanwaltschaft, er eigne sich nicht als Zeuge. Und nun?

Der Mainzer Dezernatsleiter Erwin Owtscharenko wusste Rat: Formal befinde sich Daniel M. eigentlich gar nicht im Zeugenschutzprogramm, erklärte der Mainzer Zeugenschutzchef der verdutzten Ermittler-Runde. Er sei „im Status eines gefährdeten Zeugen“.

Diese ebenso unsinnige wie juristisch fragwürdige Darstellung muss die Teilnehmer der Geheim-Besprechung völlig überraschend getroffen und letztlich auch nicht sonderlich überzeugt haben. Am besten, so überlegten die Kripobeamten schließlich allen Ernstes, stecke man Daniel M. ins Gefängnis: „Oberstes Ziel ist die Erlangung eines Haftbefehls gegen den

Kronzeugen, um einer Eigengefährdung und/oder Verfahrensgefährdung entgegen zu wirken", notierten sie in ihrem Protokoll. Das Papier stuften sie sodann als derart geheim ein, dass es nicht einmal in die Ermittlungsakten gelegt werden durfte. Inhaftierung als „beste Alternative", wie die Beamten formulierten? So weit kam es dann doch nicht. Es gab bald einen neuen Plan.

Daniel M. alias Daniel Messer wurde vorübergehend außer Landes gebracht. Nach Irland. Die hessische Behörde bezahlte den Flug, finanzierte auch einen Sprachkurs. Und sie zahlte auch, als ein hessischer Rocker-Fahnder den Zeugen auf der Insel vernehmen wollte. In Irland war es inzwischen recht kalt geworden, der Zeuge brauchte warme Kleidung – kein Problem: Die Zeugenschützer schickten ihm via „Western Union" Geld, Hessen zahlte ja alles.

In Wiesbaden und Mainz wurde unterdessen an einer finalen Lösung gearbeitet. Israel war das nächste Ziel, das sich der Zeuge gewünschte hatte. Nach seiner Rückkehr aus Irland ging es dann schnell weiter. Der Tarnname „Daniel Messer" war Vergangenheit – Daniel M. nannte sich nunmehr „Daniel Ben Ami". Er bekam neue Flugtickets und wurde in Frankfurt in den Flieger gesetzt. In Israel muss es dem Mann schon bald recht langweilig geworden sein: Er verschickte Mails, aus denen man dummerweise entnehmen konnte, dass er sich in der Stadt Kfar Saba versteckt hielt.

Spätestens jetzt, nach seiner eigenen Enttarnung, hätte jeder weitere Kontakt mit dem Zeugen eingestellt werden müssen. Das sehen die Bestimmungen des Zeugenschutzes vor. Erwin Owtscharenko aber, der Mainzer Dezernatsleiter, hält angeblich weiterhin unverdrossen Kontakt. Er besuchte „seinen" Zeugen im „Gelobten Land", zusammen mit seinem damaligen

Stellvertreter Thomas B., natürlich auf Staatskosten. Noch heute telefoniert man hin und wieder miteinander.

Neuerdings quengelt Daniel M. allerdings ein bisschen viel herum: Er möchte heim. Nach Hause! Nach Hessen! Jüngst soll er in einem Telefonat wie beiläufig daran erinnert haben: Man wisse doch, er wisse viel! Es klingt, als wolle er die Polizei erpressen.

Heim nach Deutschland? Das geht gar nicht! (...)
Aber er lässt nicht locker. Verlangt jetzt, man solle ihn in die Schweiz bringen. Da würde es ihm gefallen, da spricht man Deutsch, und es ist nicht ganz so weit weg. Zwischen Wiesbaden und Mainz laufen bereits Überlegungen: Kriegt man das hin?

Inzwischen sind es allerdings nicht mehr nur die alten Geschichten, die Sorgen machen. Neuerdings kursiert ein Gerücht – wenn es denn wahr ist, könnte es für die Ermittler noch brenzlig werden: Es heißt nämlich, Daniel M. habe in Israel eine Frau kennengelernt, eine Bankangestellte. Er habe schon ein Kind mit ihr, er sei mit ihr umgezogen, in eine neue Stadt, er habe die Frau geheiratet und ihren Namen angenommen.

Die Zeugenschützer sind elektrisiert: Sie haben keinen Zugriff mehr auf den Mann! Sie kennen seinen Namen nicht und auch nicht seine neue Adresse. Der Kronzeuge außer Kontrolle – das kann ja noch richtig spannend werden!

Dumm - Dümmer - Polizei!

Hells Angels: Folterkammer eingerichtet und Leiche einbetoniert?

1200 POLIZISTEN IM EINSATZ. Die größte Rocker-Razzia aller Zeiten[22]

Mehr als ein Dutzend Elitepolizisten der Spezialeinsatzeinheit GSG 9, Funkname "Wotan". Die maskierten Kämpfer in den schwarzen Einsatzoveralls seilten sich in Hanebuths Garten ab, erschossen dort zur "Eigensicherung" seinen sechs Monate alten Hund und stürmten die Villa.

Obwohl den "Spezialisten" Schlüssel angeboten wurden, wurden mehrere Türen im Haus und das Gartentor aufgebrochen. Blinder und unnötiger Aktionismus, der den Steuerzahler nur vermeidbare Kosten verursacht.

Parallel zum "Einsatz" bei Frank Hanebuth durchsuchten mehr als 1200 Beamte, darunter etwa 400 Spezialkräfte, fast 90 Wohnungen, Bordelle und Bars in Hamburg und Schleswig-Holstein. Es war eine der größten Aktionen der Ermittler gegen die Rocker in Deutschland, nur in Hessen hatte die Staatsmacht im Winter 2010 noch mehr Personal aufgeboten.[23] Auf einer Pressekonferenz in Kiel feierten die Polizeiführer ihren Schlag am Nachmittag als "historisch".

Nach der Großrazzia gegen die Hells Angels suchte die Polizei bei Kiel auch am Samstag nach einem seit zwei Jahren vermissten Türken, dessen Leiche möglicherweise einbetoniert worden war. Die Suche wurde allerdings erfolglos beendet. Am Sonntag solle die Suche fortgesetzt werden. Laut Medienberichten gibt es zudem Hinweise, dass die Rocker eine

---

22 Vgl. http://www.mopo.de/umland/1200-polizisten-im-einsatz-die-groesste-rocker-razzia-aller-zeiten-,5066728,16104488.html

23 http://www.spiegel.de/panorama/justiz/hells-angels-verbot-operation-leise-sohle-a-789377.html

Folterkammer in der Kieler Innenstadt betrieben haben.

Die Ermittler gehen dem Verdacht nach, dass sich die Leiche des Mannes im Fundament einer Lagerhalle der Hells Angels in Altenholz bei Kiel befinden könnte. Als Hintergrund werden Auseinandersetzungen im Zusammenhang mit Drogengeschäften vermutet. „Es wird mit Hochdruck gearbeitet", sagte eine Sprecherin des Landeskriminalamts Schleswig-Holstein. Ergebnisse lägen noch nicht vor. „Wir ermitteln weiter."

Folterkammer in der Nähe der Polizeidirektion?

Ebenfalls fortgesetzt wurde die Durchsuchung einer Kfz-Werkstatt in der Kieler Innenstadt. Medienberichten zufolge sollen die Hells Angels dort in einem ehemaligen Trafohäuschen eine Art Folterkammer eingerichtet und darin vor zwei Jahren den damals 47-jährigen Tekin Bicer mehrere Stunden lang misshandelt und schließlich getötet haben. Eine Bestätigung gab es dafür zunächst nicht.

Verbindungen zu Rechtsradikalen[24]

Die Vorwürfe gegen die Rocker: Menschenhandel, Prostitution, Korruption, Körperverletzung und Waffenhandel - auch mit Rechtsradikalen. Eine Polizeisprecherin bestätigte Medienberichte, nach denen auch die Wohnung eines Kieler NPD-Ratsherrn durchsucht wurde.

Hier geht es um den Verdacht, der Mann könnte von den Hells Angels eine Waffe gekauft haben. Insgesamt führt die

---

24 http://www.welt.de/regionales/hamburg/article106376061/Leichensuche-nach-Grossrazzia-gegen-Rocker.html

Staatsanwaltschaft im Kampf gegen Rockerkriminalität fast 200 Ermittlungsverfahren gegen 69 Beschuldigte.

Schleswig-Holstein verfolgt schon seit Jahren eine Null-Toleranz-Politik gegen die Rockerclubs. Für den Kieler Innenminister Klaus Schlie (CDU) hat der Einsatz in Norddeutschland eine Signalwirkung für ganz Deutschland.

„Das war ein entscheidender, wichtiger Beitrag, um diese Art der organisierten Kriminalität tatsächlich zu bekämpfen, einzudämmen und letztendlich total zu beseitigen", sagte er.

Die Polizei in Schleswig-Holstein befürchtete übrigens Vergeltungsschläge. Und zwar nicht nur von den Hells Angels, sondern auch aus der Kriminellen- und Rechtsradikalenszene. Kiel hat vorsorglich seine Polizei verstärkt. Was soll man dazu noch sagen?

Bisher war Steffen R. ein wichtiger Kronzeuge der Polizei im Kampf gegen die Hells Angels. Jetzt mehren sich die Zweifel am Wahrheitsgehalt seiner Aussagen.

Fast 200 Ermittlungsverfahren basieren auf den Aussagen von Steffen R. Zuletzt sorgten die Angaben des 40-Jährigen zu angeblichen Mordaufträgen der Rockergruppe Hells Angels dafür, dass Hundertschaften der Polizei in Schleswig-Holstein und Niedersachsen fast ein Dutzend Hells- Angels-Einrichtungen durchsuchten und sich mehrere der berüchtigten Motorradclubs selbst auflösten, um einem Vereinsverbot zuvorzukommen.

Inzwischen mehren sich aber auch Zweifel am Wahrheitsgehalt

vieler Aussagen des früheren Chefs der Rockerbande Legion 81, einem Unterstützerclub der Hells Angels in Kiel. So soll R. bereits in den 90er-Jahren in Sachsen-Anhalt als Informant des dortigen Landeskriminalamts fungiert haben. R. war damals schon im Rockermilieu tätig und soll die Polizei über die Motorradclubs informiert haben. Allerdings oft nicht zuverlässig, wie die Polizei Sachsen-Anhalt gegenüber dem Bundeskriminalamt nun einräumt.

Der Schwerkriminelle R. habe „mehrfach Tatsachen konstruiert und gelogen", wohl um das Interesse der Behörden an seiner Person hochzuhalten, urteilten die Magdeburger Beamten gegenüber dem BKA, wie die Süddeutsche Zeitung berichtet.

Äußerst skeptisch bewertet überdies die Bundesanwaltschaft jüngste Behauptungen von R., er habe über Kontakte zur Thüringer Neonazi-Zelle Nationalsozialistischer Untergrund (NSU) verfügt. Diese Aussagen seien bewusst wahrheitswidrig und zum Teil frei erfunden, glauben die Karlsruher Bundesanwälte.

Steffen R. hatte behauptet, der Polizei in den vergangenen Jahren Hinweise auf den Aufenthaltsort von Uwe Böhnhardt, Uwe Mundlos und Beate Zschäpe gegeben zu haben. Die Rocker sollen dem Trio sogar eine Waffe und Munition verkauft haben. Tatsächlich gebe es bislang keine Ermittlungsansätze für Kontakte zwischen NSU und Rocker-Clubs, sagte ein Sprecher der Bundesanwaltschaft.

Erst im Frühsommer hatte die Kieler Staatsanwaltschaft mit

großem Aufwand eine Lagerhalle untersucht, wo laut R. die Leiche eines Türken versteckt worden war, der Streit mit den Hells Angels hatte. Die aufwendige Suchaktion, die 400.000 Euro kostete, verlief ergebnislos. Der Kronzeuge R. selbst war im Juni zu einer vergleichsweise milden Haftstrafe von vier Jahren verurteilt und in ein Zeugenschutzprogramm aufgenommen worden.

Die Staatsanwaltschaft Naumburg beantragte nun, gegen R. eine ausstehende Bewährungsstrafe zu vollziehen. Steffen R. versuche offenbar seit Jahren, sich einen Strafrabatt zu verschaffen, indem er mit dem Behörden zusammenarbeite, reale Vorgänge aufbausche und Halbwahrheiten verbreite, sagte der zuständige Oberstaatsanwalt.

Die Kieler Staatsanwaltschaft wollte sich zu den Vorwürfen gegen ihren Kronzeugen nicht äußern.

Fazit der größten Rocker-Razzia aller Zeiten:

Die fast siebenwöchige Suche nach einer Leiche in einer Lagerhalle der Hells Angels in Altenholz bei Kiel ist erfolglos geblieben. [25]

Der Flop von Altenholz versetzt dem Kampf gegen die Rockerkriminalität im Norden einen schweren Rückschlag. Die

---

[25] Vgl. http://www.bild.de/regional/hannover/leichensuche-nach-vermeintlichem-hells-angelsopfer-25092860.bild.html

Kieler Staatsanwaltschaft konnte nicht umhin, beim örtlichen Amtsgericht die Aufhebung von Haftbefehlen gegen die Beschuldigten im Ermittlungsverfahren zu dem seit mehr als zwei Jahren vermissten, vermutlich ermordeten Türken Tekin Bicer zu beantragen. Damit kommen mehrere Hells Angels erst einmal wieder auf freien Fuß.

Als Pleite betrachtet Oberstaatsanwältin Birgit Heß das Geschehen dennoch "auf keinen Fall". „Es ist eine bedeutsame Spur im Ermittlungsverfahren abgearbeitet und die zunächst bestandenen Verdachtsmomente sind ausgeräumt worden", sagte Heß. Es komme immer wieder vor, dass Zeugenaussagen sich nicht bestätigten oder Spuren nicht zielführend seien.
So einfach ist das! Egal wie viel Mist man verzapft und was für einen Blödsinn man aufsitzt, Schuld haben immer die Anderen. All das kommt mir so bekannt vor...

38. LKA-Chef stoppte gezielt NSU-Fahndung

Das gesamte Buch, wie auch das Vorgängerwerk dreht sich um V-Personen der Polizei, Rechtsbeugung, Lügen und Skandale. Wer daran noch immer zweifelt und sich nicht vorstellen kann, dass so etwas bei uns möglich ist, der möge aufmerksam dieses Kapitel studieren.
Jahrelang konnte die NSU-Terrorzelle unbehelligt von der Polizei morden oder Banken ausrauben. Nun erhebt ein LKA-Beamter gravierende Vorwürfe: Der heutige Präsident des Thüringer Landeskriminalamtes soll 2003 Ermittlungen gezielt

verhindert haben.

Im konkreten Fall geht es um die Aussage eines Zeugen, der den untergetauchten Rechtsterroristen Uwe Böhnhardt an einer Ampel in Jena erkannt haben wollte. Der Mann war den Angaben zufolge Böhnhardts Klassenkamerad und identifizierte ihn eindeutig. Der LKA-Chef habe die Ermittler angewiesen, den Zeugen zu befragen, der Sache aber nicht weiter nachzugehen, berichtete ein LKA-Beamter einem Nachrichtenmagazin.

Der LKA-Chef, damals bereits in leitender Funktion am LKA Thüringen, habe persönlich zum Hörer gegriffen. „Der Auftrag hat gelautet: Fahrt mal raus, damit keiner sagen kann, wir hätten gar nichts gemacht. Also haben wir den Zeugen befragt. Aber wir sollten nichts ermitteln. Es wurde explizit gesagt: „Kriegen Sie da nichts raus", sagte der Informant gegenüber dem Magazin. Diese Aussage liegt der Sendung nach eigenen Angaben als eidesstattliche Versicherung vor.

Der LKA-Präsident wollte sich nicht zu den Vorwürfen äußern. Er verwies darauf, dass es sich um ein Verfahren des Generalbundesanwaltes handele. Erst vorige Woche hatte er vor dem Untersuchungsausschuss des Thüringer Landtages ausgesagt, die Ermittler seien Ende der 1990er, Anfang der 2000er Jahre intensiv bemüht gewesen, das NSU-Trio zu fassen. Er widersprach damit einigen Zielfahndern. Sie hatten vor dem Ausschuss erklärt, die Suche nach dem Trio habe keine hohe Priorität gehabt und sei kein „richtiger Zielfahndungsauftrag" gewesen.

Zu den Vorgängen im Juni 2003 verwies der LKA-Chef auf ein Schreiben an das Thüringische Innenministerium vom September 2003. Darin nimmt er Stellung zum ausbleibenden Fahndungserfolg: Demnach hätten die Ermittlungen nicht zum Erfolg geführt, weil sich die Angaben des Zeugen auf Ereignisse bezogen hätten, die ein bis drei Jahre zurückgelegen hätten. Darüber hinaus seien sie nicht schlüssig gewesen.[26]

Dies widerspricht allerdings Akten, die dem Nachrichtenmagazin vorliegen: Hieraus geht hervor, dass zwischen der Begegnung des Zeugen mit Uwe Böhnhardt und seiner Aussage beim LKA nur acht Monate vergangen waren. Zudem bewertete ein Polizist der Polizeidirektion Jena den Zeugen damals als glaubwürdig.

Die drei Neonazis Beate Zschäpe, Uwe Mundlos und Uwe Böhnhardt waren 1998 abgetaucht, nachdem ihre Bombenwerkstatt in Jena aufgeflogen war. Im September 2003 - kurze Zeit nach den Hinweisen von Böhnhardts ehemaligem Schulfreund - war das Ermittlungsverfahren eingestellt worden. Das Trio soll als sogenannter „Nationalsozialistischer Untergrund“ (NSU) zehn Morde begangen haben.

Wieso stoppte der LKA-Chef gezielt die Fahndung nach einem gesuchten Rechtsterroristen und warum wurde kurz danach das Ermittlungsverfahren eingestellt?

Je mehr Details zu der rechtsextremen Terrorgruppe bekannt

---

[26] Ebd.

werden, desto dringlicher wird die Frage, was der Verfassungsschutz tatsächlich von dem mörderischen Trio wusste. Besonders brisant ist, dass in den Trümmern der Wohnung der Gruppe angeblich sogenannte "legale illegale Papiere" entdeckt wurden. Der Fund bringt den Verfassungsschutz gehörig in Erklärungsnot.

"Legale illegale Papiere" sind Scheinpapiere mit echtem Foto und falschen Namen, die aber offiziell ausgestellt wurden. Der Nachrichtendienst stellt solche falschen Ausweise für seine Mitarbeiter her. Auch Menschen in einem Zeugenschutzprogramm erhalten von den Behörden die Papiere für ihre neue Identität.

Bisher bestreiten die Sicherheitsbehörden von Ländern und Bund vehement jeden Kontakt mit den drei Rechtsterroristen. Dabei war beispielsweise der Anführer des "Thüringer Heimatschutzes", Tino Brandt, nachweislich ein Verbindungsmann des Verfassungsschutzes. Andere Mitglieder der Gruppierung sind ebenfalls angesprochen worden. Ob die Verfassungsschützer Beate Z., Uwe M. und Uwe B. auch ein Angebot machten, ist unklar. Sie gehörten jedenfalls zum "Thüringer Heimatschutz", bevor sie in den Untergrund gingen.

Möglicherweise hat V-Mann Brandt die Gruppe gewarnt. Im Januar 1998 durchsuchte die Polizei mehrere Wohnungen in Jena nach Bomben und Sprengstoff. Sie entdeckte jede Menge Nazipropaganda und vier Rohrbomben in einer Garage. Doch aus unerklärlichen Gründen konnten die drei Rechtsextremisten trotz Überwachung und Haftbefehlen unbemerkt fliehen.[27]

Schon 2003 kritisierten zahlreiche Politiker die V-Mann-Strategie, weil das NPD-Verbotsverfahren an den vielen Spitzeln scheiterte. Die Richter konnten einfach nicht schlüssig belegen, welche verfassungsfeindlichen Aussagen von der NPD kamen und welche von VS-Spitzeln, die sich wichtig machen wollten.

Das Problem sei, dass der Verfassungsschutz aufgrund seiner konspirativen Arbeitsweise fast vollständig der demokratischen Kontrolle entzogen ist. Selbst wenn Erkenntnisse über Straftaten vorliegen, sei die Behörde nicht verpflichtet, diese zu melden.

Was viele nicht wissen: Ein V-Mann des Verfassungsschutzes ist keineswegs ein eingeschleuster "Undercover-Polizist" oder ein ehemaliger Neonazi, der die Seiten gewechselt hat und jetzt gegen seine früheren "Kameraden" arbeitet. Der Angeworbene bleibt ein überzeugter Rechtsextremist, der lediglich gegen viel Geld monatliche Berichte für die Beamten verfasst. Ob der angeheuerte Rechte echtes oder erfundenes Material abliefert, kann sein V-Mann-Führer kaum überprüfen.

Die Vorgehensweise der Verfassungsschützer ist immer die Gleiche. Sie suchen sich Szenemitglieder, die in schwierigen Lebensumständen und Geldnot stecken, passen sie auf dem

---

27 https://dokmz.wordpress.com/2011/11/14/verfassungsschutz-im-zwielicht/

Heimweg ab und bitten sie um ein Gespräch. Dann wird eine Summe für wöchentliche oder monatliche schriftliche Berichte über interne Informationen aus der Szene ausgemacht.

Reden will der Verfassungsschutz über diesen Teil seiner Arbeit nur ungern. Als vor einigen Monaten ein Neonazi Fotos von mutmaßlichen VS-Mitarbeitern schoss, die ihn anwerben wollten, und diese mit hämischen Kommentaren im Internet veröffentlichte, hieß es von der Pressestelle lediglich, die fotografierten Personen seien dem Verfassungsschutz nicht bekannt.

Für notorisch klamme Mitglieder des rechten Spektrums sind die Jobs als Spitzel eine lukrative Einnahmequelle. Niemand weiß genau, wie viele V-Männer sich in der Szene befinden. Aussteiger berichten von bis zu 40.000 Euro Jahresgehalt und – viel besorgniserregender – von einem gut organisierten Netz der Neonazis, das die Spitzel einbindet und unter Kontrolle hält. Nach Aussagen früherer Rechtsextremisten, gibt es in der NPD Leute, die sich nur darum kümmern, dass die intern bekannten V-Leute möglichst harmlose Berichte schreiben und einen Teil ihres Spitzelgehalts brav in die Parteikasse einzahlen.

39. Festnahme am gleichen Tag!

Mit Karl Heinz B. verbindet mich ein gemeinsames Andenken. Wir wurden beide am selben Tag, dem 17.03.2010, brutal vom SEK festgenommen. In beiden Fällen lag ein

Rockerhintergrund vor und der Verdacht der räuberischen Erpressung im Rotlichtmilieu. Er und andere sollen Prostituierte von lukrativen Stellplätzen vertrieben haben, um ihre eigenen Huren dort anschaffen zu lassen. Ich sollte mit jemand anderen einer Prostituierten eine scharfe Waffe an den Kopf gehalten haben, um sie um 25.000,- Euro zu erleichtern. Alles wohlgemerkt an den Haaren herbeigezogen.

Bei der Festnahme von Karl Heinz B. wurde ein eingesetzter SEK-Beamter in Notwehr erschossen. Gerade weil ich um das äußerst brutale und sinnfreie Vorgehen der Spezialeinsatzkommandos, insbesondere gegen Rocker, Bescheid weiß, kam bei mir kein Mitleid auf. Ich empfand keine Schadenfreude, aber der Tod des Polizisten ließ mich damals unbeeindruckt. Vielleicht war ich so gefühlskalt, weil ich selber auf brutalste Art und Weise von eben genau dieser Spezies zu Unrecht festgenommen wurde.

Heutzutage empfinde ich es als tragisch, dass ein Mensch bei einem Einsatz ums Leben gekommen ist, der in dieser Art und Weise niemals hätte stattfinden dürfen. Ein eklatantes Fehlverhalten der Polizei, das einen der ihren das Leben kostete.

Karl Heinz B. beschreibt in einem Videobeitrag den tragischen Vorfall mit seinen eigenen Worten.
Es war in den frühen Morgenstunden, als er durch Schläge an seiner Wohnungstür wach wurde. Sein erster Gedanke war, dass er überfallen werden würde. Er griff vorsichtshalber zu seiner Sportwaffe, schaltete das Licht an und ging vom ersten Stock hinunter. Er rief dann: „Verpisst Euch!" Die Schläge an seiner Wohnungstür hörten indes nicht auf.
Karl Heinz B. dachte, dass wenn die Leute in sein Haus gelangen würden, dann wäre er tot.

Zeitgleich, gegen halb 6 Uhr morgens, vernahm auch seine Nachbarin die verdächtigen Geräusche an seiner Wohnungstür, vermutete ebenfalls an einen Einbruch und verständigte die Polizei.
Karl Heinz B. gab dann durch die Tür, in den Boden, zwei Warnschüsse von oben nach schräg unten ab. Er wusste nicht und konnte es auch nicht wissen, dass hinter der Tür ein Polizist kniete, der leider tödlich getroffen wurde.
Nach den abgegebenen Schüssen riefen die vermummten Gestalten zum ersten Mal: „Achtung, hier ist die Polizei!"
Karl Heinz B. glaubte das aber immer noch nicht und lief wieder zurück in den ersten Stock, um aus dem Fenster mehrere vermummte Gestalten vor der Tür zu sehen. Ohne Polizeikennzeichnung! Er entschied sich trotzdem nach unten zu gehen, um die Tür zu öffnen.
Unmittelbar nach Öffnung der Haustür und der obligatorischen Festnahme durch zu Boden reißen setzte es zahlreiche Schläge und Tritte in die Nieren.

Dies wird gern gemacht, damit sich der Festgenommene einnässt, man das fotografiert und man im Nachhinein stolz behaupten kann, dass sich das Opfer des SEK vor Angst „bepisst“ habe.
Bei Karl Heinz B. klappte dies aber nicht.
Schläge und Tritte in die Nieren

Daraufhin wickelte man ihm Handtücher um Hals und das Gesicht, dies aus dem einfachen Grund, Stiefelabdrücke zu verhindern. Was nun nämlich folgte, war das Springen auf seinen Kopf.
Er wurde entkleidet und es wurden ihm die Hoden umgedreht. Gefolgt von Tritten in die Weichteile. Diese Folter dauerte ca. 40 Minuten lang!

Nachdem er dann in die U-Haft verbracht wurde, fiel den Justizbeamten der JVA sein komischer Gang auf, der von der "Behandlung" durch das SEK herrührte. Die Anstaltsleitung erschien umgehend mit einem Arzt, um die Verletzungen zu protokollieren, damit man nachweisen konnte, dass diese ihm vorher zugefügt wurden.

Gegen die Brutalo-Polizisten wurde dann ein Ermittlungsverfahren durch die Staatsanwaltschaft Koblenz eröffnet. Das war im Jahre 2011. Dieses Verfahren war im August 2013 noch nicht abgeschlossen.
Grund des Verfahrens war der Verdacht der Körperverletzung im Amt. Die Staatsanwaltschaft gewährte der Verteidigung bislang keine Akteneinsicht.
Was noch mehr als interessant sein dürfte ist der Fakt, dass sich die SEK-Beamten erst im Nachhinein die Polizeiabzeichen gegenseitig angeheftet haben, nachdem sie sich mit unbeteiligten Zeugen konfrontiert sahen.

Was macht ein SEK total vermummt und ohne Polizeiabzeichen vor dem Haus eines Hells Angels, von dem sie wussten, dass er legal über eine Schusswaffe verfügte und gibt sich selbst nach Anruf des Verdächtigen nicht als Polizei zu erkennen?

40. Harry Wörz

Natürlich muss das unsägliche Unrecht im Fall von Harry Wörz in diesem Buch Beachtung finden, zumal ich indirekt einen Bezug zu dem Fall habe. Einen der Rechtsanwälte von

Harry Wörz, Dr. Neuhaus aus Dortmund, kenne ich persönlich. Dr. Neuhaus war der Rechtsanwalt von dem Insassen, mit dem ich während meiner U-Haft-Zeit sehr viel Zeit verbracht hatte. Dem "weißen Tyson".
Als dieser temporär aus der Haft entlassen wurde und wir seine frisch erlangte Freiheit in einem Lokal in Dortmund feierten, war Dr. Neuhaus auch anwesend und wir wechselten ein paar Sätze. Dr. Neuhaus erfuhr von seinem Mandanten im Nachhinein von meinem ersten Buch und äußerte Interesse an diesem. Ich weiß aber nicht, ob er es bis heute gelesen hat.
Das Drama um Harry Wörz ist ein weiterer Beleg dafür, was in diesem Land alles möglich ist und wie die Polizei im Hintergrund die Fäden zieht und "eigene" schützt.

Ein Auszug aus Wikipedia zur Person Harry Wörz[28] :
Harry Wörz (* 3. Mai 1966 in Birkenfeld bei Pforzheim) wurde im Jahre 1998 zu Unrecht wegen versuchten Totschlages an seiner damaligen Ehefrau rechtskräftig verurteilt und im Dezember 2010 in einem Wiederaufnahmeverfahren rechtskräftig freigesprochen. Der Fall erlangte bundesweit Aufsehen.
Harry Wörz wuchs in kleinbürgerlichen Verhältnissen auf. Nach dem Besuch der Grund- und Hauptschule absolvierte er eine Ausbildung zum Gas- und Wasserinstallateur. Später holte er die Mittlere Reife nach und machte eine Umschulung zum Bauzeichner. Im September 1994 heiratete er eine Polizistin, im März 1995 wurde ein gemeinsamer Sohn geboren. Ein Jahr nach der Geburt zog die Frau aus der gemeinsamen Wohnung aus und begann ein Verhältnis mit einem verheirateten Kollegen. Harry Wörz lebt seit 2001 in einer Beziehung zu einer anderen Frau, mit der er ein Kind hat.
Am 29. April 1997 wurde Wörz verhaftet. Seine Ex-Frau war

[28] http://de.wikipedia.org/wiki/Harry_Wörz

in den frühen Morgenstunden mit einem Schal stranguliert worden. Ihr Vater schlief zu diesem Zeitpunkt in der Einliegerwohnung des Hauses seiner Tochter und fand sie nach zwei Uhr nachts bewusstlos auf. Er belebte sie durch Erste-Hilfe-Maßnahmen wieder. Sie ist seither wegen ihrer schweren Hirnschäden durch den Sauerstoffmangel ein Pflegefall und kann keine Aussagen über den Täter machen. Die Ermittlungen der Pforzheimer Polizei richteten sich anfänglich neben Wörz auf den Geliebten des Opfers, ebenfalls ein Polizeibeamter. Dieser erhielt jedoch von seiner Ehefrau ein Alibi, woraufhin dieser Ermittlungsansatz nicht weiter verfolgt wurde.

Am 16. Januar 1998 verurteilte das Landgericht Karlsruhe den Angeklagten wegen versuchten Totschlags zu elf Jahren Gefängnis. Dagegen legte Wörz Revision ein, die der Bundesgerichtshof im August 1998 verwarf. Damit war das Urteil des Landgerichts Karlsruhe rechtskräftig.

Die Eltern des Opfers verklagten Wörz im Oktober 1999 vor dem Landgericht Karlsruhe auf 300.000 DM Schmerzensgeld wegen der Pflege ihrer behinderten Tochter. Am 6. April 2001 wurde die Klage mit der Begründung abgewiesen, dass Zweifel an der Schuld des Beklagten beständen.

Im Oktober 2001 stellte Wörz beim Landgericht Mannheim einen Antrag auf Wiederaufnahme des Verfahrens. Dieser wurde vom Gericht abgelehnt. Dagegen legte Wörz Beschwerde ein. Am 30.November 2001 ordnete das Oberlandesgericht Karlsruhe die Prüfung des Falls an. Der Haftbefehl gegen Wörz wurde ohne Auflagen aufgehoben. Im

März 2004 lehnte das Landgericht Mannheim ein Wiederaufnahmeverfahren ab. Auch dagegen legte Wörz vor dem Oberlandesgericht Karlsruhe Beschwerde ein. Das Gericht ordnete die Wiederaufnahme des Verfahrens an. Der Wiederaufnahmeprozess begann am 30. Mai 2005. Nach 19 Verhandlungstagen wurde Wörz am 6. Oktober 2005 „aus Mangel an Beweisen“ freigesprochen.

Im Oktober 2006 hob der Bundesgerichtshof den Freispruch auf. Daraufhin begann am 22. April 2009 ein Wiederaufnahmeverfahren vor dem Mannheimer Landgericht. Als Ergebnis dieses Verfahrens wurde Wörz am 22. Oktober 2009 freigesprochen. Die Kammer hielt es für wahrscheinlich, dass der damalige Geliebte der Frau der Täter sei. Der Freispruch war noch nicht rechtskräftig. Der anwaltliche Vertreter der Nebenklage kündigte im Gerichtssaal an, Revision einlegen zu wollen. Die Staatsanwaltschaft legte zwei Wochen nach dem Urteil Revision ein. Am 15. Dezember 2010 verwarf der Bundesgerichtshof in Karlsruhe die Revision zum Freispruch für Harry Wörz. Damit ist Wörz rechtskräftig freigesprochen. Am 14. Januar 2013 stellte die Staatsanwaltschaft Karlsruhe sämtliche Ermittlungen ein. Für einen anderen Täter gebe es keinen Anfangsverdacht, teilte die Behörde mit.

Das Leben von Harry Wörz war eines, das in sehr geordneten Bahnen verlief, er arbeitete als Bauzeichner, heiratete, bekam einen Sohn und ließ sich scheiden, das war traurig, aber ein schmutziges Drama war es nicht. Im April 1997 wurde er verhaftet, man warf ihm vor, versucht zu haben, seine Frau zu erwürgen. Sie überlebte, ist aber ein Pflegefall geworden. Sie kann nicht sagen, wer der Täter war. Für die Pforzheimer Polizei war es schnell klar. Der Täter war Wörz. Dessen größter Fehler war es wohl, kein Polizist zu sein - denn alle anderen waren es. Die Ex-Frau, ihr Vater, der sie fand, und ihr neuer Liebhaber, gegen den sich später der Verdacht richtete. Wörz wurde zu elf Jahren verurteilt, er saß 1675 Tage im Gefängnis, im Jahr 2010 wurde er in letzter Instanz frei gesprochen.

Das Landgericht Mannheim listete bereits ein Jahr früher all die Versäumnisse auf, die die Pforzheimer Polizei gemacht hatte. Der Tatort wurde nicht versiegelt, sowohl der Vater als auch der Liebhaber Thomas H. stiefelten dort herum, obwohl sie damals noch als Mitverdächtige galten. Asservate verschwanden, jemand reinigte den Tatort, ein Mülleimer wurde geleert. Die Tatortfotos waren nicht mehr aufzufinden. Die Kammer habe keinen "nur halbwegs klar umrissenen Beweggrund" finden können, warum Harry Wörz seine Ex-Frau habe erwürgen sollen. Er sagte auch: „Die Kammer hält es für wahrscheinlich, dass Thomas H. der Täter war." Es wurde noch ein bisschen herum ermittelt gegen den Polizisten, im Januar wurde der Fallgeschlossen.

Noch viele Jahre lang habe ihn die Pforzheimer Polizei jede Woche in der Stadt angehalten, habe ihn schikaniert, berichtet Wörz. Er hat den normalen Satz an Haftentschädigung bekommen, aber keine Entschuldigung dafür, dass er sein Leben verloren hat. Das Leben in seiner ursprünglichen Form.

Der Fall Harry Wörz wurde verfilmt und erstmalig am 2. Juni

2015 ausgestrahlt.

41. Stephan Neisius -Tod in der Stadt

Ich möchte, dass dieses Buch ein Manifest wird. Ein Buch, dass viele Fälle vereint und nicht in Vergessenheit geraten lässt. Ein Werk, das zeitunabhängig gelesen werden kann und als ein besonderes Gegenstück zu sehen ist. Daher darf in ihm der folgende Fall nicht fehlen.

Das Sterben von Stephan Neisius.

Der Kölner Musiker und Handwerker Stephan Neisius[29] wurde vor mehreren Jahren, in der Nacht des 11. Mai, in Polizeigewahrsam über einen längeren Zeitraum körperlich und seelisch unfassbar brutal misshandelt. Stephans Sterben im Koma nach dieser Qual dauerte zwei Wochen. Er wurde 31 Jahre alt.
Dieses Verbrechen, von zwei nicht beteiligten Polizeibeamten angezeigt, wurde von engagierten Journalisten und Freunden Stephans bekannt gemacht und von zwei hartnäckigen Verteidigern verfolgt. Ein Fall, der von offizieller Seite

---

29 http://www.stephan-n.info/

zunächst zu vernebeln versucht worden war, fand öffentliche Aufmerksamkeit und wird jetzt von Amnesty International beobachtet.
Stephan ist durch seinen Tod zu einer öffentlichen Person geworden, an deren Schicksal jeder teilhaben kann, den aber viel zu wenige kennen. Es ist wichtig und er verdient es, dass diese Person ein Gesicht erhält, dass aus ihr der Mensch Stephan wird.
Stephan war Bassist, er lachte gerne. Er war ein geschickter Schreiner. Er war hilfsbereit. Gebürtiger Kölner. Er trug gern Hüte.

Ein Haus aus Lügen und Gewalt

Durch Polizeiberichte und darauf basierende Presseartikel entstand zunächst ein Bild von Stephan in Form eines gesichtslosen Randalierers. Diffamierend und sachlich falsch - mit dem Begriff "Randalierer" kommunizieren wir ganz allgemein grob gemeinschaftswidriges und -gefährdendes, strafwürdiges Verhalten. Den vorliegenden Tatbestand verzerrt dieser Begriff, weil er eine dem Polizeieinsatz vorausgegangene Straftat suggeriert.
Und die verschiedentlich aufgetauchte Reduzierung Stephans auf sein 100 Kg-Gewicht ist nicht nur nicht charmant, sie lässt ihn als gefährlichen, entfesselten Riesen erscheinen, weil sie die Größe des untersetzten Menschen von ca. 1,60 verschweigt. Journalisten, darauf angesprochen, haben gesagt: „Ich dachte, der ist zwei Meter groß.“ Einer der Hauptbeschuldigten hat diese Konstruktion am ersten Prozesstag wieder probiert und in

seiner Aussage eine bestürzende Menschenverachtung offenbart.
Diese Darstellung, die die Gefahr solcher Missverständnisse kalkulierend in Kauf nimmt, ist unwahrhaftig. Sie ist zu oft unwidersprochen geblieben.

Allseits bezeugt ist aber lediglich eine Ruhestörung in Form eines lauten Streitgespräches; erst seiner Festnahme hat Stephan sich, anscheinend heftig, widersetzt. Stephan wurde überwältigt und gefesselt. Bis dahin ist der Ablauf des Einsatzes hart, aber diskutierbar.
Ab hier beginnt die Straftat.
Stephan litt an diesem Abend unter einem akuten psychotischen Schub. Die in der Wohnung eingesetzten Polizisten haben von diesem Ausnahmezustand gewusst. Stephans Mutter und ein Freund, den Stephan noch vor dem Einsatz angerufen hatte, hätten helfen können, sie wurden nicht einmal angehört. Zwei Rettungssanitäter befanden sich in der Wohnung, ein Krankenwagen war zur Stelle. Laut Gesetz hätte jetzt zunächst zumindest versucht werden müssen, einen Facharzt zu erreichen. Alles wurde ignoriert. Aus welchem Grund?
Das Recht des Gefangenen auf Behandlung wurde missachtet. Er wurde verschleppt.

Stephan ist an den Folgen von Herz-Kreislauf-Versagen durch Sauerstoffmangel gestorben. Stephan Neisius ist erstickt. Die Verteidigung der Täter hebt bei ihrer Lesart der Todesursache

neben seiner Vorerregung durch den psychotischen Schub einen nachweislichen Cannabiskonsum Stephans hervor. Nur ein weiterer Versuch, das Opfer in ein zweifelhaftes Licht zu setzen. Cannabiskonsum ist nicht ursächlich für Stephans Tod. Bezeugte Tatsache nach Aktenlage dagegen ist: Stephans Verhaftung folgte eine mindestens dreiviertelstündige blutige Gewaltorgie. Nach Aussage eines der Täter aus Rache, an einem mit auf den Rücken gefesselten Händen bäuchlings liegenden übergewichtigen Menschen. Mit einer Brutalität, die einen der anzeigenden Polizeibeamten unter Tränen von der SS hat sprechen lassen. Der Gefangene wurde über den Boden geschleift, dabei wurden ihm Haare ausgerissen. Seine Augen wurden blau und die Nase und sein Gesicht blutig geschlagen und getreten. Sein ganzer Körper malträtiert und fünf seiner Rippen gebrochen. Stephans Stirn trug danach den Abdruck eines Polizeistiefels. Teilweise lagen oder knieten Täter auf ihm. Allmählich, widersprüchlich, geben sie es zu. Ob sein Tod durch dieses Vorgehen mit verschuldet worden ist? Der Prozess soll es klären.
Man macht es sich nur schwer bewusst: mit diesem Verbrechen ist bei uns etwas geschehen, was wir sonst über Diktaturen hören: Gewalttäter haben unter Missbrauch der ihnen verliehenen Amtsbefugnis einen Menschen verschleppt, gefoltert und mutmaßlich seinen Tod verursacht.

Die nachträgliche Berichterstattung durch Personen, die Stephan zumal gar nicht kannten, gerät in den Verdacht einer versuchten Legitimation der Brutalität des Einsatzes, einer gesellschaftlichen Ausgrenzung und Vorverurteilung des

Opfers und einem Herunterspielen des Falles zur Schadensbegrenzung und Prozessvorbereitung. Traurig genug, dass Täter auf Verständnis für ihre Brutalität hoffen dürfen, wenn sie es bewerkstelligen, ihr Opfer zur Randfigur stilisieren. Beschämend für diejenigen, die sich daran beteiligt haben, für die, die noch jetzt an diesen Vokabeln festhalten. Beschämend für unsere Stadt, die auch Stephans Stadt gewesen ist.

Jede Gesellschaft benötigt ein Management ihrer Interessenvielfalt. Dies geschieht durch das staatliche Gewaltmonopol, das anteilig an die Exekutive, an die Behörden, weitergegeben wird. Das birgt eine hohe Verantwortung. Diese Strukturen bieten immer auch den Nährboden für ein Milieu aus Korruption, Abschottung nach außen, augenzwinkerndem Schulterschluss beim Decken und Vertuschen kleiner Sünden, solange nichts auffliegt, und Bauernopfern von unten nach oben, gemeinschaftliche Vereinbarungen, Verabredungen, Verabredungen zur Straftat. Wenn dies die Folgen sind, ist es unerträglich.
Auf der Anklagebank sitzen sechs Gewalttäter. Die Schuldigen sind zahlreicher.

- Was sagt die Staatsanwaltschaft bzw. die Kölner Polizei?

Gemeinsame Erklärung von Staatsanwaltschaft und Polizei Köln zu dem Ermittlungsverfahren gegen Polizeibeamte (24.05.2002):

Staatsanwaltschaft und Polizei Köln zu dem Verfahren gegen Polizeibeamte wegen Verdachts der Körperverletzung im Amt folgendes bekannt:
Die Verteidiger der Beamten, die am 11.5.02 auf der Wache Eigelstein Beobachtungen zu Misshandlungen eines vorläufig Festgenommenen gemacht haben, haben am 23.5.02 eine Schilderung des Vorfalles zu den Akten gereicht:
Die Beamtin und der Beamte befanden sich am Abend des 11.5.02 nach Beendigung ihres Spätdienstes noch auf der Wache Eigelstein. Plötzlich sei auf der Wache Unruhe entstanden. Der Wachdienstführer habe "Empfangskommando" gerufen, was auf eine schwierige Zuführung einer Person zur Wache hingedeutet habe. Man habe dann die Sirene der herannahenden Streifenwagens gehört und kurze Zeit später Geräusche, die auf eine körperliche Auseinandersetzung hindeuteten.
In der Sicherheitsschleuse habe kurze Zeit später eine auf dem Boden an Händen und Füßen gefesselte Person gelegen, umstanden von 5-6 Polizeibeamten. Die Beamten hatten auf die am Boden liegende Person eingetreten und geschlagen und ihn am Kopf, Körper und Armen und Beinen getroffen. Lediglich einer habe nur dabeigestanden.
Der am Boden liegende Mann sei dann von 2 oder 3 Beamten an den Füßen gepackt und durch den Flur in die Zelle geschleift worden. Er habe im Gesichtsbereich geblutet. Zu den weiteren Vorgängen in der Zelle hat lediglich ein Beamter unmittelbare Beobachtungen gemacht und angegeben, in der Zelle sei der Geschädigte noch von 4 Beamten geschlagen und getreten worden. Anschließend sei er mit dem Rettungswagen abgeholt worden.

In ihren Einfassungen haben die Beamten diejenigen Beamten, die nach ihren Beobachtungen geschlagen und getreten haben beschrieben. Eine entsprechende Zuordnung muss noch erfolgen, durfte aber möglich sein.[30]

Der erste Angeklagte, der vor dem Kölner Landgericht aussagt, wirkt unsicher. Er schwitzt, und nicht nur das: Er zeigt Verzweiflung, er war doch gerne Polizist, jetzt droht ihm sogar eine Haftstrafe: »Ich habe doch gar nichts anderes gelernt«. Doch in der Sache bleibt er hart: Ja, gibt er zu, er habe einmal zugeschlagen, auf die kurze Rippe, aus Notwehr, nachdem der gefesselte Stephan Neisius ihn getreten habe. »Schutzschlag« nennt er das. Das soll in der Zelle auf der Eigelsteinwache gewesen sein, keine Rede von den Schlägen in der Eingangsschleuse der Wache, die die Zeugen der Anklage gesehen haben wollen. Und einen der anderen Kollegen bei Schlägen beobachtet oder erkannt habe er erst recht nicht. Ja, er habe per Funk ein »Empfangskommando« bestellt, doch das bedeute lediglich die Bitte um Unterstützung, nicht aber die Verabredung zu Gruppenkeile.

»Blendschläge« gegen das Jochbein

Die Auftritte der anderen Angeklagten verlaufen individuell

---

30 www.polizei.nrw.de/koeln

anders, aber im Ergebnis ähnlich: Da wird von einem »Ablenkungstritt gegen die Hüfte« gesprochen, damit man gefahrlos über den Gefesselten steigen konnte, »Blendschläge« gegen das Jochbein, »aber nur, um den Widerstand zu brechen«. Gewalttätige Übergriffe, beteiligte Kollegen, Namen? Niemanden erkannt, nur Uniformen. Immerhin rief einer den Rettungswagen, denn »der blutet so'n bisschen«, wie im Funkmitschnitt zu hören ist. Zeugen sprechen von einer fünf bis 15 Zentimeter breiten Blutspur vom Eingang bis zur Zelle. Der Widerstand des an Händen auf dem Rücken und an den Beinen mehrfach gefesselten und auf dem Boden der Eingangsschleuse liegenden Stephan Neisius war angeblich so heftig, dass in dem Tumult kein Polizist den anderen erkannte – als wären Dutzende dabei gewesen. Doch es waren weniger als zehn in der Schicht.

Mildes Urteil gegen die Polizisten

Hierfür gibt es unterschiedliche Artikel in den Medien. Der Kölner Stadtanzeiger online berichtet[31]:

Die sechs verurteilten Kölner Polizisten verlieren wohl ihren Job, doch das Gefängnis bleibt ihnen erspart. Die Beamten im Alter von 25 bis 40 Jahren kamen am Freitag mit Bewährungsstrafen zwischen 12 und 16 Monaten davon. Bleich, aber gefasst, nahmen die Polizisten das Urteil des

[31] Vgl. http://www.stephan-n.info/html/akt_med_pro.htm

Kölner Landgerichts wegen gemeinschaftlicher Körperverletzung mit Todesfolge auf. Auf der Kölner Eigelstein-Wache hatten sie im Mai 2002 nach Überzeugung des Richters einen festgenommenen 31-Jährigen misshandelt, der zwei Wochen später starb.
Ein Verteidiger sagte nach der Urteilsverkündung: „Wir gehen alle in Revision." Vor gut 14 Monaten hatte das Kölner Polizeipräsidium den Fall an die Öffentlichkeit gebracht. Seitdem fühlen sich die sechs Beamten als "Prügelpolizisten" diffamiert und vorverurteilt, wie einer der Beamten schilderte. Dagegen stellte der Vorsitzende Richter Prof. Bruno Terhorst am Freitag klar: „Sie waren und sie sind eben keine Prügelpolizisten, auch wenn sie am 11. Mai versagt haben." Die Tritte und Schläge gegen den Festgenommenen auf der Wache seien durch nichts zu rechtfertigen und hätten „mittelbar" zum Tode des Kölners geführt. Zugleich sei die Tat aber ungeplant erfolgt: „Es handelte sich um ein spontanes, kurzschlüssiges Verhalten." Das Gericht sprach von „Zügen eines Unglücksfalls".
Die Verteidigung, die in fünf der sechs Fälle auf Freispruch plädiert hatte, konnte sich mit ihren beiden Hauptargumenten nicht durchsetzen: Die von ihnen als „unglaubwürdig" gerügten Aussagen des Hauptbelastungszeugen - eines weiteren Polizisten - ließ das Gericht ausdrücklich zu. Die möglicherweise falsche Behandlung im Krankenhaus, wo der Kölner ins Koma gefallen und gestorben war, spielte allenfalls eine Nebenrolle. Dass im Krankenhaus keine „optimale Versorgung" erfolgte, sei nicht entscheidend für das Gericht. Fünf der sechs Beamten hatten stets ihre Unschuld beteuert. Nur ein junger Polizist bekannte sich schon früh zu einem

Fehlverhalten und räumte einen Schlag ein. Dies sei als strafmildernd anerkannt worden, sagte der Richter. Dagegen hätte der 40-Jährige mehr Gelassenheit und Vorbildfunktion nach 20 Dienstjahren zeigen müssen. Er erhielt mit 16 Monaten die höchste Bewährungsstrafe, gemeinsam mit einem 29-jährigen Kollegen.
Strafmildernd für alle Beamten war laut Richter auch ihre totale psychische und physische Belastung. Er wisse, dass das Urteil "hart und bitter" für die Betroffenen sein müsse, zumal sie sehr an ihrem Beruf hingen, sagte der Richter. Dennoch werden die Polizisten nur im Falle einer erfolgreichen Revision weiter ihren Job ausüben können. Denn laut Gesetz werden Beamte automatisch und endgültig aus dem Dienst entlassen, wenn sie eine Strafe von zwölf Monaten oder mehr erhalten.

Ein anderer Artikel gibt es noch detaillierter wieder32:

Am Freitag, den 25. Juli verkündete Bruno Terhorst, der Vorsitzende Richter der 11. Großen Strafkammer des Landgerichts Köln, nach elf Verhandlungstagen das Urteil gegen die sechs Kölner Polizeibeamten, die am Abend des 11. Mai 2002 den 31-jährigen Stephan Neisius bei und nach seiner Festnahme so schwer misshandelten, dass er noch in derselben Nacht ins Koma fiel und knapp zwei Wochen später am 24. Mai 2002 starb.

Das Gericht verurteilte die sechs beteiligten Polizisten zu

---

[32] Vgl. https://www.wsws.org/de/articles/2003/08/koel-a07.html

Bewährungsstrafen zwischen zwölf und 16 Monaten wegen gemeinschaftlicher Körperverletzung im Amt mit Todesfolge. Sollte das Urteil rechtskräftig werden, müssten die Polizisten aus dem Polizeidienst entlassen werden, ins Gefängnis brauchen sie nicht. Ihre Verteidiger kündigten bereits am Tag der Urteilsverkündung an, in Revision gehen zu wollen.

Das Gericht blieb mit seinem Urteil hinter den Forderungen der Staatsanwaltschaft zurück, die für den Wachdienstführer der Kölner Eigelsteinwache, da er die Hauptverantwortung für das Geschehen trage, eine zweieinhalbjährige Haftstrafe gefordert hatte und für die fünf anderen Angeklagten Strafen zwischen 14 und 24 Monaten auf Bewährung. Normalerweise muss man bei Körperverletzung mit Todesfolge mit einer Strafe zwischen drei und fünfzehn Jahren Haft rechnen.

Der Tod von Stephan Neisius im Mai letzten Jahres hatte weit über Köln hinaus Aufmerksamkeit erregt. Der 31-Jährige war festgenommen worden, nachdem Nachbarn aufgrund eines lauten Streits mit seiner Mutter die Polizei gerufen hatten. Sowohl während der Verhaftung als auch anschließend in der Kölner Innenstadtwache Eigelstein wurde er durch Polizeibeamte schwer misshandelt. Nachdem er bereits an Händen und Füßen gefesselt war, traten und schlugen fünf bis sechs Beamte auf den hilflos am Boden liegenden Mann ein. Dann wurde er - noch immer in gefesselten Zustand - zur zwangsweisen Blutabnahme ins Marienhospital gebracht. Dabei fiel er ins Koma, aus dem er nicht wieder erwachte.

Es ist dem Freundeskreis von Stephan Neisius, der in einer Theatergruppe, genannt Gebäude 9, mitwirkte, der sofort nach den Misshandlungen an die Öffentlichkeit ging, und einer zeitweise ziemlich großen Resonanz in den lokalen und überregionalen Medien zu verdanken, dass dieser Fall von Polizeibrutalität mit Todesfolgen nicht einfach unter den Teppich gekehrt werden konnte, wie in zahlreichen anderen Fällen.

Im Zusammenhang mit dem Aufsehen, den der Fall von Stephan Neisius erregte, wurde bekannt, dass es allein in Köln in den letzten Jahren zu zahlreichen Übergriffen und Misshandlungen durch Polizeibeamte gekommen ist. Allein auf der Polizeiwache Köln-Eigelstein hatte es in den letzten Jahren 37 Ermittlungsverfahren gegeben, die aber alle wieder eingestellt wurden, weil die Opfer keine Beweise oder Zeugen für ihre Misshandlungen beibringen konnten oder weil beschuldigte Polizisten durch ihre Kollegen und Vorgesetzten gedeckt wurden.

Gegen einen der Hauptbeschuldigten im Fall von Stephan Neisius, den Beamten Lars S., gab es bereits vorher zwölf Anzeigen wegen Körperverletzung, ohne dass diese zu einer Suspendierung vom Polizeidienst geführt hätten.

Wichtig dafür, dass es jetzt überhaupt zur Prozesseröffnung und wenn auch nur milden Verurteilung der Hauptbeschuldigten kam, waren auch die Zeugenaussagen eines Polizeibeamten und einer Polizistin, die in der besagten Nacht Dienst auf der Eigelsteinwache hatten und das brutale und rücksichtslose Vorgehen ihrer Kollegen gegen ein wehrloses Opfer am nächsten Tag ihrem Vorgesetzten zur Anzeige brachten. Trotz aller Einschüchterungs- und

Diffamierungsversuche von Seiten der Angeklagten und deren Anwälten blieben sie bis zum Schluss bei ihren Aussagen.

Im Verlauf des Prozesses wurden die Ereignisse des 11. Mai letzten Jahres mit seinen tragischen Folgen für Stephan Neisius, seine Angehörigen und Freunde noch einmal aufgerollt. Obwohl zu dem Zeitpunkt, als die Polizei bei der Wohnung von Stephan Neisius und seiner Mutter eintraf, deren Streit längst beendet war, traten die Polizisten zunächst die Wohnungstür ein, nachdem nicht sofort geöffnet worden war. Als sie in die Wohnung eingedrungen waren, saß die Mutter friedlich auf dem Sofa vor dem Fernseher und befand sich in keiner bedrohlichen Situation, wie die Nachbarin befürchtet hatte, die die Polizei gerufen hatte. Dies veranlasste die Polizisten aber nicht inne zu halten, sondern sie starteten eine Jagd durch die Wohnung auf Stephan Neisius, der sich in sein Zimmer zurückgezogen und aufgrund des gewaltsamen Eindringens der Polizei hörbar erregt war.

Hätten die Polizeibeamten die Mutter gefragt, was los war, hätte die ihnen erklären können, dass ihr Sohn sich aufgrund einer Thrombose sich regelmäßig ein blutverdünnendes Mittel spritzen musste. (Spritzen, die in der Wohnung herumlagen, wurden von einigen Medien immer wieder versucht zu benutzen, um Stephan N. als einen Drogensüchtigen darzustellen.) Die Mutter hätte den Polizeibeamten auch sagen können, dass ihr Sohn schon einmal einen psychotischen Schub hatte und daher leicht und überaus erregbar sein kann.

So fragte denn auch der Bruder Bernd Neisius', der im Prozess als Nebenkläger auftrat, ob die Polizisten denn nicht hätten erkennen können, dass sein Bruder psychische Probleme hatte, worauf auch die ausgewerteten Funksprüche der Polizisten aus jener Nacht hindeuten, die immer wieder im Zusammenhang mit seinem Bruder von "irre" sprachen. Auch der Vorsitzende Richter fragte die Polizisten, ob sie denn nicht einmal erwogen hätten, einen Arzt hinzuziehen. Stattdessen setzten die Polizisten bereits in der Wohnung Pfefferspray gegen den sich heftig wehrenden Stephan Neisius ein und fesselten ihn gewaltsam an Händen und Füßen.

Die Mutter von Stephan Neisius, die auch als Nebenklägerin im Prozess auftrat, schilderte in ihrer Aussage am zweiten Verhandlungstag, wie brutal die Polizei ihre Wohnung gestürmt und ihren Sohn bereits in der Wohnung geschlagen hat. Sie versteht bis heute nicht, warum die Polizei überhaupt an jenem Abend ihre Wohnung gestürmt hat. „Hierfür gab es keinen Grund", sagte sie. Sie schilderte die Misshandlung und Fesselung von Stephan in ihrer Wohnung. Er lag auf dem Boden „zugeschnürt wie ein Paket".

Stephan rief: „Mutti, Mutti, was machen die mit mir, die schlagen mich noch tot." Sie selbst sei vor Schreck wie gelähmt gewesen. „Ich habe immer wieder gesagt, was macht ihr mit einem der schuldig ist? Schlagt ihr den direkt tot?" Auch ihre Hinweise an die Polizisten, dass ihr Sohn krank sei, seien ignoriert worden.

Die beiden Hauptbelastungszeugen, die 23-jährige Polizeikommissarin Andrea H. und der 33-jährige Kriminalkommissar Alexander G. schilderten dem Gericht am 8. Juli, was sie am Abend des 11. Mai 2002 auf der

Polizeiwache Eigelstein erlebt hatten. Beide machten Überstunden, weil sie noch einen Bericht über einen vorangegangenen Einsatz schreiben mussten. „Plötzlich rief jemand, Empfangskommando'", berichtete Andrea H. „Daraufhin kam der Funker gelaufen, und hinter ihm der Wachdienstführer (WDF) in Zivil." Dann hörte sie ein Martinshorn, „Stimmengewirr, dumpfe Schläge, Schreie". Sie und ihr Kollege Alexander G. liefen zur Sicherheitsschleuse am Eingang der Wache. „Da lag ein Mann auf dem Boden, an Händen und Füßen gefesselt. Um ihn herum der Funker, der WDF, und vier weitere Beamte. Von diesen Personen wurde der Mann am Boden getreten und geschlagen. Ich sah mehrere Tritte von oben rechts ins Gesicht, der letzte ziemlich stark, so dass der Kopf nach hinten knickte. Ich sah mehrmals Faustschläge in Richtung Kopf. Dann hat man die Füße genommen und ihn rausgezogen. Auf der Türschwelle fing er an zu bluten. Er schrie: „Jetzt habt ihr mir auch noch die Nase gebrochen. Das wird teuer.'"

Alexander G. bestätigte die Aussagen seiner Kollegin. Er konnte auch sagen, wer in der Sicherheitsschleuse auf den Gefesselten eingeschlagen und eingetreten hatte. Des Weiteren hatte er auch gesehen, wie die Misshandlungen in der Zelle, in die der Mann geschleift wurde, fortgesetzt wurden. „Vier Kollegen standen um ihn herum. Persönlich kannte ich nur den D. Der links vorne schlug ihn mit der Faust auf den Kopf. Ein Polizeimeister trat ihn zweimal in die Seite. Der D. schlug mit der Faust. Ein Obermeister trat ihn in die Seite." Dann wurde das brutal zusammengeschlagene Opfer von zwei Sanitätern auf eine Trage gehievt und abtransportiert.

Alexander G. war sich mit seiner Kollegin Andrea H. einig,

dass man das anzeigen muss. „Das waren für mich typische SS-Methoden, einen Gefesselten zu schlagen", sagte der Zeuge vor Gericht. Beide waren sich bewusst, dass sie selbst wegen unterlassener Hilfeleistung angeklagt werden könnten und aufgrund des weit verbreiteten Korpsgeistes bei der Polizei mit heftigen Reaktionen aus den Reihen ihrer Kollegen rechnen mussten.

Während es begrüßenswert ist, dass es im Fall von Stephan Neisius überhaupt zu einer Prozesseröffnung und Verurteilung der misshandelnden Polizisten gekommen ist, ist das Strafmaß für die Brutalität des Vorgehens und angesichts des Todes des Opfers infolge dieser Misshandlungen erschreckend gering. Auch die Urteilsbegründung enthält einige Passagen, die vor allem die Täter entlasten sollen und zugleich widersprüchlich sind.

So erhob der Richter schwere Vorwürfe gegen das Krankenhaus, in das Stephan Neisius nach den Misshandlungen zum Zwecke der Blutabnahme eingeliefert worden ist, was er strafmildernd für die Angeklagten wertete. Hätten die Ärzte dem stark erregten Stephan Neisius ein Beruhigungsmittel gespritzt, anstatt ihn durch die zwangsweise Blutabnahme noch mehr zu erregen, was schließlich zu seinem Kollaps und Erstickungstod führte, könnte er mit hoher Wahrscheinlichkeit noch am Leben sein, so der Vorsitzende Richter Terhorst.

Diese Argumentation lässt außer Acht, dass ohne die schweren Verletzungen, die Stephan Neisius durch die Schläge und Tritte der Polizeibeamten zugefügt worden sind, er nicht in eine lebensbedrohliche Lage und letztlich zu Tode gekommen wäre. Ob den Ärzten ein Fehlverhalten vorzuwerfen ist, müsste gesondert untersucht werden, entlastet aber die Polizisten nicht. Es wurde auch in einem Bericht erwähnt, dass eine Ärztin der Notaufnahme ein Beruhigungsmittel verabreichen wollte, was aber von den Polizeibeamten, die Neisius ins Krankenhaus brachten, nicht zugelassen wurde. Stattdessen bestanden sie auf die Blutentnahme.

Eine Rechtsmedizinerin, die Stephan Neisius, während er bereits im Koma im Krankenhaus lag, untersuchte, stellte serienweise Rippenbrüche, Blutergüsse an Stirn und Schürfungen an der Wange fest. Ihre spätere Obduktion ergab: Alle diese Verletzungen könnten sehr wohl von Schlägen und Tritten herrühren, welche die angeklagten Polizeibeamten ihm laut den Aussagen ihrer beiden Kollegen zugefügt haben. Gleichzeitig erklärte sie in ihrem Gutachten, dass diese Verletzungen auch durch Stürze während seines Transports oder während der Reanimationsversuche nach seinem Bewusstseinsverlust verursacht worden sein könnten.

Weitere Gutachten versuchten nachzuweisen, dass nicht die durch die Misshandlungen zugefügten Verletzungen ursächlich gewesen seien für den Tod von Stephan Neisius. Vielmehr sei er an „der durch die Gewalteinwirkungen sowie die über einstündige Fixierung in Bauchlage bei ihm gesteigerte Erregung" gestorben. „Eine an diesem Abend aufgetretene Psychose sei hierdurch verschlimmert worden. Die Bauchlage vor allem habe dann zu dem Sauerstoffmangel im Hirn geführt, die seinen Tod herbeiführte."

Selbst wenn dies so gewesen sein sollte, entlastet das nicht die beteiligten Polizisten, sondern verschärft eigentlich nur ihre Schuld, da sie einen offensichtlich hilflosen und kranken Menschen solange misshandelten bis er ins Koma fiel. Das Gericht stellte immerhin fest: Der Tod von Stephan Neisius „wurde auch durch die Körperverletzungen verursacht".

Auch der Teil der Urteilsbegründung, in der Richter Terhorst erklärte, dass Strafgerichte an sich schon Verständnis dafür hätten, wenn bei einem schwierigen Einsatz „mal Schläge ohne Not ausgeteilt würden" entspricht zwar der Realität der Rechtsprechung, ist aber zurückzuweisen. Und die Erklärung, dass es sich bei den in Köln verurteilten Polizisten um keine "Prügelpolizisten" handele, ist zumindest im Falle von Lars S. nachweislich widerlegt. Wie bereits an früherer Stelle erwähnt, gab es allein gegen ihn vor dem Fall Stephan Neisius, zwölf Anzeigen wegen Körperverletzung im Amt.

Über eben diesen Beamten berichtet die *Frankfurter Rundschau*[33]: „Gleich zu Prozessauftakt hatte das Gericht am Dienstag aus dem Vorstrafenregister eines der Angeklagten zitiert: Gegen ihn waren schon zahlreiche Strafverfahren anhängig gewesen, die jedoch allesamt mangels hinreichenden Tatverdachts eingestellt wurden. Einmal jedoch, im April 2001, war Lars S. vom Kölner Amtsgericht zu einer Geldbuße unter anderem deshalb verurteilt worden, weil er bei einer Personalüberprüfung einen Schwarzafrikaner angefahren hatte: „Halt die Schnauze. Oder willst du mal ins Krankenhaus, du Pisser?“

---

[33] https://www.wsws.org/de/articles/2003/08/koel-a07.html

Während es in diesem Fall von Polizeibrutalität mit Todesfolge zumindest zu Anklageerhebung, Prozess und Urteilsverkündung gekommen ist und die verantwortlichen Schläger zumindest ansatzweise zur Verantwortung gezogen werden, kommt es in der Mehrzahl der Fälle von Polizeibrutalität noch nicht einmal bis zur Anklageerhebung.

42. Der Mordfall Bögerl[34] und das Verschulden der Polizei

Im Mordfall Maria Bögerl geht es um die Entführung und Ermordung der Bankiersgattin Maria Bögerl, die sich im Mai 2010 im baden-württembergischen Heidenheim an der Brenz ereigneten. Die Ermittlungsbehörden setzen auf eine deutschlandweite Öffentlichkeitsfahndung.
Maria Bögerl, die Frau des Vorsitzenden des Vorstands bei der Kreissparkasse Heidenheim, war am Morgen des 12. Mai 2010 aus ihrem Haus in Schnaitheim entführt worden. Noch im Laufe des Vormittags meldete sich der Täter telefonisch bei dem Ehemann des Opfers und forderte insgesamt 300.000 Euro Lösegeld, das nach Angaben der Polizei „in komplizierter Stückelung" bereitgestellt werden sollte. Die Geldübergabe an einer Unterquerung der A 7 in Richtung Würzburg (die Stelle war mit einer Deutschlandflagge markiert) scheiterte allerdings. Zwei Tage später wurde das Auto von Frau Bögerl im Hof des Klosters Neresheim aufgefunden. In der Folge startete die Polizei eine große Öffentlichkeitsfahndung. Die Familie des Opfers richtete beispielsweise in der

34 Vgl. Stern 8/2012: "Vom Ende einer Familie"

Fernsehsendung Aktenzeichen XY … ungelöst vom 5. September 2012 einen Aufruf an den oder die Entführer. Die Suche nach Frau Bögerl endete schließlich am 3. Juni 2010, als ein Spaziergänger ihre Leiche in einem Waldstück fand.

Rund ein Jahr nach den Ereignissen um die Entführung wurde der Ehemann Maria Bögerls, *Thomas Bögerl*, erhängt in seinem Haus aufgefunden. Über Thomas Bögerl waren in den Monaten nach der Tat viele Gerüchte im Umlauf. Sein Sohn und der Lebensgefährte seiner Tochter gerieten zeitweise unter Verdacht. Die Ermittler gingen davon aus, dass sie wenige Tage vor der Tat mit dem Entführer telefoniert hätten. Später stellte sich heraus, dass der Verdacht auf fehlerhaft gespeicherte Uhrzeitendaten in der Telefonanlage der Bögerls fußte. Die zuständige Staatsanwaltschaft Ellwangen stellte klar, dass die umfangreichen Ermittlungen keine Anhaltspunkte dafür ergeben hätten, dass der oder die Täter aus dem Kreis der Familie stammten.

Zudem wurde bekannt, dass sich Bögerl mehrfach über die Arbeit der Ermittler beschwert hatte. Der Witwer hatte unter anderem in einem Brief an die Polizei Aufklärung über die Pressearbeit der Ermittler sowie die missglückte Lösegeldübergabe gefordert und sich damit unter anderem an den Regierungspräsidenten in Stuttgart, Johannes Schmalzl, sowie den Präsidenten des Deutschen Sparkassen- und Giroverbandes, Heinrich Haasis, gewandt.

Die Polizei steht im Fall Bögerl massiv in der Kritik.

Einerseits sorgten widersprüchliche Angaben zur Lösegeldübergabe kurz nach der Entführung und Wochen nach dem Fund der Leiche für Verwirrung. Das Lösegeld konnte erst 90 Minuten nach dem geforderten Zeitpunkt an einer Übergabestelle deponiert werden. Laut Angaben der Polizei war man nicht in der Lage, die geforderte Summe und Stückelung in dem zeitlich engen Rahmen von drei Stunden bereitzustellen. Ursache dafür war womöglich die Mittagspause der Ulmer Bundesbank-Filiale, bei der das Geld besorgt werden sollte.

In einem Interview 2012 stellten die Kinder Carina und Christoph den Verlauf der Dinge - einschließlich der Vorgeschichte des Suizids ihres Vaters, mit vorher nicht bekannten Details, dar und äußerten erneut scharfe Kritik an der Arbeit der Polizei, u. a. auch an Versäumnissen der Spurensicherung unmittelbar nach der Tat. Z. B. wurden demnach Spuren in der Garage, in der der Wagen von Frau Bögerl morgens am Tattag noch gestanden hatte, erst Monate später gesichert.

Kritisiert wurde auch, dass die Leiche Bögerls bei Suchmaßnahmen der Polizei in einem Waldstück möglicherweise übersehen wurde.

Die Polizei in Heidenheim sah sich darüber hinaus der Kritik von österreichischen Ermittlern ausgesetzt. Die Deutschen hätten die Überprüfung des Alibis eines österreichischen Verdächtigen in Linz im Sommer 2011 wochenlang mit der Begründung „Wir sind dran […] aber wir sind jetzt nun mal auch mitten in der Urlaubszeit“ verschoben. Wegen der Urlaubszeit seien Zeugen nicht erreichbar gewesen. In Linz sitzt seit Frühjahr 2011 ein Rocker in Haft, der an einem Überfall auf eine Bankiersgattin in Österreich beteiligt gewesen sein soll. Die Tat weist Parallelen zur Straftat gegen Bögerl auf. Der Verdächtige soll einem Phantombild ähnlich sehen, das in dem deutschen Entführungsfall erstellt wurde.

Den Ermittlern wird weiterhin vorgeworfen, unverhältnismäßig vorzugehen. Ein Bürger, der die DNA-Probe verweigerte, wurde mit sehr großem Aufwand ausgespäht, ohne vorher das (einwandfreie) Alibi zu prüfen.

Die Familie Bögerl ist an diesem tragischen Drama zerbrochen.

Schon die Entführung und der Tod der Mutter waren, wie sich im Nachhinein zeigte, durch schwerwiegende Pannen der Polizei zusätzlich belastet worden. Doch dann folgten massive Schuldzuweisungen und böse Nachrede. Ein Jahr, an dessen Ende der Freitod Thomas Bögerls stand.

Monatelang wurde die Familie des Sparkassendirektors von der Polizei ausgespäht und abgehört. Ob sie mit dem Pfarrer sprachen, mit der Psychotherapeutin, mit Juristen, mit rund 150 weiteren Personen, immer wurden sie belauscht. Am Telefon, im Auto und in jedem Zimmer der Wohnungen des Sohnes und des Freundes der Tochter, mit Ausnahme von Toilette und Bad. Auch im Internet, höchstwahrscheinlich unter Einsatz der umstrittenen Trojanersoftware - und das alles, obwohl sich ein Verdacht gegen Mitglieder der Familie rasch in Luft aufgelöst hatten.

Unterlagen über Ermittlungsergebnisse und ein persönliches Memo von Thomas Bögerl dokumentieren in der Tat eine völlig fehlgeleitete Fahndung und ein schweres Versagen verantwortlicher Polizeibeamter, das schon wenige Minuten nach dem Anruf des Entführers begann.

Dieser rief Thomas Bögerl an, während er Maria Bögerl ein Messer an die Kehle hielt: Er solle 300.000 Euro in einem Müllsack an der Autobahn A7 an einer mit einer Deutschlandfahne markierten Stelle abwerfen. Zeitpunkt 13 Uhr. Keine Polizei, sonst wäre es das Ende für seine Frau.

Später rast rund ein halbes Dutzend anthrazitfarbener Limousinen in Kolonne mit aufgesetztem Blaulicht in Richtung der vereinbarten Stelle. Ganz in der Nähe der Abwurfstelle postieren sich als Radler getarnte MEK-Beamte.

Keine Polizei?

Die Polizei könnte weiterhin erst drei Stunden nach Ablauf des Ultimatums die Lösegeldsumme von 300.000 Euro beschaffen. Die Polizei ergriff letztendlich keinerlei Maßnahmen zur Lösegeldbeschaffung. Dies ist jedoch ihre Aufgabe. Bögerl will das Geld selbst besorgen, wogegen sich die Polizeiführung entscheidet.

Endlich stellt eine Mitarbeiterin der Kreissparkasse Heidenheim einen Scheck über 300.000 Euro aus, einzulösen in Ulm. Ein Mitarbeiter Bögerls springt in sein Auto und will den Scheck einlösen. Unterwegs hat er einen Motorschaden. Bögerls Fahrer muss den Geldkurier auflesen. Die Polizisten ließen die Zivilperson alleine fahren, notiert Thomas Bögerl in seinem Memo.

Als die Geldboten die Landeszentralbank erreichen ist das Lösegeld nicht vorbereitet. Die Mitarbeiter sind nämlich von der Polizei nicht informiert worden und lehnen die Auszahlung ab.

Nach Flehen und Betteln, dass es sich um einen Notfall handeln würde und nachdem noch ein Fax geschickt wurde, wird das Geld endlich ausgezahlt. Die Geldboten kommen um 14.30 Uhr mit dem Geld wieder. Bögerl will sofort losfahren, aber die Polizei will das Lösegeld erst präparieren. Genau wie Bögerls Wagen, der in eine nahen Tiefgarage gefahren worden ist. Durch Zufall sieht man wie die Besitzerin der Tiefgarage wegfährt. Nur sie hat einen Schlüssel zu der Tiefgarage. Polizisten müssen sie zurückholen.

Um ca. halb vier wird endlich das Geldpaket abgelegt. Die Frist ist seit anderthalb Stunden abgelaufen.

Der Entführer meldet sich nie wieder.

Drei Wochen später räumt der Polizeichef ein, dass das Lösegeld verspätet abgelegt worden sei.

Zwei Tage nach der Entführung finden Polizisten unweit der Übergabestelle das Handy von Maria Bögerl. Es war in diesem Gebiet schon eingebucht, als der Entführer die Polizei anrief. Erpresser und Opfer befanden sich wohl die ganze Zeit in der Nähe der Stelle. Hatte er dort womöglich Polizisten bemerkt?

Nach all diesen unsäglichen, dilettantischen Pannen und nachdem in der Presse der eigene Vater als mitverantwortlich für die schiefgelaufene Geldübergabe gemacht wird, greift die Tochter Carina die Staatsanwaltschaft in einer Mail erstmals an.

Während eines Gesprächs, das Klärung bringen soll, streiten sich Polizisten, der Staatsanwalt und die Familie Bögerl.

Einen Monat später starten die Ermittler die Überwachung des Sohnes von Thomas und Maria Bögerl.

Der Ehemann des Opfers und Vater zweier Kinder begibt sich wegen Depressionen in eine Klinik.

Drei Monate später eröffnen ihm Polizeibeamte, dass sein Sohn und der Lebenspartner der Tochter unter Tatverdacht stünden.

Das Wohnhaus wird durchsucht. Ebenso die Studentenwohnung des Freundes.

Worauf begründet sich der Tatverdacht? Irrtümlicherweise ging die Polizei aufgrund falsch eingestufter Telefonverbindungen davon aus, dass der Sohn und der Freund der Tochter an dem Morgen des Tattages mit dem Entführer telefonierten, der sich im Haus aufgehalten und die Tat vorbereitet habe.

Die These zerschlägt sich. Durch einen Spannungsabfall im Stromnetz wurden die Telefonate falsch gespeichert. Die Gespräche wurden tatsächlich acht Stunden vorher geführt.

Trotzdem werden die Familie und Freunde noch mehrere Wochen abgehört!

Auf Anfrage der Presse äußerte sich das baden-württembergische Innenministerium nicht. Die zuständige Staatsanwaltschaft teilte lediglich mit, dass „...umfangreiche Ermittlungen keine Anhaltspunkte..." dafür ergeben hätten, dass der oder die Täter aus dem Kreis der Familie kämen.

Diese Ermittlungen dauerten noch weitere fünf Monate an, nachdem sich der Verdacht gegen den eigenen Sohn und den Freund der Tochter bereits zerschlagen hatte.

Der Sohn der ermordeten Maria Bögerl gab später an, dass er den Soko-Chef hinsichtlich des Lösegeldes so verstanden habe: Wenn ein Bankdirektor das nicht beschaffen könne, wer dann?

Thomas Bögerl musste in der Tat das Lösegeld alleine besorgen. Die Polizei habe nichts getan, um das Geld zu besorgen.

Sie wussten auch nicht wie der Täter ins Haus gelangt war. Am Tag der Entführung kam dann auch kurz vor Mitternacht endlich die Spurensicherung ins Haus. Zwölf Stunden nach der Entführung!

Nach Angabe von Christoph Bögerl war diese Spurensicherung unfassbar. Fingerabdrücke auf der Glastür zu sichern würde nicht gehen, auf der Tür zum Garten auch nicht, wegen der

Kunststoffbeschichtung.

Es hätte der Personalausweis des Täters hinterm Klavier liegen können, es hätte niemanden interessiert. Die Garage in dem das Auto des Opfers stand und in dem sie entführt wurde, wurden erst gar nicht inspiziert. Auf wiederholtes Drängen geschah das erst vier Monate später.

Das abgelegte Geld wurde übrigens versehentlich von der Autobahnmeisterei mitgenommen.

Die Ermittler wirkten auf den Sohn im Nachhinein völlig überfordert. Es herrschte Chaos.

Trotz des Hinweises, dass die A-Klasse der Mutter an einem Sportplatz vorbeigefahren sei, hätte die Polizei das Gebiet nicht abgesucht. Dies habe die Familie dann selbst übernommen.

Der Beamte, der sie dahin gefahren habe, stand während der Suche am Auto und rauchte.

Im Nachhinein stellte sich heraus, dass die Polizei die Leiche von Maria Bögerl übersehen haben muss, als das Gebiet großräumig abgesucht wurde. Es wurde einfach behauptet, dass die Leiche dort erst später abgelegt wurde.

Nach Aussage der Tochter sei der Vater an der stümperhaften und unprofessionellen Arbeitsweise

der Polizei schlichtweg verzweifelt, so wie sie alle.

Dann wurde nur noch in Richtung der eigenen Familie ermittelt. Womöglich, um zu verhindern, dass das Versagen der Polizei öffentlich gemacht würde.

Die Tochter sagte, dass es unvorstellbar gewesen wäre, was diese Menschen (Polizisten) ihrem Vater zugefügt hätten, indem sie ihm die Verantwortung für die Geldbeschaffung übertrugen. Schlimmer noch, danach auch die Schuld für das Debakel.

Als die Leiche von Maria Bögerl gefunden wurde, erfuhr die Familie dieses zuerst aus dem Internet.

Kein Anruf von der Polizei. Als die Familie ihre Ansprechpartner bei der Polizei anriefen, war keiner zu erreichen. Der direkte Anruf in der Polizeizentrale endete in der Warteschleife. Zurückgerufen wurde nicht.

Schließlich erschienen mitten in der Nacht der Soko-Chef und der Betreuer der Familie. Nur der Betreuer war der Einzige, der menschliche Züge zeigte. Ansonsten gab es keine mitfühlende Geste, nichts.

Das Ausmaß an Pannen zerstörte das Vertrauen der Familie. Tausend Fehler und planloser Aktionismus.

Als der Ehemann der ermordeten Maria Bögerl sich wegen Depressionen in einer Klinik befand, kamen drei Polizisten und eröffneten ihm, dass sein Sohn und der Freund der Tochter unter Tatverdacht stünden, mit dem Entführer in Kontakt gewesen zu sein. Das Haus müsste durchsucht werden. Entweder er wäre um 5 Uhr da oder man würde die Tür aufbohren.

Daraufhin raste der schwer depressive Vater die 200 Kilometer bis zu seinem Wohnhaus.

Der Sohn und der Freund wurden massiv verfolgt. 7 Stunden lang wurde Christoph Bögerl entwürdigend verhört und unter Druck gesetzt. Monatelang wurde ermittelt und die ganze Zeit abgehört.

Bei diesem Ausmaß würde der Glaube an den Rechtsstaat zerbrechen. Ein System der Angst wurde erzeugt und die Opfer wurden wie Dreck behandelt.

Als feststand, dass es die belastenden Gespräche gar nicht gegeben hatte, fragte die Tante den Staatsanwalt, warum die Ermittlungen gegen die jungen Leute nicht eingestellt würden?

Der Staatsanwalt antwortete, dass sie dafür keine Begründung abgeben müssten.

Überheblichkeit und Anmaßung par exellance.

Das Ende dieser schrecklichen Tragödie fand sich in dem Selbstmord von Thomas Bögerl, der sich im Keller seines Hauses erhängte.

Bis heute gab es keine offizielle Entschuldigung der ermittelnden Behörden.

43. Der Mordfall Peggy Knobloch[35]

Ich habe schon in meinem ersten Buch diesen abscheulichen Mordfall herangezogen, um die "Ermittlungsmethoden" der Polizei darzustellen. Inzwischen ist Bewegung in die Sache

---

[35] Vgl. Augsburger Allgemeine Zeitung vom 09. Dezember 2013 13:25 Uhr und 04. Dezember 2013 08:07 Uhr

gekommen. Zu Ihrer Orientierung aber noch einmal eine Einführung. Und vergessen Sie bitte nicht den Zusammenhang zu anderen Verurteilten herzustellen. Je weiter Sie in diesem Buch kommen, je mehr werden Sie sich daran erinnern. Die Methoden der Polizei, in ihren Augen den „Mörder" zu überführen, gleichen sich in erschreckender Art und Weise.

Am 7. Mai 2001 verschwand die neunjährige Peggy Knobloch aus Lichtenberg auf dem Heimweg von der Schule. Sie wurde von Zeugen am Abend gegen 19.00 Uhr zuletzt gesehen. Die Fahndungen führten sogar bis nach Tschechien und in die Türkei, das Heimatland ihres Stiefvaters. Die Ermittlungen brachten keinen Erfolg. Es wurde eine Belohnung von 55.000 DM ausgesetzt. Bei der Suche nach der Drittklässlerin mussten von der Sonderkommission *Peggy* 4500 Spuren abgearbeitet werden. Trotz intensiver Suche blieb sie unauffindbar. Ulvi Kulaç wurde zunächst nach Hinweisen von Peggys Mutter vernommen, wies jedoch ein Alibi vor, das ihm seine Mutter verschafft hatte.

Der Mann war damals 23 Jahre alt. Seit einer Hirnhautentzündung im Kindesalter galt er als geistig behindert, aber harmlos – auch wenn er schon mal vor Kindern die Hosen herunterließ. Die Sonderkommission Peggy I nahm Kulaç fest und brachte ihn in ein psychiatrisches Krankenhaus. Die Beamten verdächtigten ihn, Peggy umgebracht zu haben, um ein Sexualdelikt zu vertuschen.

Die Ermittlungen entlasteten ihn jedoch. Der Soko-Leiter

beispielsweise sagte neun Monate nach der Tat, Ulvis Alibi sei „lückenlos“. Man stand wieder ganz am Anfang. Der damalige bayerische Innenminister Günther Beckstein ließ eine neue Soko einsetzen. Die Politik wollte nicht akzeptieren, dass dieses aufsehenerregende Verbrechen nicht aufgeklärt wird.

Nun warb die Kripo den Betrüger Peter H. als V-Mann an. Der saß ebenfalls in der Psychiatrie. Er sollte Kulaç aushorchen. „Sie sagten, wenn ich ihnen helfe, dann helfen sie mir auch. Da habe ich das Spiel mitgemacht. Was macht man nicht alles für seine Freiheit?“, sagte H. 2012 – und später noch einmal in die Kamera eines ZDF-Fernsehteams.

Peter H. lieferte. Er berichtete den Ermittlern, Kulaç habe ihm die Tat gestanden. Der kräftige junge Mann mit dem Verstand eines Zehnjährigen wurde 40 Mal verhört. Dann gestand er. Zumindest ist dies in einem Gedächtnisprotokoll der Polizei so festgehalten. Eine Tonbandaufzeichnung gibt es nicht.

Kulaç widerruft später sein Geständnis

„Es gab keinen einzigen Beweis, nur ein Geständnis“, sagt der Journalist Christoph Lemmer, der den Fall zusammen mit seiner Kollegin Ina Jung in einem Buch „Der Fall Peggy“ aufgearbeitet hat. Und dieses Geständnis habe die Polizei mit illegalen Methoden geholt, mit körperlichem und psychischem Druck, so sein schwerer Vorwurf.

Anwalt und Eltern sind überzeugt, dass das Geständnis durch die Erschöpfung bei den stundenlangen Vernehmungen sowie durch Suggestivfragen und falsche Versprechungen seitens der Polizei zu erklären ist. Das Geständnis erfolgte in Abwesenheit eines Verteidigers. Man erinnere sich daran, dass es außerdem von dem Geständnis keine Tonaufzeichnung gibt, es beruht auf dem Gedächtnisprotokoll des Ermittlers. In der Urteilsbegründung wird allerdings davon ausgegangen, dass Kulaç nicht in der Lage gewesen wäre, eine solche Geschichte zu konstruieren, so dass man annehmen könne, dass er Erlebtes geschildert habe.

Ulvi Kulaç hat sein Geständnis tatsächlich widerrufen. Angeklagt wurde er dennoch. Zwei Jugendliche, die zunächst ausgesagt hatten, sie hätten Peggy in ein Auto mit tschechischem Kennzeichen einsteigen sehen, zogen ihre Aussage zurück. Peter H. bestätigte vor Gericht, Kulaç habe ihm die Tat gestanden. Rechtsanwalt Euler dagegen sagt: „Ulvis Geständnis war falsch.“ Er habe nach dem erheblichen Druck der polizeilichen Vernehmungen nur noch seine Ruhe haben wollen.

Kulaç wurde 2004 verurteilt. Wegen Mordes zu lebenslanger Haft. Straffrei blieb dagegen der sexuelle Missbrauch von Kindern; in diesem Punkt attestierten ihm die Gerichtsgutachter Schuldunfähigkeit. Das ist aber auch der Grund, warum Kulaç bis heute in der Psychiatrie untergebracht ist, wie der leitende Oberstaatsanwalt Herbert Potzel immer wieder betont. Kulaç müsste inzwischen um die 38 Jahre alt sein.

Bürgerinitiative meldet als Erstes Zweifel an[36]

Es war zunächst eine Bürgerinitiative, die lautstark Zweifel an dem Urteil anmeldete. Bis heute gibt es keine Leiche; dem geistig zurückgebliebenen Mann wäre also „das perfekte Verbrechen“ gelungen. Nach der Tatversion des Gerichts hätte Ulvi Kulaç an jenem Mai-Nachmittag das Mädchen rennend verfolgen und töten müssen. Ulvi aber ist ein schwergewichtiger junger Mann, der sich im Zeitlupentempo bewegt.

Da dem als geistig behindert geltenden Ulvi Kulaç zur Zeit des Prozesses kein Betreuer gewährt worden war, wurde eine Verfassungsbeschwerde eingereicht. Eine Betreuerin für Ulvi Kulaç wurde gerichtlich berufen. Nach Nachforschungen seiner Betreuerin blieb Kulaç ein Zeitfenster von nur 20 Minuten, zu wenig, um die Tat zu begehen und die Wegstrecke zurückzulegen. Entscheidend ist die Dauer einer Busfahrt, die eine Zeugin, die Peggy vom Bus aus gesehen hatte, zurücklegte.

Im Juli 2012 hat der Hauptbelastungszeuge, ein Mitinsasse im Bezirkskrankenhaus, der mit der Polizei zusammengearbeitet hatte, seine Aussage gegen Kulaç eidesstattlich widerrufen. Er begründete seine Zusammenarbeit mit der Ermittlungsbehörde mit versprochenen Hafterleichterungen.

---

[36] http://www.augsburger-allgemeine.de/bayern/Fall-Peggy-Der-Moerder-der-keiner-gewesen-sein-soll-id28046037.html

V-Mann H. versicherte 2012 an Eides statt, er habe gelogen. Und er geht sogar noch einen Schritt weiter: Die Polizei habe ihm gesagt, er solle aussagen, Ulvi habe sie gedrosselt, bis sie tot war. Die beiden Jungs aus Lichtenberg versichern Rechtsanwalt Euler heute, sie hätten das Auto mit dem tschechischen Kennzeichen und Peggy doch gesehen. Das würden sie auch vor Gericht sagen. Auch die Tatzeit wackelt. Mehrere Zeugen wollen Peggy nach dem angeblichen Todeszeitpunkt gesehen haben. H. ist inzwischen gestorben.

Staatsanwaltschaft startet eigene Ermittlungen

2012 startete die Staatsanwaltschaft Bayreuth eigene Ermittlungen in dem Fall. Für Michael Euler ein deutlicher Hinweis dafür, dass die Justiz auch nicht mehr an Kulacs Schuld glaubt. Mindestens 15 Entlastungszeugen will Euler in den Akten gefunden haben. Ziel der Wiederaufnahme ist ein Freispruch. Der würde nicht nur Kulacs Rehabilitation bedeuten, sondern auch, dass der wahre Mörder oder Entführer von Peggy Knobloch womöglich immer noch frei herumläuft.

Eine Spur führt zu einem verurteilten Straftäter[37]

Schließlich ist da noch die Spur nach Halle in Sachsen-Anhalt. Ein enger Freund von Peggys Familie aus dieser Stadt stand schon im Jahr 2001 im Visier der Ermittler. „Er war verschossen in Peggy, aber sie nicht in ihn", will Journalist Lemmer herausgefunden haben. Doch man konnte dem Mann

[37] Ebd.

offenkundig nichts nachweisen.

Hat sich das nun geändert? Er gilt inzwischen als Tatverdächtiger, sein Elternhaus wurde vor einigen Wochen durchsucht. Weitere Details will Oberstaatsanwalt Potzel nicht nennen. Für Rechtsanwalt Euler ein Hinweis, dass die Spuren zwar „relativ konkret" seien, aber offenkundig nicht ausreichten, um den Verdächtigen zu überführen.

Der Mann sitzt übrigens derzeit im Gefängnis. Er wurde zu sechs Jahren Haft verurteilt – wegen sexuellen Missbrauchs seiner eigenen Tochter.

Ich möchte Ihnen mit einer speziellen Passage nochmals ins Gedächtnis rufen, warum dieser Fall unmittelbar mit diesem Buch zu tun hat.

Er begründete seine Zusammenarbeit mit der Ermittlungsbehörde mit versprochenen Hafterleichterungen.

Ich denke Sie wissen, wovon ich spreche.

44. Die Causa Frank Hanebuth

Ich kann mich noch ganz genau an die Situation erinnern. Ich lag am Beckenrand eines Freiluftbeckens ganz in der Nähe meines Wohnortes. Musik, ein gutes Buch und die aktuelle Ausgabe des Spiegels immer bei mir. Ich genoss es, abwechselnd bei umgerechnet 32 Grad ins kühle Nass zu springen und mich daraufhin wieder trocknen zu lassen. Es war der Bombensommer in Deutschland im Jahr 2013. Auf einmal klingelte mein Smartphone und meine Süße war dran. Ob ich schon gehört hätte, in Spanien auf Mallorca hätten sie in einer großangelegten Polizeiaktion die Hells Angels um Frank Hanebuth festgenommen?
Ich ging sofort online und las, was die Presse bereits verkündete.

Großeinsatz gegen Hells Angels auf Mallorca[38]! Die Operation "Casablanca" , wie spanische Ermittler ihre großangelegte Operation nannten, stand dem deutschen Einsatz der Staatsmacht und Polizei gegen Hanebuth und Co. zumindest nicht besonders nach.
Mehr als 200 Beamte, inkl. Spezialeinheiten und einem Polizeihubschrauber, durchsuchten mehr als 31 Wohnungen und Häuser, in denen sich Hells Angels und Freunde aufhielten. 25 Männer wurden festgenommen. Darunter Frank Hanebuth und mehrere Gefährten aus Hannover.
Für ihn muss es wie ein böses Déja Vu gewesen sein, als morgens um kurz vor 7 Uhr schwerbewaffnete Einsatzkräfte der Guardia Civil in sein prachtvolles Urlaubsanwesen einbrachen.
50.000 Euro in bar, Schusswaffen, vier Motorräder, zehn hochwertige Autos, Boote und Juwelen wurden beschlagnahmt.

---

[38] Vgl. Bericht www.mallorcazeitung.es

Des Weiteren wurden Mobiltelefone, Laptops, Kokain, Marihuana und Anabolika sichergestellt.
Das klingt natürlich erst einmal sehr martialisch. Schaut man jedoch genauer hin, dann handelt es sich weder um Luxusboote, noch um eine besonders große Menge an Bargeld, geschweige denn um riesige Drogenfunde.
Damit das jedem klar ist, es geht mir hier nicht um eine Verteidigung oder eine Rechtfertigung, es geht einzig und allein um die Fakten, die Gerechtigkeit und die Sache an sich. Mich interessiert auch nicht im Besonderen, dass es sich hier um die Hells Angels und Frank Hanebuth handelt, ich würde genau so darüber schreiben, wenn die gesamte nun folgende Geschichte sich um einen anderen Club und dessen Präsidenten gehandelt hätte.

Das scheint in diesem Fall aber eben nicht möglich, zumal die Hells Angels nun mal kein Club sind, den man mit irgendeinem anderen vergleichen könnte. Genau wie Frank Hanebuth kein gewöhnlicher Präsident ist, sondern der bekannteste Rocker Deutschlands.
Kommen wir aber zur Operation "Casablanca" zurück. Der Großeinsatz ist der vorläufige Höhepunkt eines bereits zweieinhalb Jahre dauernden Ermittlungsverfahrens gleich mehrerer europäischer Großbehörden. Es soll um Drogen-, Menschenhandel, Erpressung, Geldwäsche und Prostitution gehen. Für die spanischen Ermittler sind die Hells Angels Mallorca zudem eine kriminelle Organisation.
Das Innenministerium in Madrid gab an, dass die festgenommenen Angels über mehrere Millionen Euro Schwarzgeld verfügt haben sollen. Damit wollten die Rocker angeblich eine Formel 1 Strecke auf Mallorca bauen und somit das Geld waschen.

So aberwitzig, wie diese Vorwürfe, sollte sich auch das

gesamte nachfolgende Verfahren darstellen.
Ich habe diese "Spezialisten" am eigenen Leibe erleben müssen, daher kann ich mitfühlen, wie dilettantisch und unverschämt "ermittelt" und geschlussfolgert wird. Das Schlimme daran ist, was erst einmal in der Presse steht, ist so schnell bis gar nicht mehr zu streichen. Es brennt sich bereits in die Köpfe der Bürger und lässt diese eine Vorverurteilung vornehmen.

Da waren die Telefonate mit „Thrombose-Paul":

Die spanische Polizei hatte mehrere Telefonate aufgezeichnet, die Hanebuth mit seinen spanischen Komplizen geführt hat. Danach telefonierte Hanebuth am 17. Februar 2012 mit seinem auf Mallorca lebenden Freund Paul E., 72. „Langer, was ist los?", erkundigte sich der Mann, der als "Thrombose-Paul" eine Kiezgröße im Frankfurter Rotlichtviertel gewesen sein soll.

„Paule, am Samstag komm ich angedüst, am Samstag."

„Das habe ich gestern schon gehört, aber nur kommen und gleich wieder losfahren."

„Man Pauli, ich komme nur deswegen, also wenn ich im Februar mehr Zeit habe, dann komme ich für ein paar Tage vorbei."

Daraus leitete die spanische Polizei ab, dass es sich um „eine

Operation handelte, an der mehrere Personen teilnehmen, die mit der Organisation verbunden sind, in der Frank Hanebuth und Paul E. integriert sind", heißt es etwas umständlich in dem Transskript. Dem Wörtchen "deswegen" messen die Ermittler eine besondere Bedeutung bei, für sie ist das die "Operation".

Als kurz darauf eine Autobombe unter dem Wagen der Nichte von einem angeblichen Erpressungsopfer explodierte, brachte die spanische Polizei das mit Hanebuth in Verbindung. Bei dem Anschlag wurde niemand verletzt.

Erst im Nachhinein stellte sich heraus, dass der "Lange" überhaupt nichts damit zu tun hatte.

Und die Prostituierte, die in einen Hundezwinger gesperrt worden sein sollte.

Die "Bild"-Zeitung berichtet des Weiteren von brutalen Strafaktionen, mit denen die Zuhälter ihre Prostituierten quälten. So soll laut einer Zeugenaussage eine Frau zur Strafe in einen Hundezwinger gesperrt worden sein, eine "Wirtschafterin" habe Huren zudem mit Kampfhunden eingeschüchtert. Auch seien Frauen zur Prostitution gezwungen worden, berichten zwei weitere Zeuginnen.

Zwei Slowakinnen sagten aus, dass sie unter falschen Versprechungen nach Mallorca gelockt worden seien; dort sollten sie eigentlich Flyer verteilen. Ein bulliger Mann habe die beiden Frauen am Flughafen in Empfang genommen, zu einer Wohnung gebracht und ihnen ihren tatsächlichen Job erklärt. Den beiden Frauen gelang es, eine Freundin anzurufen, die die Polizei verständigte.

Und dann war da noch das Tattoo einer Hure, das sie sich angeblich hatte stechen lassen: „Leben ist Leiden"

Die "Bild"-Zeitung berichtete weiter, dass die Prostituierten sich Schönheitsoperationen unterziehen mussten, um für ihre Kunden attraktiv zu sein. Auch ein namhafter deutscher Chirurg soll die Operationen in Berlin und auf Mallorca durchgeführt haben. Offenbar lief dabei nicht immer alles glatt: Mehrfach sei es zu Komplikationen gekommen, einige Frauen hätten an Depressionen gelitten.

Also, dabei kullern einem ja wirklich schon ein paar Tränen über die Wangen. Das ist ja wirklich furchtbar! Jetzt mal im Ernst, wer glaubt denn allen Ernstes, dass heutzutage noch Frauen auf Mallorca zum Anschaffen gezwungen werden?

Die Angels verfügen über genug Mädels, die freiwillig und liebend gerne im sonnigen Mallorca "ackern" würden und das ja auch tun. Dafür braucht es keine Frauen, die in Hundezwinger gesperrt und zum Anschaffen gezwungen werden.

Ohne irgendeine Verurteilung wurde dann mal eben der beschlagnahmte Fuhrpark von der örtlichen Polizei vereinnahmt.

Mit zwei Motorrädern und neun Autos, die im Juli 2013 bei einer Großrazzia gegen die Hells Angels beschlagnahmt wurden, fahren nun vorübergehend Beamte der Nationalpolizei sowie der Guardia Civil durch die Gegend. Dies hat der zuständige Ermittlungsrichter der spanischen Gerichtshofs in Madrid, Eloy Velasco, Medienberichten zufolge bereits Mitte Juli beschlossen.

Unter diesen Fahrzeugen befindet sich unter anderem ein VW Touareg, der laut Ermittlern Rockerboss Frank Hanebuth gehörte, ein dicker Mercedes, ein Jaguar, aber auch ein weniger standesgemäßer Piaggio-Roller. Die Polizei durfte auf den Autos ihre Blaulichter und Sirenen anbringen. Nutzen taten den neuen Fuhrpark der Informationsdienst der Guardia Civil sowie die Einheiten für Geldwäsche und Raubüberfälle.

Ein paar Monate später hat dann ein spanisches Gericht sieben beschlagnahmte Hells-Angels-Motorräder für den Spottpreis von 28.600 Euro versteigert. Zuvor waren die „Feuerstühle“ der Rocker, darunter fünf Harleys, auf über 50.000 Euro geschätzt worden.

Der bereits bekannte spanische Richter Eloy Velasco (51) hatte die Versteigerung der auf Mallorca sichergestellten Motorräder angeordnet. Die Einnahmen aus der Auktion sollen für die Deckung zivilrechtlicher Ansprüche gegen die Hells Angels verwendet werden.

Nach fast zwei Jahren dann, hat die Staatsanwaltschaft den von Untersuchungsrichter Eloy Velasco gesetzten Termin für die

Anklageerhebung erst mal verstreichen lassen.

Das ist in Spanien nichts Ungewöhnliches. „Für Anwälte sind die Fristen verbindlich, die Staatsanwaltschaft muss sich nicht genau daran halten", sagte der spanische Anwalt des mutmaßlichen Bandenchefs Frank Hanebuth. Ob es sich bei der Verzögerung um Tage, Wochen oder Monate handle, könne man nicht genau sagen, so Boye Tuset.

Ohnehin geht der Strafverteidiger davon aus, dass die Staatsanwaltschaft den Ball zurückspielt und den Untersuchungsrichter mit zusätzlichen Ermittlungen beauftragen wird. Seiner Ansicht nach werde es frühestens Ende 2015 zur Prozesseröffnung kommen. Im Gegensatz zu vielen der 54 weiteren Mitbeschuldigten hat Hanebuth übrigens keinen Widerspruch gegen die Schlussfolgerungen des Untersuchungsberichts eingelegt. Seine Anwälte wollen das Verfahren nicht weiter verzögern und ziehen stattdessen eine Verteidigung im Rahmen der Hauptverhandlung vor.

„Die Situation ist unhaltbar. Es gibt keinen einzigen konkreten Beweis gegen Frank Hanebuth", sagt Boye Tusset, der in 18 Monaten bereits zwei Mal die Freilassung seines Mandanten beantragt hat und es demnächst erneut versuchen will. Trotz allem sei Frank Hanebuth psychisch „nach wie vor stabil", heißt es. Allerdings besteht für die Justiz auch die Möglichkeit, die U-Haft nach Ablauf von 24 Monaten per richterlichen

Beschluss auf bis zu vier Jahre zu verlängern. Die meisten Mitbeschuldigten – mit Ausnahme von Khalil Youssafi – befinden sich mittlerweile hingegen unter Auflagen auf freiem Fuß.

Obwohl der Name Hanebuth im Untersuchungsbericht 68 mal genannt ist, glaubt auch sein deutscher Anwalt Götz von Fromberg nicht daran, dass am Ende die Verurteilung wegen Rädelsführerschaft einer kriminellen Vereinigung stehen könnte. Die beschlagnahmte Kutte mit der Aufschrift „Mallorca, President" hält er als Beweis allein genommen nicht für ausreichend.

Ansonsten lesen sich die Vorwürfe wie ein Auszug aus dem Strafgesetzbuch: Es geht um Delikte wie schwere Körperverletzung, Erpressung, Zwangsprostitution, Geldwäsche, illegalen Waffenbesitz oder Drogenhandel. Auch das ist nichts neues und keinesfalls ungewöhnlich. Erstmal wird alles in den Topf geworfen. Was am Ende allerdings übrig bleibt, wird sich noch zeigen.

Aber wird es überhaupt zu einer Anklage kommen?

Dazu sagt der spanische Rechtsanwalt von Hanebuth Boye in einem Interview, dass es für ihn die einzige logische Schlussfolgerung nach dreijährigen Ermittlungen und fast zweijähriger Untersuchungshaft ist, dass es auf jeden Fall zur Anklage kommen muss. Allerdings hat nun erst einmal die

Staatsanwaltschaft Velascos Bericht angefochten und weitere Ermittlungen gefordert. Das heißt, entweder Velasco akzeptiert das und schafft zusätzliches Beweismaterial heran, oder er lehnt das ab, dann wird die Staatsanwaltschaft Berufung einlegen, also die Strafkammer der Audiencia Nacional anrufen, die ihn dann zu weiteren Ermittlungen verpflichten könnte. Bis über eine Anklage entschieden wird, können deshalb noch viele Monate vergehen. Zumal auch zahlreiche Beschuldigte Einsprüche gegen den Abschlussbericht eingelegt haben, die nun ebenfalls bearbeitet werden müssen.

Nach fast dreijähriger Ermittlungen und fast zweijähriger Untersuchungshaft ist alles, was der Richter in dem Bericht sagt, dass irgendwelche Leute dies und jenes geplant oder getan haben. Es ist an keiner einzigen Stelle von einer Straftat die Rede, die Hanebuth angeblich selbst verübt hat. Es wird lediglich spekuliert, dass er davon gewusst hat oder alles von ihm abgesegnet werden musste. Bei der Schwere der Vorwürfe hätten konkretere und ernsthaftere Beweise erwartet werden müssen.

Es gibt aber anhand des Ermittlungsberichtes keine Beweise. In den ganzen Ermittlungsunterlagen gibt es keinen einzigen Anruf, der die Mittäterschaft von Hanebuth beweist. Aus dem einfachen Grund, weil die Ermittler solche Telefonate nicht mitgehört haben – und weil sie überhaupt niemals stattfanden. Die Staatsanwaltschaft sieht das offenbar genauso.

In dem Ermittlungsbericht werden zudem die Namen der Angeklagten ständig falsch geschrieben. In dem Absatz, in dem es um das Geld geht, das die Hells Angels angeblich von Istanbul in die Schweiz schaffen wollten, wird eine „Deutsche Zuriche Bank“ erwähnt, bei der die Summe einbezahlt und dann auf andere Konten weiterüberwiesen werden sollte. Eine Bank mit einem solchen Namen gibt es aber nicht. Der Richter gründet auf solch vermeintlichen Fakten seine Anschuldigung wegen Geldwäsche – eine Straftat, auf die immerhin eine Gefängnisstrafe von bis zu sechs Jahren steht. Das ist meiner Ansicht ja schon mehr als peinlich. Die ganze Geschichte kann nicht ernst gemeint sein: Wie will man denn eine so riesige Geldmenge Bargeld (in den Ermittlungsakten war von 500 Millionen Euro die Rede) auf Paletten und in Containern in die Schweiz bringen, ohne dass es dem Zoll oder an der Grenze auffällt? Zumal dann ja in irgendeinem Land die Geldscheine ausgehen müssten.

Laut Boyle ist das Ganze ein sehr untypischer Fall. Er ist überzeugt, dass Hanebuth nur im Gefängnis sitzt, weil er Deutscher ist. Wenn die Beschuldigten Spanier wären, wäre es niemals so weit gekommen, so Boyle gegenüber einer spanischen Zeitung.

Ein paar Mal wurde vergeblich versucht, Hanebuth aus der Haft herauszubekommen. Dabei weiß das Verteidigerteam immer noch nicht, warum er eigentlich eingesperrt ist und wegen was man ihn anklagen will. Ein weiteres kurioses Detail: In der Liste der Beschuldigten, die Velasco aufführt, steht Hanebuth auf Platz fünf. Von den Vieren vor ihm, die mutmaßlich schlimmere Sachen begangenen haben, sind allerdings alle außer Khalil Youssafi längst wieder auf freiem Fuß.

Meine Schlussfolgerung ist, dass hier seitens des Staates ein einziges Exempel statuiert werden soll.

Im Hintergrund haben die deutschen Behörden ihren nicht kleinen Anteil dazu beigetragen, dass die ganze Aktion zu einer derartigen Farce verkommen ist.

Man muss sich einmal vorstellen, hier sitzt ein deutscher Staatsbürger seit fast zwei Jahren in Untersuchungshaft, ohne dass es bereits eine Anklage, geschweige denn konkrete Vorwürfe oder Beweise gibt. Natürlich interessiert das im Fall von Hanebuth keinen einzigen deutschen Politiker.

Hier wurde einfach einer zu Fall gebracht, der einerseits zu groß geworden ist und dem man zu Hause nicht so beikommen konnte, wie man es gerne gewollt hätte. Die Arme des Staates sind aber lang und die Mentalität und Genetik der Ordnungshüter und Staatsanwaltschaften scheint länderübergreifend identisch zu sein.

45. Können wir nicht mal mehr Rocker?

In keinem anderen europäischen Land, geschweige denn in den USA gibt es vergleichbare Exzesse, wie im „good old Germany". Hier ist mittlerweile alles möglich. Ganze Chapter laufen zum Gegner über oder besser gesagt, lassen sich einkaufen. Brüder ein und desselben Clubs schießen sich gegenseitig über den Haufen! Genau das ist das Resultat, wenn nicht mehr der anständige Mann zählt, der bestimmte Werte in sich trägt, sondern nur noch Gier, Macht, Einfluss und persönliche Vorteile sein Handeln bestimmen.

Damals waren die Rocker groß, breit, langhaarig und tätowiert. Es war eine der letzten Bastionen von Männern, die sich eine eigene Subkultur erschaffen hatten und nach eigenen Regeln

und alten Werten lebten. Man fuhr Harley-Davidson und regelte die Konflikte auf alte Männermanier.
Diese Art von Rocker gibt es auch heute noch. In ganz Deutschland trifft man immer noch auf richtige Rocker mit einem derartigen Erscheinungsbild.

Heutzutage gibt es aber auch eine andere Spezies, die sich ebenfalls als "Rocker" bezeichnet.
Kurzgeschorene Haare, Baggy-Jeans, solariumgebräunt, Brillianten im Ohr und dicke Uhr ums Handgelenk. Mit auffälligen weißen Kutten besteigt man die exemplarische weiße Mercedes-S-Klasse, denn Motorradfahren ist einerseits nicht so beliebt und andererseits verfügt man weder über Führerschein noch über ein Motorrad. Aber umso wichtiger ist es dafür, in irgendwelchen stupiden Rap-Videos Schau zu laufen und stolz seine Kutte möglichst penetrant in die Kamera zu halten, während irgendein unerzogenes Heimkind rappt, dass „die Stadt gehört uns" und „wir machen Dich platt". Jeder richtige Biker müsste sich in Grund und Boden schämen, wenn er sieht, wie die ganze Sache missbraucht und vergewaltigt wird.
Gegner werden aus fahrenden Autos heraus beschossen und Messerklingen stecken in Körperteilen.
Das erinnert schon an die bekannten Drive-by-shootings aus amerikanischen Ghettos.
Den sogenannten Rockerclubs stehen dann oft ehemalige Zuhältergrößen vor, die von ihren Anhängern wie Popstars gefeiert werden. Dabei eifert die gesamte Horde den prunkvoll zur Schau gestellten Luxussymbolen, wie Autos und Uhren nach und erkennt gar nicht, wie sie einfach nur ausgenutzt werden. Ein entsprechendes Wertegerüst ist bei diesen Straßengangstern und Ghettokids gleichwohl nicht zu erwarten. Dementsprechend groß ist auch die Fluktuation bei den jungen Wilden.

Das Fußvolk steht dann erneut an der Ecke und verkauft wieder geklaute Autoradios.
Kein Wunder, wenn man immer nur auf das schnelle Geld und den kurzfristigen Erfolg aus ist. Überall herrscht nur noch die reine Gier. Der Club spielt keine großartige Rolle mehr, außer zur Machtausübung und Demonstration.

Damals war es nicht mal im Traum denkbar, dass ein Fullmember, der seinem Club die Treue geschworen hatte und von seinen Brüdern einstimmig zum Member ernannt wurde, jemals zu einem gegnerischen Club überlaufen würde. Heutzutage gibt es einige Exemplare, die erst zum Gegner überlaufen, um daraufhin sogar wieder zum eigentlichen Club zurück überzulaufen. Ein Verrat im doppelten Sinne und eine einzigartige Spitzenleistung im negativen Sinne.

Damals galten Werte wie Ehre, Treue, Loyalität. Heutzutage gilt der eigene Vorteil wie Machtgewinn, persönliche Bereicherung und schlichtweg der Verrat.
Ich liebe das Damals und verachte das Heute.

Wie konnte es überhaupt soweit kommen? Wer war verantwortlich für den regelrechten Niedergang in Teilen der Szene? Wieso wurden einstige Gegner regelrecht eingekauft? Dieser jetzige Zustand ist schlichtweg unerträglich.

Unterschiedliche Charter ein und desselben Clubs beabsichtigen sich in feindseliger Art und Weise zu treffen und können dann nur durch SEK-Einheiten getrennt werden. Das ist doch ein schlechter Film!
Die natürlichen Gegner eines großen 1%-Clubs sind generell der Staat, die Polizei und andere Ordnungsbehörden. Diese Gegnerschaft ist nicht von den Clubs initiiert, sondern wurde

und wird mit steigender Vehemenz seitens des Staates vorangetrieben.

Es gilt sich gegen den Werteverfall, von außen aber auch von innen, mit allen Mitteln zu erwehren.
Auch wenn es so sein sollte, und davon gehe ich aus, dass die Szene sich selbst reinigen wird, so darf auf keinen Fall vergessen werden, wer die Geister gerufen hat, die man womöglich für längere Zeit vorerst so leicht nicht mehr vertreiben kann.

Ich bin dennoch guter Dinge, denn viele werden das "Rockerdasein" irgendwann als zu anstrengend empfinden. Die ständigen Kontrollen, vollständig im Visier der Polizei, abgehörte Telefone und fortwährende Schikanen der Exekutive, werden irgendwann dazu führen, dass "Rocker zu sein, einfach doch nicht mehr so cool ist.

An dieser Stelle möchte ich ein mögliches Beispiel anführen, das einerseits zum Lachen ist, aber andererseits auch zum Weinen. Betrachten sie es als Metapher, die auf wahrer Begebenheit basiert.

Es gab einmal einen großen Satudarah-Präsidenten, der sich selbst Ali Osman nannte.
Ali Osman glänzte dadurch, dass er sehr medienpräsent war und unter anderem auch durch deutsche Talkshows tingelte. Ein Auftritt reichte sogar zu Stern-TV. Dort trat er mit einer weiteren Gestalt in Satudarah-Kutte auf, die damals noch Pläne hegte, als Schlagersänger und Apres- Ski- Entertainer betrunkene Partygäste in Skigebieten und auf dem Ballermann zu unterhalten.
Soviel zu dem knallharten "Rockerduo".

Ali Osman gab beispielsweise folgende Äußerungen von sich: „Wir wissen, der Krieg ist in vollem Gange – und es wird ein Ende geben.“, so der damalige Präsident der Rockergang Satudarah. Die Höllenengel werden nach Osmans Meinung bald keine Rolle mehr spielen: „In Duisburg wird die Zukunft Europas entschieden.“
Der damalige Schlagersänger in spe holte sogar noch weiter aus und sprach: „Wir wollen auch in Deutschland an die Macht. Wir haben uns gewehrt.“ Jetzt heißt es: „Alle gegen die Hells Angels.“

In seinem Buch "Rotlichtkrieg" ist der letzte Abschnitt signifikant für seine Glaubwürdigkeit und regt zum Schmunzeln an.
„Wenn ihr in nächster Zeit die A7 entlangfahrt, dann achtet mal auf Motorräder. Vielleicht fallen euch im Rückspiegel ein paar Harleys auf, die in Formation fahren. Erst nur kleine schwarze Punkte, die aber schnell näherkommen. Dann erkennt ihr, wie viele Maschinen das sein müssen, 50, vielleicht 100 Stück. Mit Männern, die so aussehen wie ich. Wenn sie überholen, wird der Asphalt vibrieren. Wahrscheinlich sind das dann meine Jungs und ich. Auf dem Weg nach Hamburg. Wo die Hells Angels vor uns zittern."[39]

Ich lasse das jetzt mal unkommentiert stehen.
Die Antwort spiegelt sich in der Realität wieder.

Der Schlagersänger in spe schied im Bad Standing aus dem Club aus und hat ein Stadtverbot für Hamburg. Er sitzt derzeitig wegen schweren Raubes im Knast. Außerdem geht mittlerweile das Gerücht in der Szene um, dass der knallharte Lude für den Staat gearbeitet haben soll.

---

39 Miami Gianni "Rotlichtkrieg" , Riva Verlag

Der große Rockerpräsident Ali Osman, der mit Drogen und Waffen handelte, wurde überführt und verhaftet.

Unmittelbar nach seiner Festnahme begann er mit der Polizei zu kooperieren.
Im Gerichtssaal war dann nichts mehr von dem harten Rocker Ali Osman zu erkennen. Ein kleines, geläutertes Männchen, mit akkuratem Kurzhaarschnitt und frisch rasiert, antwortete mit einem gespielt sympathischen Lächeln auf den Lippen auf die Fragen der Journalisten, wie es ihm denn in der U-Haft gehen würde mit einem schüchternen „gut".

Danach legte er ein vollständiges Geständnis ab, verriet alles und jeden, wurde dann zum Kronzeugen, der nach Abschluss seiner Haftzeit ins Kronzeugenschutzprogramm kommt.
Maskierte SEK-Beamte waren im Einsatz, um Ali Osman, der bei der Polizei ausgepackt hatte, zu schützen. Der Gnom, der eine erstaunliche Ähnlichkeit mit dem Tier hat, das symbolisch für Verrat steht, nimmt nun die in Anspruch, die er vormals noch verflucht und verdammt hatte, den Staat und seine Polizisten.

Zu guter Letzt, nachdem er mehrere Clubmitglieder schwer belastet hatte und gesungen hatte wie ein Vogel, rief Ali seine ehemaligen Brüder noch dazu auf, ihn als Vorbild zu nehmen und den Club zu verlassen.

Danach verließ Ali unter Polizeischutz das Gerichtsgebäude.
Ich finde, dass diese beiden Gestalten der beste Beweis dafür sind, woran die Szene krankt und was aus Teilen von ihr geworden ist.

Zumindest konnten beide für eine kurze Zeit mal ein bisschen "Rocker" spielen.

Das Ganze ist mit einem, sinngemäß rezitiertem, Kommentar abzuschließen, den ich im Internet lesen durfte und der den gesamten Niedergang trefflich zusammenfasst:

„Als ein gewisser F.H. einem gewissen K.P. aus Berlin die Türen der Hells öffnete, hat er auch nur an das Verdrängen der Mitbewerber von den Bandidos gedacht. Dass er damit die Büchse der Pandora öffnen würde, das hat er dann wohl mangels strategischer Weitsicht nicht bedacht."
Chapeau! Dem ist nichts hinzuzufügen.

Damit aber niemand auf die Idee kommt, dass es sich hier vorwiegend um ein kulturelles Problem handelt, möchte ich noch schnell einen weiteren außergewöhnlichen Fall hinzufügen.
Holger "Hocko" Bossen war ein Hells Angel der ersten Stunde. Er war es, der vor vielen Jahren sogar aus den USA die Erlaubnis erhielt ein sogenanntes "Nomad"-Charter in Deutschland zu etablieren. Das geschah dann in Berlin. Nach internen Streitigkeit wurde Bossen dann 2008 aus dem Club im bad standing herausgeschmissen. Ein gewisser Andre Sommer übernahm dann das Kommando.

"Hocko" bettelte zwar immer noch bei Frank Hanebuth, dass er von Herzen Hells Angels wäre und das auch so bleiben würde, egal was passiert, aber auch das half ihm nicht. Selbst der klägliche Versuch sich wieder für viele tausend Euro in den Club zurück einzukaufen blieb unbeantwortet.
Dass er abgesetzt und rausgeschmissen wurde, zerriss ihn und sein Leben. Als er dann noch von mehreren Unbekannten überfallen und schwer verletzt wurde und nur im Rahmen einer Not-OP gerettet werden konnte, stand für ihn fest, dass dieser Anschlag nur auf Andre Sommer zurückzuführen sei. Daher beauftragte "Hocko" wiederum Männer, die ihrerseits dann

Andre Sommer überfielen und diesen mit mehreren Schüssen lebensgefährlich verletzten. Auch Sommer sprang dem Tod nur hauchdünn von der Schippe.

Aufgrund von Telefonüberwachungen konnte Bossen als der Auftraggeber identifiziert und überführt werden.
Nachdem "Hocko" festgenommen wurde und ihm allmählich bewusst wurde, dass die einstige Berliner Rocker-Größe nun lange Jahre im Gefängnis bleiben darf, entschloss auch er sich zu "ratten".

Nach vielen Tagen stundenlanger Rederei mit der Polizei und packte alles aus, was er wusste oder gehört hatte. Drei Männer hätten ihn attackiert und einen konnte er dabei erkennen,. Es handelte sich um einen ehemaligen Bruder von ihm von den Angels. "Schönen Gruß von Sommer" habe man auch gerufen. Ob es sich dabei um die Wahrheit oder "Hockos" persönlichen Rachefeldzug handelt, wissen wohl nur die Beteiligten selber. Für seine große Aussagebereitschaft erhielt er dann wegen Anstiftung zu versuchtem Mord und gefährlicher Körperverletzung den "Ratten-Bonus“ und bekam 7,5 Jahre.

Der Richter hielt den Angeklagten bei der Strafzumessung zugute, dass sie die Tat "im Wesentlichen zugegeben und sich von ihr distanziert" hätten. Auch Bossens Aussagen zu zwei weiteren Mordfällen 40im Rockermilieu sowie zum Anschlag auf ihn selbst wertete der Vorsitzende zugunsten des Angeklagten.

"Hocki", soweit ich gehört habe, wärst Du damals nicht so ein

---

[40] Vgl. http://www.spiegel.de/panorama/justiz/hells-angels-holger-hocko-bossen-sagt-bei-der-polizei-aus-a-921670.html

Arschloch gewesen und hättest Deine Brüder wie Dreck behandelt, hätte dich auch niemand aus dem Club geworfen. Du warst ein Hells Angel der ersten Stunde in Deutschland und jetzt lebst du für den Rest deines Lebens mit dem nicht abwaschbaren Makel einer Ratte. Entweder du bist ein Mann, der sich an die Omerta hält oder du bist es nicht. Es gibt viele Männer, die das für immer in sich tragen aber in Dir musste schon immer dieses Verrats-Gen gesteckt haben.
Wieso ich darauf komme?
Ganz einfach, entweder ist man ein Verräter oder man ist es nicht. So etwas trägt man in sich.
Du hast es jetzt nur allen bewiesen.

Ihr alle, die sich in diesem Kapitel wiederfinden, seht in den Spiegel und seid Euch Eurer Taten bewusst. Ich kann nicht von Ehre, Treue und Verschwiegenheit faseln, um sobald es ernst wird, nichts mehr davon zu wissen.

Und das sagt euch ausgerechnet ein Ex-Bulle, der selber im Knast die Schnauze gehalten hat, obwohl er 8-15 Jahre vor sich gehabt hätte.
Ich blicke auf euch herab! Wer ist nun der wahre 1%er?!

46. Brothers MC Germany

Es gibt für mich nichts Schöneres, als auf meine Harley Davidson zu steigen, den Motor zu starten, dem unvergleichbaren Sound zu lauschen, den ersten Gang einzulegen, um dann loszufahren. Das kann nur durch eines übertroffen werden: Du startest mit deinen Brüdern gemeinsam die Motoren und man fährt zusammen. Dabei weißt du, dass der Mann neben dir immer für dich da ist, genau so, wie du für ihn da sein wirst. Er würde dich nie verraten und ist ehrlich und direkt. Loyalität, Zusammenhalt, Ehrlichkeit und Verschwiegenheit. Wo findet man all das noch in der heutigen Gesellschaft? Rocker zu sein wurde für mich zur Ideologie, zu einer Lebenseinstellung. Irgendwann trug ich es in mir und es wurde immer mehr und stetig größer. Heutzutage kann ich mir gar kein anderes Leben mehr vorstellen. Ich bewegte mich jahrelang in der Szene und ich denke, dass ich über ein profundes Wissen verfüge. Damit will ich sagen, dass ich überall mitreden kann und auch weiß worüber ich spreche.

Ich hatte immer bestimmte Wünsche und Ziele in mir, was ich in dieser Welt wollte, wie ich leben wollte und vor allem mit wem. Für mich zählen und zählten immer die alten und guten Werte, auf die ich ja eben in der Einleitung schon eingegangen bin. Ein Mann ist ein Mann, wenn er sein Wort hält und sich für seine Freunde einsetzt. Ein Handeln ohne Rücksicht auf Verluste und den eigenen Vorteil dabei vollkommen außer Acht zu lassen, sind seine Maxime.
Es ist schön, wenn man Gleichgesinnte trifft oder vielleicht schon länger kennt, mit denen man etwas ins Leben ruft und dieses dann auch einheitlich nach außen zur Schau stellt. Genau das passierte.

Der Brothers MC Germany wurde ursprünglich 2014 gegründet. Die Gründungsväter waren mehrere junge Männer aus dem Ruhrgebiet, die ich inzwischen sowohl meine Brüder als auch meine Freunde nenne. Einige waren vorher in anderen Clubs und die anderen hatten noch keine Cluberfahrung.

Die Idee hinter den Brothers war, eine Bruderschaft zu gründen, die wahrhaftig füreinander einsteht und die alten

Werte wieder lebt, die die Einen in ihren alten Clubs nicht mehr vorfanden und die die Anderen sich schlichtweg wünschten.
So wurde der Brothers MC ins Leben gerufen. Als Vorsitzender kristallisierte sich schnell heraus, dass kein geringerer als Brahim Z. den Club führen sollte. Brahim war vielen bekannt als der, der in den 90er Jahren den sogenannten "Rotlicht-Krieg" in Köln gegen Neco A. führte. Er war danach viele Jahre eine stabile und angesehene Größe bei den Bandidos gewesen. Da ein sehr guter Freund von mir damals der Vize – Präsident der Bandidos Oberhausen war, lernte ich Brahim, den damaligen Präsidenten, im Rahmen meiner häufigen Besuche des Chapters, kennen.
Das Bandido-Chapter Oberhausen "Del Centro" wurde dann aber irgendwann aufgelöst und der Großteil wechselte zurück nach Dortmund. Ich lernte Brahim von Anfang an als einen überaus höflichen und respcktvollen Menschen kennen und mittlerweile bezeichne ich ihn auch als einen guten Freund. Brahim war noch Bandido, als er mit anderen den neuen Club "Brothers" aufbaute. Da ich zu dem Zeitpunkt bereits viele der neuen Member kannte und auch schätzte, dauerte es nicht lang, bis auch ich in den Club eintrat. Ich fand von Beginn an genau das vor, was ich mir immer bei einem derartigen Club gewünscht hatte. Zusammenhalt, Aufrichtigkeit, Respekt und Wertschätzung.
Es dauerte nicht lange und ich bekam das Amt eines Nomads und das des Pressesprechers.
Mit Stolz kann ich auch behaupten, dass ich das Colour des Clubs entworfen habe und maßgeblich an der Entstehung der Rules beteiligt war. Obwohl ich nicht zu den Gründern gehörte, so betrachte ich diesen Club irgendwie auch als mein Baby. Aus meiner Feder stammt auch unsere erste Stellungnahme.

Stellungnahme des Brothers MC

Wir sind eine multikulturelle Bruderschaft, die gemeinsam Motorrad fahren möchte. Unabhängig von Herkunft, Hautfarbe und Religion ist jeder bei uns willkommen, der die alten und guten Werte in sich trägt und diese inmitten von uns leben möchte. Wir sind ein 1%-Club, was für uns bedeutet, dass wir uneingeschränkt zu jedem einzelnen Bruder von uns stehen.
Wir sind neutral und haben keinerlei Interesse an Konflikten, Gebietsansprüchen oder aggressiven Handlungen. Diese werden niemals von uns ausgehen.
Wir sind weder eine kriminelle Organisation, noch sind wir an Macht oder Machtdemonstrationen interessiert.
In unseren Reihen finden sich jetzt schon viele Member, die zuvor in anderen großen Clubs nicht das gefunden haben, was sie sich gewünscht oder erhofft haben. Eine bedingungslose Bruderschaft ohne Neid, Missgunst, Rassismus, in der jeder für den anderen einsteht.
Wir achten und wertschätzen jede Nationalität, Rasse und jede Religion, bei uns zählt letztlich aber der Mann, der das lebt, was das wahre Rockerdasein ausmacht:

Verrate niemals deinen Freund oder Bruder.
Begehre niemals deines Bruders Frau oder seinen Besitz oder neide ihm etwas.
Sei loyal, ehrlich und standhaft!

Brothers MC Germany im Januar 2015

Wir traten als neutraler 1%-Club an, der mit niemanden Krieg führen wollte und auch keine Gebietsansprüche hat. Wir wollten einfach unsere Bruderschaft leben und gemeinsam Motorrad fahren. Aber selbst das ist anscheinend zu viel für einige Subjekte, die für sich ganze Städte beanspruchen, vom wahren Rockerleben aber soweit entfernt sind wie das Land Indien vom Flug auf den Mond.

Es war an einem Sonntag im Dezember, als wir in großer Anzahl zusammen in einem Bistro in Köln saßen. An diesem Abend fand ein Meeting statt. Bevor das Meeting eröffnet wurde, befanden sich noch viele Mitglieder direkt hinter der großen mit Folie beklebten Fensterfront und saßen dort an Tischen zusammen. Als das Meeting begann wechselten wir in den hinteren Bereich des großen Raumes und saßen um einen großen langen Tisch. Auf einmal knallte es mehrere Male hintereinander. Mein erster Gedanke war, dass irgendwelche Böller auf einmal gezündet wurden. Ich blieb also einfach auf meinem Stuhl sitzen. Urplötzlich gerieten alle in Bewegung und einige warfen sich zu Boden. Ich stand langsam auf und stellte mich hinter einen Betonträger. Jetzt erst realisierte die meisten anderen sowie auch ich, dass es keine Silvesterknaller gewesen waren, sondern dass mehrere Male auf uns geschossen wurde. Es stürmten sofort ein paar Mann vor die Tür, aber es war niemand mehr zu sehen. Glücklicherweise wurde das Fahrzeug von einigen unserer Jungs gesehen, die

draußen vor dem Café in einem Auto saßen. Es handelte sich um einen Smart, bei dem sogar das Kennzeichen abgelesen werden konnte. Das vordere Kennzeichen war überklebt, aber das hintere hatten diese Experten unbedeckt gelassen. Wir besetzten umgehend die Autos und nahmen die Verfolgung auf. Leider blieb diese erfolglos. Deshalb fuhren wir wieder zurück zum Café, das mittlerweile von Streifenwagen umstellt war und es dort nur so von Polizisten wimmelte.
Dazu schrieb die Kölner Presse, dass Pistolenschüsse in Köln-Hohlweide zu hören waren und dass ein unbekannter Mann aus einem fahrenden Auto heraus mehrfach auf die Fassade eines Wohnhauses und ein Café geschossen hatte. Die Polizei würde auch in Rockerkreisen ermitteln.
Irrtümlicherweise hielt man uns angeblich für Bandidos und der Halter des Smarts sollte einer konkurrierenden Rockergang angehören.

Wie dem auch sei, wie feige muss man sein, um aus einem vorbeifahrenden Auto heraus mitten in ein vollbesetztes Ladenlokal zu schießen? Die insgesamt 6 Schüsse wurden sowohl in Beinhöhe als auch in Kopfhöhe abgegeben und zu "guter" Letzt schoss man noch in die Fenster des ersten Stocks, in denen eine Familie mit mehreren kleinen Kindern lebte. Wie durch ein Wunder wurde niemand verletzt, obwohl die Kugeln an unseren Köpfen vorbeiflogen. Was wäre geschehen, wenn sich die Kinder im ersten Stock hinter dem Fenster befanden hätten? Ich hoffe, dieses ehrlose und feige Subjekt, welches hinter diesem Anschlag steckt, wird eines Tages seine gerechte Strafe bekommen!
Die Großfahndung der Polizei blieb erfolglos. Die darauffolgende Vorladung der Polizei ließ ich selbstverständlich verstreichen und wurde daraufhin von dem Oberstaatsanwalt in meiner Heimatstadt vorgeladen. Da man dort erscheinen muss, ließ ich die Fragen im Beisein meines

Anwalts über mich ergehen. Ich hatte ja nur ein paar Knalle gehört und ansonsten nichts gesehen. Und selbst wenn, so regeln wir die Sache immer anders bzw. selber.
Das Kapitel „Schüsse und Schießereien“ sollte allerdings noch nicht so schnell abgeschlossen sein.

Ein damaliger Sympathisant von uns, nennen wir ihn einfach mal Primat (natürlich ohne jeglichen Hintergrund), arbeitete als Türsteher vor einer Diskothek in der Düsseldorfer Altstadt. Da ein anderer Rockerclub die Altstadt als sein Revier betrachtet und dazu noch irrtümlicherweise davon ausging, dass Primat zu den Bandidos gehörte, wurde ihm eine Ansage gemacht, dass er dort nicht mehr arbeiten dürfte. Der Typ ließ sich aber nichts verbieten und arbeitete weiter an der Tür. Da er damals noch unser Freund war, unterstützen wir ihn an seinen Arbeitstagen, indem wir immer eine Abordnung in seiner Nähe bereit hielten, um ihm im Falle eines Angriffs beizustehen. Das hatte nichts mit Konkurrenzdenken oder Aggressionslust zu tun, sondern einfach mit Loyalität zu einem Freund des Clubs. Wir lassen nämlich selbst unsere Sympathisanten zu keinem Zeitpunkt im Stich.

Es vergingen einige Arbeitstage an den Wochenenden, aber nichts geschah.
Die "Bereitschaft" wurde aufgehoben. Wochen später versuchte dann aber eine bis zu zehn Mann starke Gruppe dieses Motorradclubs doch die Tür zu stürmen und sich gewaltsam Zutritt zu verschaffen. Das war am Neujahrstag. Erst gerieten sie mit den Türstehern aneinander, die ihnen den Zutritt verwehrten, dann eskalierte der Streit. Die Tür der Diskothek wurde von innen geschlossen. Mit Heizkörpern und Tischen versuchten die Gruppe, die Tür von außen aufzubrechen. Daraufhin griff Primat zur Schusswaffe und wehrte den Angriff mit ein paar Schüssen durch die Tür ab. Dabei wurde

ein Mitglied der Angriffscombo sowie ein Passant durch einen Querschläger verletzt.

Die Presse war danach voller Schreckensmeldungen.

Rocker-Schießerei in der Altstadt. Passant angeschossen!
Schüsse in Düsseldorfer Altstadt: Droht uns jetzt ein Rockerkrieg?[41]

Dann kam der große Bild-Artikel. „Brothers MC wollen sich im Ruhrgebiet festsetzen“[42]. LKA hat neue Rocker im Visier. Darunter ein großes Bild von einigen von uns, inmitten von denen Brahim und ich, unsere Kutte in die Kamera haltend. " „Deutschland-Präsident Brahim und Sprecher Tim zeigen die neue Kutte mit dem blauen "Brothers"-Abzeichen." Beiläufig sei hier bemerkt, dass wir uns bewusst für die Farbe Blau entschieden haben, um eindeutig unsere Neutralität zu bekunden. Wir tendieren nämlich weder zu rot-weiß noch zu rot-gold. (Hells Angels oder Bandidos)

In dem Artikel kommt erst eine kurze Einleitung über uns und dann sagt Brahim, dass sich viele nicht mehr in ihren alten Clubs wohlgefühlt hätten und dass wir kein Interesse an Konflikten oder Machtansprüchen hätten. Wir haben keinen Bock auf Knast und sind ein Motorradclub, bei dem eine Harley Pflicht ist.
Dann wird über die Schüsse auf uns in Köln und den Vorfall in der Düsseldorfer Altstadt berichtet, mit dem wir ja auch irrtümlicherweise in Verbindung gebracht wurden.

---

[41] Vgl. http://www.express.de/duesseldorf/schuesse-in-duesseldorfer-altstadt-droht-uns-jetzt-ein-rocker-krieg-,2858,29506606.html?regio=2858

[42] Vgl. http://www.rocker-blog.to/tag/brothers-mc-germany/

Daraufhin sage ich (bzw. ich werde von der Bild so zitiert), „...,dass wir keine Gesetzlosen sind und dass die Gewalt nicht von uns ausgeht. Offenbar haben aber andere ein Problem mit uns, die meinen, ihnen würden ganze Städte gehören. Das akzeptieren wir nicht, denn wir leben in einem freien Land. Und eins ist klar. Wenn jemand einen Bruder angreift, werden ihm alle zur Seite stehen.“
Das Abzeichen steht für unsere Bruderschaft, denn bei uns sind die alten Werte wie Respekt und Treue im Vordergrund. Wir sind eben keine Höllenengel oder Banditen, sondern Brüder. Die Samuraischwerter zeigen aber auch deutlich, dass wir wehrhaft sind und uns verteidigen können.
Durch das Onepercenter zeigen wir, dass wir für jeden Bruder einstehen. Der Schriftzug Germany zeigt, dass wir ein in Deutschland gegründeter MC sind. Wir werden nicht wie andere Clubs von den Mutter-Clubs aus den USA gesteuert, sondern entscheiden selbst, was wir machen."

Die Bild formulierte meine Sätze im Nachhinein zwar ein wenig um, im Großen und Ganzen stimmten meine Aussagen aber genauso. Natürlich regten sich auch wieder ein paar Typen aus anderen Clubs über meine Aussagen auf, aber auch nur wieder aus dem Grund, weil der nötige Intellekt für ein bestimmtes Wortspiel fehlte.
„Wir sind eben keine Höllenengel oder Banditen, sondern Brüder." „Sind wir etwa keine Brüder?“, wurde ich anschließend verärgert gefragt. „Natürlich, aber lies doch erst einmal richtig, bevor Du Deinen Mund aufreißt!“ Nochmal zum Verständnis: Hells Angels heißen übersetzt Höllenengel, Bandidos übersetzt Banditen. Und wir sind eben übersetzt Brüder. Ein kleines Wortspiel, das leider ein wenig zu anspruchsvoll für einige wenige war.
Das mit der Presse nahm erst einmal kein Ende. Der Brothers MC war fast täglich in den Medien.

Schießereien, Rockerkrieg, eine neue Gang! Wie gefährlich sind die?

Das hatte zur Folge, dass auch bei uns das volle Staatsprogramm ausgeführt wurde.
Zu der Eröffnung eines unserer neuen Chapter wurden die Gäste und Member in regelrechter Terroralarmstimmung empfangen. Alle Zufahrtsstraßen zum Clubhaus waren bereits seit dem Nachmittag durch Polizeikontrollstellen abgeriegelt. Am Nachmittag kreiste eine ganze Weile ein Polizeihubschrauber über der Lokalität. Ein Scheinwerferwagen wurde eingesetzt, der die Kontrollstelle komplett ausleuchtete. Polizisten mit Maschinenpistolen, überall Zivilfahrzeuge, Motorräder, Streifenwagen und Mannschaftswagen waren im Einsatz.
Jeder Besucher wurde bis auf die Unterwäsche untersucht. Man musste sich sogar die Schuhe ausziehen. Alle Autos wurden komplett durchsucht. Die Prozedur fand teilweise an zwei unterschiedlichen Kontrollstellen hintereinander statt. Die reinste Schikane.
Die Absicht der Staatsmacht ist einfach zu erklären. Die ganze vollständig überzogene Aktion, die nur Steuergelder verschleudert und unnötige Überstunden erzeugt, dient einzig und allein dazu, uns mit allen Mitteln in eine kriminelle Ecke zu drängen. Die Bürger sollen uns als die Bösen sehen, bei denen all diese Maßnahmen eben erforderlich seien. Natürlich möchte man solche "Terroristen" nicht in seiner Stadt haben. Dass bis auf die üblichen Taschenmesser keine großartigen Waffen oder Drogenfunde zu vermelden waren, brauche ich nicht zu erwähnen.

Der überzogene und drastische Polizeieinsatz hatte zur Folge, dass die Presse auch darüber wieder berichtete. Ich durfte also wieder Interviews für Lokalzeitungen und auch das WDR-

Fernsehen geben.
Die junge Journalistin der Lokalzeitung und die Journalisten des WDR waren freundlich, kompetent und auch objektiv. Das gefilmte Interview beim WDR dauerte fast 15 Minuten, gesendet wurde leider nur ein kurzer Ausschnitt. Leider, denn ich hätte meine Antworten auf einige Fragen gerne gesendet gesehen.

Rocker seien ja kriminelle Organisationen, begann zum Beispiel der fragende Journalist, wobei ich gleich entgegnete, dass der Staat dieses gerne so formulieren würde, dieses tatsächlich und juristisch jedoch nicht der Wahrheit entspräche. Nur weil einige Mitglieder Straftaten verübt hätten und für diese auch ihre Strafe absitzen würden, könnte man nicht den gesamten Club als kriminell bezeichnen. Dann müsste man ja die Kirche, die Polizei, den FC Bayern München und die Politikerkaste auch als kriminelle Organisation bezeichnen.

Warum der Staat denn so rigoros gegen Rocker vorgehen würde?
Ich denke, weil wir eine Subkultur sind, die zudem freiheitsstrebend, abgeschottet und auch organisiert ist. Jegliche Subkultur, die parallel zur Gesellschaft läuft und demnach auch nicht voll und ganz kontrollierbar ist, wird dem Staat immer ein Dorn im Auge sein. Das Ziel ist doch ganz einfach: Es wird die kontrollierbare, gläserne Herde gewünscht, die stumpf konsumiert, leicht führbar ist und schlicht und einfach ihre Schnauze zu halten hat. All das, was echte Rocker nun mal nicht sind.

Der Höhepunkt fand allerdings dann noch einmal in Köln statt. Wir saßen wieder einmal in kleiner und friedlicher Runde bei einem überregionalen Meeting zusammen. Niemand trug eine Kutte oder irgendwelche Clubfarben und das Treffen fand in einem ganz normalen Steakhouse am Rande von Köln statt. Wir waren gerade dabei, uns normal zu unterhalten, um kurz darauf mit dem Meeting zu beginnen, als auf einmal die vordere (wohlgemerkt offene) Tür eingetreten wurde und etwa 20 Polizisten und Polizistinnen, mit zum Teil gezogenen Waffen, laut schreiend das Lokal stürmten. „Hände hoch! Hände über den Kopf! Nehmen Sie ihre Hände vom Glas!" Damit war wohlgemerkt ein Trinkglas gemeint. Ein Trinkglas! Vor dem Lokal wurden zwei unserer Gäste brutal auf den Boden geworfen und fixiert. Zeitgleich wurden wir von außen mittels Scheinwerfer ausgeleuchtet und mit Kameras gefilmt. Draußen wurde die gesamte Straße abgesperrt und eine ganze Hundertschaft parkte bereits die Straße entlang.

Die ganze Prozedur begann aufs Neue. Jeder einzelne wurde von jeweils 5 Polizisten nach draußen eskortiert. Dort wieder bis auf die Schuhe durchsucht, Personalien aufgenommen, zum Fotostand, dort Foto mit Ausweis in der Hand, um dann mit einem Platzverweis aus Köln vertrieben zu werden.
Natürlich wurde jedes einzelne Auto ebenfalls wieder komplett durchsucht.
Bereits als ich an der Reihe war und aus dem Lokal geführt wurde, sagte ich zu Brahim, dass wir uns heute wohl nicht mehr wiedersehen würden. Die ganze Aktion zog sich über Stunden, bis auch der letzte von uns die Heimreise antreten durfte.
Wir fragten uns natürlich, warum man uns so schnell und so direkt anging, zumal der Ort und das Treffen absolut diskret waren. Die Antwort bekamen wir schon sehr bald.
Einer unserer "Brüder", eine absolut schlichte und dumme Blitzbirne, der in den vergangenen Jahren einzig und allein durch sinnlose Gewaltstraftaten auf sich aufmerksam gemacht hatte, wurde wieder einmal verhaftet. Nach einem schweren Raub, gefährlicher Körperverletzung und einem

Bewährungswiderruf hatte der Typ nun gute 7 Jahre vorm Landgericht kassiert. Er ging in Revision, um sich noch ein wenig Zeit in Freiheit befinden zu können. Während dieses kurzen Zeitraumes, stand er im Verdacht, erneut einen Raub begangen zu haben, inklusive einer gefährlichen Körperverletzung und noch das Auto des Opfers angezündet zu haben.

Erneute Verhaftung und eine Straferwartung von über 10 Jahren. Der Staatsanwalt sprach schon von einer möglichen Sicherheitsverwahrung. Während der U-Haft schrieb der Atomphysiker noch Briefe an seine Freundin, die sich bereits von ihm getrennt hatte, dass wenn er wieder raus kommen würde, er sich mit ihr ins Ausland absetzen würde. Die Briefe wurden natürlich gelesen und kamen beim zuständigen Haftrichter nicht besonders gut an.

Aber was tat der knallharte "1%er", der sich natürlich noch ein "Expect no mercy" hatte tätowieren lassen? Er bat die Polizei mehrmals zu einem Gespräch in die JVA und verzichtete zudem noch freiwillig und ausdrücklich auf einen Rechtsbeistand. Regelrecht unter Tränen legte er unaufgefordert und freiwillig ein Lebensgeständnis ab und bemühte sich redlich, den Beamten des Rockerdezernats und der organisierten Kriminalität alles nur Erdenkliche über den Brothers MC Germany und seine Führungskräfte zu erzählen. Er gab zum Besten, wo wir uns trafen, wann wir uns trafen und natürlich ergänzt er noch um fantasievolle Geschichten über Handgranaten, Erpressungen und andere Räubergeschichten, von denen nichts auch nur im Ansatz der Realität entsprach. So wurde aus dem eisenharten Rocker und 1%er ein kläglicher Singvogel, der sich dadurch nur selbst ins Fleisch schnitt, weil der zuständige Staatsanwalt noch ein paar zusätzliche Anklagepunkte bei ihm auf die Liste setzte. Herzlichen

Glückwunsch!

Je lauter solche Köter bellen, desto kläglicher offenbaren sie im Nachhinein ihr wahres Antlitz.
Ein Club steigt und fällt manchmal nur durch einige wenige Personen, die ihr wahres Antlitz erst mit der Zeit offenbaren. In unserer Nähe hielt sich sogar jemand auf, der mit seinem schlechten Englisch auf Facebook in unserem Namen postete, dass für uns nicht All cops are bastards (ACAB) wären, sondern „All cops are best." Das muss man sich mal vorstellen, mit was für Atomphysikern und "Möchtergern-Rockern" man es da manchmal zu tun hat. Der Typ wurde selbstverständlich kurze Zeit später aus unserem Umfeld entsorgt und ließ mich folgende Stellungnahme verfassen, die aber nie veröffentlich wurde.
Aus dem Grund, weil man so einen Unwissenden nicht größer machen will, als er überhaupt ist.
Schenkt man nämlich einem Esel zu viel Beachtung, so hält er sich mit der Zeit womöglich noch für ein Rennpferd.

Ich verachte solche Typen, die immer und immer wieder die Szene versauen und in einem falschen Licht erscheinen lassen. Diese Typen haben überhaupt nichts mit einem Rocker und der Ideologie dahinter zu tun.

Der Vollständigkeit halber und damit jeder weiß, wofür wir stehen.
An dieser Stelle und kapitelabschließend unsere Stellungnahme:

Wir möchten uns an dieser Stelle noch einmal für all die Einladungen und Glückwünsche bedanken, die uns erreicht haben. Wir sind in der Szene angekommen und wachsen stabil. Entgegen einiger Gerüchte und Pressemeldungen sind wir nicht an irgendwelchen "Türen" oder Konflikten interessiert, sondern wollen unser Clubleben in Ruhe so leben, wie wir es in unseren Rules festgeschrieben haben. Respektvoll, brüderlich und natürlich mit viel Spaß an der Sache!

Wir sind ein neutraler 1%-Motorradclub, der das auch genau so lebt.

Egoisten, Selbstdarsteller, Rassisten, Streitlustige, Zinker und Polizeifans haben bei uns nichts zu suchen. Alle anderen sind bei uns herzlich willkommen!

Verrate niemals deinen Freund oder Bruder.

Begehre niemals deines Bruders Frau oder seinen Besitz oder neide ihm etwas.

Sei loyal, ehrlich und standhaft!FBBF!

Brothers MC Germany im April 2015

Forever Brothers - Brothers Forever!

Mit meinem besten Freund und Bruder Samir auf den Harleys.

Vollblutrocker!

47. Der Polizeiarzt, der illegale Drogentests durchführte

Es war der 5.12.2013, damals wurde ich bei Facebook von einer ehemaligen Kollegin angeschrieben und auf die Schlagzeile aufmerksam gemacht, die in der Tageszeitung meines ehemaligen Wohnortes erscheint.

Polizeiarzt soll unerlaubt Drogentest an Kollegen durchgeführt haben

Verdächtiger hat Dienstsitz in Detmold - Hiesige Polizistin erfährt von Tests aus der Zeitung.[43]

Sie schrieb mir, ob ich wissen würde, um welche Polizistin es sich wohl handeln würde? Es ging nämlich um sie selber.

Diese ehemalige Kollegin war schon damals immer eine Persönlichkeit, die ebenfalls oft mit der Polizeiführung aneinandergeraten war. Unter anderem, weil sie mit einem Mann verheiratet ist, der ausländische Wurzeln hat. Er kommt aus dem ehemaligen Jugoslawien. Ich lernte ihn einst kennen und er war mir auf Anhieb sympathisch. Der damalige Wachleiter, zufälligerweise der Typ, der in meinem Disziplinarverfahren der Ermittlungsführer war, untersagte ihrem Mann das Dienstgebäude zu betreten. Für ihn war er womöglich ein potentieller Krimineller. Ob aus rassistischen oder anderen Gründen kann ich nicht beurteilen. Nichtsdestotrotz waren dieser und andere Anlässe die Gründe, warum sich die Polizistin ebenfalls nie so ganz in die Polizeiherde einreihte.

---

43 http://www.lz.de/owl/9827078_Polizeiarzt_soll_unerlaubt_Drogentest_an_Kollegen_durchgefuehrt_haben.html

Der Polizeiarzt, der seinen Dienstsitz in Detmold hat und für die regelmäßige Untersuchung aller Beamten in den Kreispolizeibehörden Paderborn, Höxter, Lippe, Minden und Herford zuständig ist, sieht sich massiver Verdächtigungen ausgesetzt. Der Mediziner soll hinter dem Rücken seiner Patienten geheime Drogentests durchgeführt haben, um deren Tauglichkeit und Zuverlässigkeit für den Polizeiberuf zu prüfen.[44]

In allen fünf genannten Behörden sind die Vorwürfe mittlerweile bekannt. Sie beruhen auf einem anonymen Schreiben, das detaillierte Abläufe schildert. Auch im NRW-Innenministerium liege der Brief vor, bestätigte ein Sprecher auf Anfrage. Ebenso ist die B-Städter Polizeipräsidentin über die Vorwürfe gegen den Polizeiarzt informiert. Sie ist die Dienstvorgesetzte des Mediziners. Es handele sich, um eine Personalangelegenheit, die Präsidentin wolle keinen Kommentar abgeben, ließ ihr Sprecher verlauten.

Auch der Polizeiarzt selber wollte sich auf Anfrage nicht äußern. Ihm wird vorgeworfen, im Rahmen von Regeluntersuchungen für willkürlich ausgewählte Polizisten "Drogenscreenings" bei einem Kölner Labor in Auftrag gegeben zu haben. Den Beamten sollen zunächst Blutproben entnommen und diese dann ohne deren Einwilligung und Wissen auch auf Amphetamine, Cannabis, Kokain und Heroin untersucht worden sein.

In mindestens einem Fall ist das mit an Sicherheit grenzender Wahrscheinlichkeit geschehen. Der Zeitung liegt das Laborergebnis für eine Detmolder Polizistin vor, bei der im Februar nicht nur ein "Urinstatus" und ein "kleines Blutbild",

---

[44] Ebd.

sondern unter "Sonstiges" auch ein Drogenscreening veranlasst wurde. Als die Frau jetzt von dieser Zeitung mit den Ergebnissen (die übrigens sämtlich negativ ausgefallen waren), konfrontiert wurde, fiel sie aus allen Wolken. „Von einem Drogentest bei mir erfahre ich jetzt zum ersten Mal", sagte die Beamtin ganz spontan.

Sollten tatsächlich Drogentests bei Beamten durchgeführt worden sein, ohne sie zu informieren, dann wäre dies "absolut rechtswidrig", betonte der Vorsitzende des Bundes Deutscher Kriminalbeamter in NRW. Ähnlich äußerte sich auch der Vorsitzende des NRW-Polizei-Hauptpersonalrats, der ebenfalls bereits von den Vorwürfen gegen den Polizeiarzt Kenntnis hat. Trotzdem stellt sich doch die Frage, wer für diese Tests verantwortlich ist? Der Arzt führt diese doch nicht einfach so oder im eigenen Interesse durch.

Der mit den aktuellen Vorwürfen konfrontierte Polizeiarzt war zum 1. September 2012 von B-Stadt nach Detmold versetzt worden, wo er seither für alle OWL-Kreispolizeibehörden außer B-Stadt und Gütersloh zuständig ist. Anlass für die Versetzung waren sexistische Sprüche, mit denen der Arzt eine junge Mitarbeiterin der Polizei traktiert haben soll. Ein Disziplinarverfahren wurde eingeleitet, Details zum Ausgang gab die B-Städter Polizeipräsidentin nicht bekannt.

Am Donnerstag jedoch reagierte die Polizeipräsidentin. Die Polizei B-Stadt nehme die in dem anonymen Schreiben erhobenen Vorwürfe gegen den beim Polizeiärztlichen Dienst in Detmold tätigen Polizeiarzt ernst. Erste Bewertungen des Sachverhaltes gäben Anlass für weitere, auch disziplinarrechtliche Ermittlungen. Bis zum Abschluss dieser Ermittlungen werde der Polizeiarzt ab sofort vorläufig des Dienstes enthoben.

Ich schrieb ihr zurück, dass diese Behörde doch einfach nur der reinste Komödiantenstadl ist.

48. Die Richterin und die gelbe Ampel

Dies ist eine kleine eingeschobene Anekdote, die beweist, dass ein Polizist sogar zaubern kann.
Er kann eine gelbe Ampel in eine rote verzaubern.
Während einer Verhandlung vor dem Finanzgericht in Münster saß ich einer Richterin gegenüber, die während der Verhandlung eine kurze Geschichte zum Besten gab. Eine Geschichte, die sich mitten in Münster abspielte. Die Hauptakteure waren sie selbst und ein Motorradpolizist.
Sie ließ sich zu der Schilderung dieser persönlichen Geschichte hinreißen, weil ich ihr kurz zuvor die Machenschaften der Polizei in meiner "Steuer-Angelegenheit" geschildert hatte.

Die Richterin befand sich morgens auf dem Weg zu ihrer Arbeitsstätte, dem Finanzgericht in Münster.
Sie fuhr mit ihrem Auto an eine Ampel heran. Vor dieser stand ein ortsfremdes Fahrzeug, dessen Fahrer womöglich den Weg nicht genau kannte und sich noch nicht schlüssig war, in welche Richtung er jetzt fahren sollte. Als die Richterin erkannte, dass das Auto vor der Ampel stand und nicht im Begriff war loszufahren, fuhr sie langsam an diesem vorbei und bog dann ab. Nach ihrer eigenen Angabe sprang die Ampel genau in diesem Moment auf gelb um.
Wenige Augenblicke später befand sich ein Motorradpolizist neben ihr, der sie aufforderte anzuhalten und ihm Führerschein und Fahrzeugschein auszuhändigen.

Der Tatvorwurf lautete: Überfahren einer roten Ampel.

Die Richterin sagte dem Polizisten, dass sie das vor der Ampel haltende Fahrzeug langsam überholt habe und sie keine rote Ampel überfahren habe.

Die Version des Polizisten lautete: Das ortsfremde Fahrzeug hätte vor der gerade auf rot gewechselten Ampel gewartet und sie wäre trotzdem an diesem vorbeigefahren.
Die Richterin gab uns zu verstehen, dass sie überlegte, ob sie es auf eine Verhandlung ankommen lassen sollte, denn sie fühlte sich absolut im Recht. Die Ampel war definitiv gelb gewesen.

Am Ende entschloss sie sich, die Strafe anzunehmen und zu bezahlen.
Es wäre ihr einerseits unangenehm als Betroffene vor Gericht zu erscheinen und des Weiteren hätte sie gegen die Aussage des Polizisten vor Gericht ohnehin keine Chance.
Ich habe keine weiteren Fragen mehr, Frau Vorsitzende.

49. Genau so funktioniert es! - Zwei Paradebeispiele

In meiner Heimat Ostwestfalen-Lippe ereignete sich vor kurzem ein Zwischenfall, der aber auch bis in das letzte Detail Aufschluss darüber gibt, wie in nicht seltenen Fällen Polizei und Staatsanwaltschaft "funktioniert".

Es gibt nichts zu leugnen, nichts weg zu diskutieren und die Wahrheit wurde auf Kamera aufgenommen. Was meinen sie

denn, wie viele Fälle es derartiger Natur gibt, bei denen nicht zufälligerweise eine Kamera mitläuft? Ich bleibe dabei, das was an die Öffentlichkeit gerät, ist nur die Spitze des Eisbergs. Ich schildere diesen Fall faktisch nüchtern, detailliert und stelle ihn wie eine Formel dar, die zu einem Ergebnis bzw. einer Lösung führt. Natürlich aus der Sicht der Polizei und Staatsanwaltschaft.
Diese Lösung ging leider nicht auf.

Hüseyin E. wird im Rahmen einer Verkehrskontrolle angehalten. Er steigt aus, zeigt seinen Führerschein und wird auf Alkohol kontrolliert. Auf einmal, ohne jeglichen Grund, werden dem 39-Jährigen die Arme auf den Rücken gedreht und er soll gefesselt werden. Der Betroffene lässt dies widerstandslos geschehen. Dann beginnt ein Polizist auf ihn einzuprügeln und schlägt mehrfach zu.

E. sagt, dass er sich nicht gewehrt habe, weil das die deutsche Polizei war und er immer gelernt habe, Respekt und Achtung vor ihr zu haben.

E. reißt sich dann doch los und die beteiligten Polizisten setzen Pfefferspray gegen ihn und seinen herbeigeeilten Cousin ein. Auch als E. wiederholt mit Pfefferspray ins Gesicht gesprüht wird, leistet er keinen Widerstand. Danach werden beide Männer festgenommen. Begründung: Widerstand gegen die Staatsgewalt.
Den Einsatz von Pfefferspray und körperlicher Gewalt begründen die Polizisten mit Notwehr.
Jetzt passiert folgendes:

- Als "Beweis" werden einzelne Standbilder aus dem Video vorgelegt.
- Die Screenshots hält die Staatsanwaltschaft für vollständig.

- Das vorliegende Video wird gar nicht erst angesehen.
- Die anwesenden Polizisten stützten die Aussagen des gewalttätigen Kollegen, der angab aus
Notwehr gehandelt zu haben.

Das Video zeigt jedoch eindeutig, dass der Polizist augenscheinlich grundlos auf den Autofahrer eingeprügelt hat. Es ist klar zu sehen, wie der Beamte auf den Mann einschlägt, als dieser neben seinem Auto steht. ihn unter massiver Gewalteinwirkung zu fixieren versucht und ihn dann mit Pfefferspray besprüht.

Nochmal: Alle beteiligten Polizisten und Polizistinnen gaben an, in Notwehr gehandelt zu haben!

Die Staatsanwaltschaft stützte ihre Anklage auf die Fotos und Aussagen der Beamten. Zudem steht der Verdacht im Raum, dass der Vorfall vollständig vertuscht werden sollte, denn angeblich wurde nicht das vollständige Bildmaterial von der Polizei an die Staatsanwaltschaft weitergeleitet.
Anklage: Widerstand gegen die Staatsgewalt!

Die vorsitzende Richterin sah das anders und sprach beide beschuldigten Männer frei, nachdem sie das Prügelvideo gesehen hatte.
Inzwischen wird gegen den „Prügelcop" ermittelt, der sich bereits bei seinem Opfer entschuldigt hat und vorerst nicht mehr im Streifendienst eingesetzt wird. Vorerst? Ich hoffe, dass der Typ aus dem Apparat vollends entsorgt wird. Einer weniger dieser Rechtsbrecher in Uniform.

R.I.P. Püppi und eine allgemeine Verkehrskontrolle

Polizeieinsatz SEK im Mai 2015. Das SEK stürmt in die Wohnung. Ein kleiner Hund, ein junger zweijähriger Mischlingshund , bellt die hereinstürzenden Rambos an. Daraufhin wird versucht, den Hund zu erschießen. Nach dem ersten Schuss verkriecht er sich unter einem Bett und wird mit einem zweiten Schuss regelrecht hingerichtet.

Einige Jahre vorher ereignete sich in Aschaffenburg eine Verkehrskontrolle der anderen Art. Oder sollte man meinen, dass so etwas des Öfteren passiert, derartige Fälle aber nur nicht an die Öffentlichkeit dringen?
Dem Ehepaar, zwei Gymnasiallehrer, wurde das folgende Erlebnis noch nicht einmal von ihrem Therapeuten geglaubt. „Zusammengeschlagen und gedemütigt von der Polizei - das glaubt einem fast niemand."
Martina F. ist eine zierliche, kleine Frau, kaum 50 Kilogramm schwer. Ihr Mann ist hager und nicht viel größer als sie. Nicht gerade ein furchteinflößendes Paar und polizeiliches Gegenüber.
Allgemeine Verkehrskontrolle, Warndreieck und Verbandskasten werden im Kofferraum überprüft.
Auf die Nachfrage, ob Günter F. etwas getrunken habe gibt dieser ein Bier an, ein alkoholfreies.
Er muss pusten. Mindestens 15-mal habe er in das Kontrollgerät geblasen, aber es erschien kein Messwert.
Günter F. ist schwerer Asthmatiker und bekommt vom Pusten Atemnot. Seine Lunge fiept.
Martina F. macht die Beamten darauf aufmerksam, dass ihr Mann kurz vor einem Asthmaanfall stünde.
Den Beamten ist dies gleichgültig, nahmen sie doch an, dass Günter F. simulieren würde, um nicht wieder weiter in das Messgerät hinein pusten zu müssen.

Schließlich blies er mit ganzer Kraft noch einmal und endlich zeigte das Gerät ein Ergebnis an: 0,0 Promille.

Martina F. fühlte sich ungerecht behandelt und erkundigte sich nach den Namen der beiden Polizisten. Ihr Sohn ist Strafrichter und sie wollte sich im Nachhinein über den Einsatz beschweren, welches natürlich ihr gutes Recht war. Die Polizisten brummten unverständlich ihre Nachnamen und stiegen wieder in ihren Streifenwagen.
Frau F. reichte dies nicht und sie bestand darauf, auch die Vornamen zu erfahren. Polizeihauptmeister W. sprang daraufhin aus dem Wagen, rammte ihr unvermittelt seine Faust in den Bauch, ergriff ihren Arm und drückte ihren Kopf auf die Motorhaube. Die Handschellen klickten und er schnaubte, „Wegen Behinderung der Polizeiarbeit".
Die geschockte und verletzte Frau fing an zu weinen und flehte regelrecht um Gnade. Sie wurde auf die Rücksitzbank verfrachtet und mit Blaulicht und einer affenartigen Geschwindigkeit vom "Tatort" weggebracht. Martina F. gelang es, ihre rechte Hand aus der Schelle zu ziehen.
Polizeibeamtin S. bemerkte dies und schrie: "Festgenommene befreit sich!"
Der Streifenwagen wurde abrupt abgebremst und Martina F. auf den Asphalt gezerrt, auf dem die Handschelle wieder fixiert wurde. Martina F. lag weinend auf dem Boden. Erneut verfrachtete man sie in den Streifenwagen verbrachte sie zur Polizeiwache. Als sie sich dort weigerte auszusteigen, weil sie auf die Ankunft ihres Mannes warten wollte, packte Hauptwachtmeister W. sie an den Haaren und schleifte sie mehrere Meter über den Boden. „Ich entscheide, was hier geschieht", waren seine Worte.
In der Polizeiwache wurde Martina F. nach Waffen und Drogen durchsucht.
Auf Nachfrage, ob sie bereit wäre, sich eine Blutprobe

entnehmen zu lassen, lehnte sie dieses ab.
Also versuchten die Polizisten, einen richterlichen Beschluss zu erwirken.
Gedemütigt, zusammengeschlagen, mit zerrissener Kleidung und immer noch in Handschellen erwartete Martina F. die Entscheidung des zuständigen Bereitschaftsrichters. Den Anruf eines Anwaltes wurde ihr nicht erlaubt.
Dann kam endlich die Entscheidung des Richters. Er lehnte die Blutprobe ab.
Polizeihauptmeister W. öffnete die Handschellen und wünschte noch einen schönen Tag.
Die behandelnde Ärztin notierte am nächsten Tag: „Psychisch schwerst-traumatisierte und in Tränen aufgelöste Patientin, breite gerötete Streifen an beiden Handgelenken und unterhalb der Ellenbogen, massive Schwellungen an der Halswirbelsäule." Martina F. verbrachte die nächsten drei Wochen im Krankenhaus.
Die zuständige Würzburger Polizeipräsidentin stellte sich schützend vor ihre Beamten. Nach Durchsicht der Akten wäre sie auf eindeutige Widersprüche gestoßen. Welche das gewesen wären ließ sie aber offen.
Dann erfolgte wieder eine altbewährte Verfahrensweise.
Die Ermittlungen wurden von der zuständigen Staatsanwaltschaft recht bald eingestellt.
Die Polizisten sagten aus, dass sie von einer schwer alkoholisierten Frau angegriffen wurden.
Das war es dann auch.45

Auch wenn dies wieder nur einmal ein angeblicher Einzelfall war. Wie viele dieser Einzelfälle gibt es tatsächlich?
Was bildet sich dieses Kroppzeug eigentlich ein? Sie sind

45 http://www.sueddeutsche.de/bayern/polizeigewalt-in-aschaffenburg-ausser-kontrolle-geraten-1.1225334

angestellt und werden von uns bezahlt. Sie haben für uns da zu sein und ihren Dienst der Allgemeinheit zur Verfügung zu stellen.
Stattdessen töten sie unschuldige Tiere und verletzen harmlose Bürger. Es erfüllt mich immer wieder mit Zorn, wenn ich von derartigen Einsätzen erfahre und ich kann einem jeden Betroffenen nur raten: Setzt Euch mit allen Mitteln, die euch zur Verfügung stehen, zur Wehr!

50. Sprechen Sie nie mit der Polizei!

Ein jeder von Ihnen hatte schon einmal mit der Polizei zu tun. Entweder als Opfer, Geschädigter oder als Täter oder Verursacher. Sie wissen in keinem Fall, mit was für einem polizeilichen Gegenüber sie es zu tun haben. Ich meine es nur gut, wenn ich einem jeden von Ihnen mit diesem Kapitel ein wenig Einblick und Überblick darüber verschaffe, wie sie sich am besten in gewissen Situationen verhalten sollten. Eigentlich ist es ganz einfach: Wenn Sie etwas von der Polizei wollen, sei es dass sie in einen Autounfall verwickelt sind oder dass sie eine Vermisstenmeldung aufgeben wollen, in derartigen Fällen bietet es sich natürlich an, den Dienst der Polizei in Anspruch zu nehmen.

Sollte es jedoch andersrum sein und die Polizei möchte etwas von Ihnen, so kann ich Ihnen nur wärmstens empfehlen: Sagen Sie kein Wort! Reden ist Silber aber Schweigen ist Gold.

Betrachten Sie dieses Kapitel als kleine rechtliche Hilfestellung.

Ein Polizeibeamter ruft Sie an. Er hat ein paar Fragen an Sie. Er möchte Sie vernehmen.
Sie befinden sich in einer nicht-alltäglichen **Ausnahmesituation**. Bevor Sie sich im Rahmen der **Beschuldigtenvernehmung**[46] dazu hinreißen oder überreden lassen, Angaben zur Sache zu machen, sollten Sie sich zunächst zwei Dinge vor Augen führen:

1. Es ist schier unmöglich, einmal **getätigte Angaben** zu revidieren. Ist Ihre Aussage in der Ermittlungsakte schriftlich fixiert, ist diese **nicht** oder allenfalls unter erheblichen Anstrengungen **zu korrigieren**.

2. Der Ihnen gegenübersitzende Polizeibeamte ist nicht nett! Er wird in der Regel in Vernehmungsmethoden exzellent ausgebildet sein. Er ist auf der Jagd. Auf der Jagd nach der Sie **belastenden Aussage**.

Beschuldigtenvernehmung - Schweigerecht

Natürlich nimmt der Polizist das Wort „Vernehmung“ nicht in den Mund. Er weiß, dass Ihnen der Begriff

---

46 http://www.kanzlei-kaempf.net/beschuldigtenvernehmung-und-schweigerecht/

Beschuldigtenvernehmung aus vielen Krimis als unangenehme Sache bekannt ist. Deswegen sagt der Polizeibeamte, er wolle mit Ihnen „sprechen".
Aber die Wortwahl des Polizeibeamten ändert nichts an der Sache selbst. Er möchte Sie verhören. Er möchte Sie davon überzeugen, Ihr Wissen bzw. Ihr Täterwissen zu offenbaren. In aller Regel ist der Polizeibeamte als Ermittler auf der „Jagd" nach Belastendem, **Entlastendes interessiert ihn wenig oder gar nicht**.

Führen Sie sich immer vor Augen: gerade dann, wenn die Polizei mit Ihnen sprechen möchte, sollten Sie schweigen. Bitte beachten Sie, dass es in 99 Prozent aller Fälle **sinnvoll** ist, **zu schweigen!** Von dem Grundsatz, sein Schweigerecht auszuüben und keine Angaben zur Sache zu machen, gibt es lediglich wenige Ausnahmen.
Egal ob Sie mit der Polizei sprechen und Angaben zur Sache machen oder nicht, wird man Sie verhaften, so denn die Voraussetzungen hierfür gegeben sind.

Schweigen Sie (!), auch wenn der Polizeibeamte Sie vom Gegenteil überzeugen möchte und Ihnen in Aussicht stellt, Sie bei entsprechenden Angaben zur Sache laufen zu lassen. Denn die **Anordnung der Untersuchungshaft** liegt **nicht im Kompetenzbereich des Polizisten**. Sein einziges Ziel ist, Sie zum Reden zu bringen. Lassen Sie sich nicht von falschen Versprechungen locken. Üben Sie Ihr Schweigerecht aus! Dies gilt unabhängig davon, ob die Beweislast erdrückend erscheint oder Sie unschuldig sind.
Die Strafprozessordnung gibt Ihnen das Recht zu schweigen, üben Sie es aus! Immer! Ohne Ausnahme!

Zumindest bis zum Eintreffen Ihres Strafverteidigers sollten Ihre Lippen versiegelt sein. Natürlich sollten Sie auch **nichts unterschreiben oder aufschreiben**. Natürlich würde der Polizeibeamte sehr gerne mit Ihnen ein Gespräch führen, das ist sein Beruf. Denken Sie aber an die unzähligen Möglichkeiten, die in einem solchen Gespräch mit der Polizei schiefgehen können – für Sie, nicht für die Polizei:

- Sollten Sie das Bedürfnis haben, ein tatsächlich von Ihnen begangenes **Verbrechen zu beichten**, ist der Polizist der **falsche Ansprechpartner**. Falls Sie Ihr Gewissen erleichtern möchten, sprechen Sie mit Ihrem Strafverteidiger und mit keiner anderen Person. Die Kommunikation mit Ihrem Verteidiger ist privilegiert und besonders geschützt. Ihr Strafverteidiger unterliegt der Schweigepflicht und darf Ihr Geständnis nicht an Dritte weitergeben.
Sobald Ihr Wunsch, Ihr Gewissen zu erleichtern, schwindet – und das wird passieren – werden Sie Ihr Schweigerecht zu schätzen wissen.

- Vielleicht gibt es eine oder mehrere Tatsachen, die gegen Sie sprechen. Sie sollten diese gleichwohl nicht gestehen. Es gibt keinen Grund dafür, zu Beginn des Ermittlungsverfahrens zuzugeben, dass Sie am Tatort waren, dass Sie das Opfer kennen, dass es sich um einvernehmlichen Sex oder um Notwehr handelte. Jede dieser Angaben kann zu Ihrer eigenen Überführung herangezogen werden. Schweigen Sie – Sie sind nicht dazu verpflichtet, die Polizei bei deren Arbeit zu unterstützen!

- Als Beschuldigter eines polizeilichen Ermittlungsverfahrens

dürfen Sie lügen. Sie könnten also den Polizeibeamten anlügen, um Ihn von Ihrer Unschuld zu überzeugen. Tun Sie sich den Gefallen und schweigen Sie. Sollten Sie – auch als Unschuldiger – einer Lüge überführt werden, ist Ihre **Glaubwürdigkeit nachhaltig beschädigt**. Und denken Sie immer an das Sprichwort – gleichwohl dieses aussagepsychologisch Unsinn ist – : „Wer einmal lügt, dem glaubt man nicht.“.

- Der Polizeibeamte könnte Sie bewusst oder auch nur unbewusst missverstehen. Im polizeilichen Ermittlungsverfahren haben Sie keinen Anspruch auf einen unvoreingenommenen Vernehmungsbeamten, der mit einem absoluten Gehör ausgestattet ist. Und seien Sie mit sich ehrlich: drücken Sie sich immer präzise und unmissverständlich aus? **Fehler im Vernehmungsprotokoll**, die Sie nie sicher ausschließen können, werden immer zu Ihren Lasten gehen.

- In seiner späteren Vernehmung im Strafverfahren wird sich der Polizeibeamten nicht an alle Details der Beschuldigtenvernehmung erinnern können. Das ist nicht weiter verwunderlich. Denn Ihre Beschuldigtenvernehmung wird einerseits nicht aufgezeichnet. Eventuell fertigt der Polizeibeamte seine Notizen über die Beschuldigtenvernehmung erst Stunden danach. Es ist seinem Beruf als Polizist und der Funktionsweise des menschlichen Gedächtnisses geschuldet, dass er die Sie belastenden Teile der Vernehmung erinnert, während er Entlastendes vergisst.

- Es erscheint auch möglich, dass Sie an einen über Ihre Angaben lügenden Polizeibeamten geraten. Halten Sie sich

Folgendes vor Augen: die **Aufklärung von Straftaten** ist **harte Arbeit** und die (bayerische) Polizei hat eine Vielzahl von Straftaten aufzuklären. Möglicherweise ist die Versuchung für den Vernehmungsbeamten, die Ihnen zur Last gelegte Straftat durch ein von Ihnen nie oder nicht so abgegebenes Geständnis zu beweisen, unwiderstehlich. Dies kommt öfters vor, als es für den seit Kindesbeinen auf Obrigkeitshörigkeit trainierten Bürger vorstellbar ist.

- Sie könnten ein Geständnis für eine Straftat abgeben, die Sie nie begangen haben. Erinnern wir uns nochmals an die bereits erwähnten Vernehmungsmethoden, in denen der Vernehmungsbeamte üblicher Weise ausgezeichnet geschult ist. Diese Techniken umfassen neben **falschen Versprechungen und Betrug** – bei Gericht höflich **kriminalistische List** genannt – Drohungen, körperliche Gewalt und verschiedene Formen psychischen Zwangs.
Und denken Sie immer daran, wem das Gericht tendenziell lieber Glauben möchte – dem „guten" Polizeibeamten oder Ihnen, dem „bösen" Verbrecher?

Glücklicherweise aber verfügen Sie über Ihr **Schweigerecht**, machen Sie von diesem Gebrauch! Die Ausübung dieses Schweigerechts darf im Strafverfahren nicht (!) zu Ihrem Nachteil verwendet werden. Schweigen Sie deshalb bei Ihrer Beschuldigtenvernehmung. Sie sollten den Vernehmungsbeamten nicht anlügen, obwohl Sie dies dürften, sondern vielmehr einfach nur schweigen. Sagen Sie nichts, kein einziges Wort – was könnte einfacher sein?
Wenn Sie einen **Strafverteidiger beauftragen**, sollte dieser Sie schnellstmöglich aufsuchen und den Vernehmungsbeamten bereits zuvor darauf hinweisen, dass Sie keine Angaben zur

Sache machen werden.
In der Folge könnte der Vernehmungsbeamte unter Hinweis auf Ihr Aussageverhalten Ihre nun notwendige **Verhaftung** in Aussicht stellen. Lassen Sie sich hiervon nicht beeindrucken! Zum einen hat dies **der Polizeibeamte selbst nicht zu entscheiden**. Zum anderen werden Sie Ihre möglicherweise bevorstehende Verhaftung nicht abwenden, indem Sie ein Geständnis abgeben.

51. Gerechtigkeit überdauert die Jahre

Ich werde dieses Buch damit beenden, wie ich es begonnen habe. Es geht hauptsächlich darum, einen, meiner Meinung nach, unschuldig Verurteilten endlich aus der Haft zu befreien und die Schuldigen dieses Skandals zu bestrafen. Mir sind beim Schreiben dieses Buches noch mehrere Briefe in die Hände gefallen. Zum Einen der, den ich ganz zu Anfang im Jahre 2013 Carsten B. geschrieben habe. Ich möchte ihn hier größtenteils wiedergeben:

Hallo Carsten,
danke für Deine schnelle Antwort. Ich freue mich, dass endlich Bewegung in die Sache kommt.
Die Tatsache, dass nach dem Tod der "Unperson", die Angst vor ihr gewichen ist und sich Personen nunmehr auch Gedanken machen, ist eine logische Konsequenz.
Ich habe Dir ja bereits geschrieben, dass ich ein gutes Gefühl habe, dass die Wahrheit irgendwann ans Licht kommt und die Gerechtigkeit siegen wird. Ebenfalls habe ich Dir schon mitgeteilt, dass es oft nur eines kleinen Anlasses bedarf oder

plötzlich eine Person in Erscheinung tritt, die vorher niemand auf dem Plan hatte und die alles möglicherweise in ein neues Licht stellen kann.
Ich meine damit den alten Freund „Nases". Auch Dein Gefühl hat dir ja schon gesagt, dass er mehr weiß, als er preisgegeben hat. Wahrscheinlich muss er sich selber auch erst mal absichern und versichern, ob alles ihm zugetragene passt und sich mit dem deckt, was er vielleicht weiß oder schon lange vermutet hat.
Ich war von Anfang an der Meinung, und bin es auch immer noch, dass Anstöße gesetzt werden müssen, um Leute aufzuscheuchen und Ereignisse in Bewegung zu setzen. In diesem Fall war es der Tod von Nase, der schon einiges bewirkt hat.
Interessant finde ich es auch immer wieder, dass am Ende jeder seine Rechnung bezahlt.
Ich möchte gerne die weitere Strategie und Vorgehensweise eng mit dir absprechen, denn irgendwie sind wir nicht nur menschlich, sondern auch schicksalshaft miteinander verbunden.
Mein Buch war es, welches diese gesamte Entwicklung in Gang gesetzt hat. Und da ich nicht an Zufälle glaube, wird es einen Sinn haben. Alles steht geschrieben im Leben und alles wird so kommen, wie es vorhergesehen ist. Wenn Du einmal zurück blickst, wie wir uns kennengelernt haben und was dies möglicherweise noch einmal alles zur Folge haben wird, so ist das schon mehr als unglaublich. Dein Fall ist einer der größten Polizeiskandale, wenn nicht sogar der größte, den es jemals in diesem Land gegeben hat. Ich glaube an die Gerechtigkeit, an Werte und ich werde alles dafür tun, für sie zu streiten und zu kämpfen. Ich weiß selber, wie die Polizei arbeitet. Ich habe ihre kriminellen Machenschaften am eigenen Leib erfahren und für mich verkörpert die Polizei die organisierte Kriminalität. Wie anders sollte man es bezeichnen,

wenn mehrere Personen gemeinsam lügen, vertuschen, täuschen, ergo Straftaten begehen. Und dies in einer durchstrukturierten Art und Weise.
Carsten, wir müssen all dieses der Öffentlichkeit früher oder später zugänglich machen. Nur dann kommt final die notwendige Bewegung in die Sache.
Polizisten sind feige und unter Druck der Öffentlichkeit werden und müssen Köpfe rollen, was voraussetzt, dass lückenlose Aufklärung von Vorgesetzten geleistet werden muss.
Das ist das Ziel: Die Wahrheit und die Gerechtigkeit!
Ich fand es zudem mehr als interessant, dass Du erfahren hast, dass Hanebuth und der Club über alles Bescheid wissen. Trotzdem hat man eine große Inszenierung abgehalten in Form des großen Begräbnisses. Wissen es nur Hanebuth, die Hannoveraner oder auch viele der anderen Charter bzw. Präsidenten? Dein Mitinsasse ist ja aus Frankfurt, was indiziert, dass zumindest die großen Charter es auch wissen müssen.
Soweit mir bekannt ist, ist die Sache lokal klein bzw. geheim gehalten worden.
Du kannst Dir bei allen Angelegenheiten meiner Diskretion sicher sein,. Ich werde zu keinem Zeitpunkt einen Alleingang starten bzw. Dich überraschen.
Deshalb ist es so wichtig, dass wir uns zeitnah wiedersehen und persönlich reden.
Carsten, ich habe im Gefühl, dass die ganze Angelegenheit eines Tages, und das kann schneller gehen als Du es Dir vorstellen magst, große Wellen schlagen wird.
Wir müssen nur die richtigen Knöpfe drücken und ein Orkan kann daraus werden.
Genau das brauchst Du!
Du siechst hinter diesen Mauern dahin für etwas, dass ein anderer getan hat. Hinter den Kulissen passiert nur sehr wenig und auch das nur mehr als langsam.

Lass uns Feuer ins Öl gießen und endlich Bewegung in die Sache bringen.
Ich kenne die Polizei. Deshalb verachte ich sie mehr als jeder andere. Ich weiß nämlich wovon ich spreche. Vorsorglich habe ich mich auch schon mit einem bekannten Fachanwalt zusammengesetzt.
Diese Personen sind zu allem fähig, solange sie im Geheimen und unter Ausschluss der Öffentlichkeit agieren können. Diesen Mantel muss man ihnen entreißen. Dann sind es nur noch Lemminge, die strampeln und um ihre Existenz bangen.
Was meinst Du, was das für kleine Kriecher und unscheinbare Persönchen sind, die sich hinter diesen Spezialdezernaten (KK 21) verbergen. Aussagen haben sie gefälscht, beeinflusst, Beweise vernichtet oder unter den Tisch gekehrt und als ich da war, um meine Asservate abzuholen, wollten sie mir noch kleinlaut und freundlich ein Gespräch aufzwingen.
Eben die Personen, die ... als V-Mann geführt hatten.
Ich kann und möchte mit Worten nicht beschreiben, was ich für diesen Abschaum übrig habe.
Sie wollten mein Leben zerstören, auch absolut willkürlich und zu Unrecht, genau so, wie sie es bei Dir bis jetzt geschafft haben.
Carsten, am Ende wird abgerechnet und jeder wird irgendwann seine Rechnung bezahlen müssen.
Dann werden sich diese Personen vor Gerichten und Staatsanwälten zu verantworten haben.
Also gib nicht auf, blicke nach vorne und siehe unserem Treffen entgegen, so wie ich es tue.
Ich freue mich darauf!
Viele liebe Grüße

Im Laufe der Jahre gab es dann auch Zeiten, in denen wir uns nicht so oft trafen.
Carsten kümmerte sich selber um die neuen Erkenntnisse und

Schritte und musste dafür viele unterschiedliche Menschen persönlich treffen. Bei dem begrenzten Besuchszeiten war dies kein leichtes Unterfangen. Sein ehemaliger Mithäftling, ein ehemaliger langjähriger Hells Angel, war ihm dann in der Freiheit eine große Hilfe. Er tat alles nur Erdenklich mögliche, um ebenfalls Bewegung in die Sache zu bringen.

Ich verließ mich auf seine Worte, dass hinter den Kulissen gearbeitet und irgendwann etwas passieren würde. Das liegt nun aber auch bereits viele Monate zurück.
Der letzte Brief erreichte mich vor einigen Wochen.
In ihm schrieb mir Carsten, dass nun die heiße Phase anlaufen würde. Es gäbe einige Neuigkeiten, die er auf diesem Wege allerdings kaum alle schildern könnte.
Für "Nase" würde sich in seinem ehemaligen Club niemand mehr interessieren.

Auch gebe es Kontakt zu anderen Behörden, die nicht mit der Polizei zu tun hätten.
Es wäre nunmehr bestätigt, dass sich "Nase" schon Ende 2005 clubintern mit der Tat gebrüstet hätte. Er hätte dafür sogar eine Art Abzeichen erhalten.

Besuchstechnisch würde nur die Möglichkeit bestehen, dass ich ihn gemeinsam mit seinen Eltern besuchen könnte.

Es war klar, dass er diesen Brief in größter Eile geschrieben hatte, um ihn mir auf speziellem Wege zukommen zu lassen.
Warum? Weil bereits mehrere Briefe niemals über den normalen Postweg bei mir oder bei ihm angekommen waren.
Sie wurden mit großer Wahrscheinlichkeit abgefangen.
Auf meinen Antwortbrief habe ich bis heute keine Reaktion erhalten.
Wahrscheinlich wurde auch dieser abgefangen.

Ich wünsche mir und hoffe inständig, dass sich aufgrund dieses Buches Menschen zu Wort melden, die bei der Aufklärung dieses unglaublichen Falles behilflich sein können. Menschen, die nunmehr endlich ihr Schweigen brechen. Polizisten, Zeugen, Freunde oder Bekannte, die etwas wissen und sich nie getraut haben, sich zu Wort zu melden. Journalisten, die diesen Fall noch einmal genauer unter die Lupe nehmen.
Es muss etwas passieren, denn ein Mensch sitzt möglicherweise unschuldig im Gefängnis, für einen Mord, den er nicht begangen hat.
Ich habe im Gefühl, dass ein Sturm aufzieht.

52. Last Words

Ich habe schon seit langem mein altes Leben hinter mir gelassen und lebe mein Leben frei und unbestimmt. Damals habe ich mir über die Zukunft Gedanken gemacht und Pläne geschmiedet. Heutzutage habe ich zwar auch noch viele Pläne, ich sehe die ganze Angelegenheit, die sich Leben nennt, allerdings wesentlich entspannter. Ich habe viel erlebt und bin durch schlechte Zeiten gegangen. Es kommt ohnehin so wie es kommt und wie es einem bestimmt ist.
Die ganzen alltäglichen „Spießersorgen“ über Altersvorsorge, den Arbeitsplatz oder den Chef interessieren mich sowieso nicht. Ich bin mein eigener Chef und ich versuche, möglichst viele schöne Momente in diesem Leben, die da noch kommen, mitzunehmen und auszukosten.
Und wenn mein Lebensfaden Morgen durchtrennt sein sollte, dann ist dem eben so. Sich darüber Gedanken oder Sorgen zu machen hilft auch nicht.Sicherlich gibt es das Schicksal und

günstige oder hinderliche Einflüsse, aber letztendlich ist jeder seines eigenes Glückes Schmied. Wenn Euch Euer Leben nicht gefällt, dann ändert einfach etwas daran. Geht raus und kämpft! Wagt etwas! Gebt Widerworte und lasst Euch nichts gefallen! Es gibt nur einen einzigen Steuermann oder eine einzige Steuerfrau in Eurem Leben und das seid ihr selber!

Ich danke allen Menschen, die mir seit meiner Entlassung aus der U-Haft begegnet sind und irgendeine Rolle in meinem Leben gespielt haben. Ganz gleich, ob es eine gute oder schlechte war.
Die wenigen, die für mich da waren, als ich ganz unten war aber auch all die Ratten und Heuchler, die sich das Maul hinter meinem Rücken zerrissen haben und mich so gerne am Boden gesehen hätten. Ich war sehr oft sehr nahe dran, aber gefallen bin ich nie.

In nicht wenigen Fällen habe ich durch Menschen, in denen ich mich getäuscht habe erst andere kennengelernt, die mein Leben bereichert haben und es noch tun.

Es gibt im Leben kein richtig oder falsch, sondern nur Deinen eigenen Weg, den auch nur Du selbst in Deinen eigenen Schuhen gehst. Auf diesem Weg begegnen Dir Menschen, die Dir etwas geben und Dich bereichern. In meinem Fall waren es auch die vielen Enttäuschungen und Niederlagen, die sich im Nachhinein als Glück und Siege entpuppt haben.

Ich möchte all denen danken, die mir bis heute die Treue gehalten haben und die ich als meine Familie bezeichne.

Ich danke meinem Mädchen, für all das, was es für mich getan hat. Ohne Dich wäre ich untergegangen und qualvoll abgesoffen. Du weißt, es gibt nur einen Weg, der von mir wegführt: Der Tod!

Ich danke meiner besten Freundin Anke für all ihre Hilfe und dass sie es über all die dunklen Jahre mit mir ausgehalten hat.

Ich danke meinem Freund Henning, der mich in der dunkelsten Stunde, in der ich noch nicht einmal mehr meine Stromrechnung zahlen konnte, mit so Vielem unterstützt hat.

Ich danke meinem besten Freund und Bruder Samir dafür, dass ich einen wunderbaren Ehrenmann kennengelernt habe, dem ich mich seelenverwandt fühle. Du hast mir gezeigt, dass es noch wahre Freundschaft und Brüderlichkeit gibt.

Ich grüße meinen Motorradclub "Brothers MC". Ich freue mich, mit Euch dieses Clubleben zu leben. Ich habe wunderbare Freunde und Brüder gewonnen.

Mein Freund und Bruder Brahim, der ein Ehrenmann ist und der für jeden seiner Brüder durchs Feuer gehen würde und dessen respektvolle und höfliche Art ich bewundere.
Du hast eine Vision gehabt und diese umgesetzt. Es ist bereits etwas großes und kostbares daraus entstanden.

Und natürlich mein Chapter "Salt City"!

Danke D. , dass Du mir geholfen hast, wieder "eins" zu werden und ich dieses Buch beruhigt veröffentlichen kann.

Egal, welche Farben Ihr tragt, welcher Rasse, Hautfarbe oder Religion ihr angehört, das ist für alle bestimmt, die folgende Werte in sich tragen:

Verrate niemals Deinen Freund oder Bruder.
Begehre niemals Deines Bruders Frau oder seinen Besitz oder neide ihm etwas.
Sei loyal, ehrlich und standhaft!
Beschütze die Schwächeren und behandele eine Frau mit Respekt.
Gib niemals dem Feind Deines Freundes die Hand.

Ich wünsche Euch, Euren Familien, Frauen und Kindern für alle Tage Glück und Gesundheit.

Mit meinem Bruder Brahim (National President)

Quellenverzeichnis

13. Dr. Piepenbrock

http://www.berliner-kurier.de/archiv/prozess-der-sex-gangster-muss-fuer-drei-jahre-und-zwei-monate-in-den-knast-lehrlings-ausbilder--45--vergewaltigt-13-jaehrigen,8259702,4125322.html

17. Internetunternehmer – Ein Porno- Oscar

http://www.bild.de/unterhaltung/erotik/venus/award-eklat-traenen-wut-poebelei-porno-oscar-26783040.bild.html

18. Eine andere Sichtweise des Rotlichtmilieus

http://www.stern.de/wirtschaft/news/sex-skandal-der-ergo-versicherung-herr-kaiser-hatte-oefter-bock-auf-lustreisen-1886704.html

20. Sachensumpf

http://ueberhauptgarnix.blogspot.de/2012/09/sachsensumpf.html

http://www.welt.de/vermischtes/article114286510/Martyrium-der-Zwangsprostituierten-Mandy-Kopp.html

21. Rocker

http://de.wikipedia.org/wiki/Rocker

http://de.wikipedia.org/wiki/Spießbürger

http://www.faz.net/aktuell/politik/verfahren-wird-eingestellt-bischof-tebartz-van-elst-muss-20-000-euro-zahlen-12669697.html

23. Der Präsident ist tot

http://www.rockerportal.de/rp/content.php?2365-Hells-Angels-nehmen-Abschied-vom-Bielefelder-Präsidenten

25. Kommt bald die gelbe Armbinde für die Rocker?

http://de.sputniknews.com/german.ruvr.ru/news/2013_10_15/Australien-Queensland-schlagt-Gesetz-gegen-Rocker-vor-4718/

http://www.spiegel.de/panorama/justiz/neugeborenes-mit-schere-getoetet-polizistin-raeumt-tat-ein-a-743142.html

http://www.spiegel.de/panorama/justiz/hells-angels-hanebuth-soll-fuer-bombenanschlag-verantwortlich-sein-a-930490.html

http://www.morgenpost.de/brandenburg-aktuell/article104294580/Totschlag-Milde-Strafe-fuer-Berliner-Polizisten.html

27. Der Mordfall G.

http://www.nw.de/lokal/kreis_minden_luebbecke/bad_oeynhausen/bad_oeynhausen/3062280_Angeklagte-schweigen-zum-Mordvorwurf.html

http://www.mt.de/lokales/minden/3275005_Lebenslang_fuer_Mord_an_Gieseking.html

33. Die Polizei- Dein Freund und Helfer

http://www.welt.de/vermischtes/article136401789/14-Polizisten-bei-Tumult-mit-Grossfamilie-verletzt.html

http://www.focus.de/panorama/welt/vorwuerfe-gegen-die-muenchner-polizei-pruegel-opfer-zurueckgelassen-wie-ein-blutendes-tier_aid_924104.html

http://www.merkur.de/welt/sek-stuermt-falsche-wohnung-zr-2583755.html

http://www.spiegel.de/panorama/justiz/sek-stuermt-falsche-wohnung-in-rollshausen-in-niedersachsen-a-863808.html http://www.lz.de/owl/9827078_Polizeiarzt_soll_unerlaubt_Drogentest_an_Kollegen_durchgefuehrt_haben.html

49. R.I.P Püppi und eine Verkehrskontrolle

http://www.sueddeutsche.de/bayern/polizeigewalt-in-aschaffenburg-ausser-kontrolle-geraten-1.1225334

50.Sprechen Sie nie mit der Polizei

http://www.kanzlei-kaempf.net/beschuldigtenvernehmung-und-schweigerecht/

5693157R00204

Printed in Germany
by Amazon Distribution
GmbH, Leipzig